女性领导力案例集

（第三辑）

Female Leadership

国家行政学院政治学教研部　编

北京
国家行政学院出版社

图书在版编目（CIP）数据

女性领导力案例集. 第三辑/国家行政学院政治学教研部编. —北京：国家行政学院出版社，2018. 7

ISBN 978-7-5150-2176-8

Ⅰ. ①女…　Ⅱ. ①国…　Ⅲ. ①妇女干部—领导能力—案例　Ⅳ. ①D422. 6

中国版本图书馆 CIP 数据核字（2018）第 179669 号

书　　名　女性领导力案例集（第三辑）
　　　　　NVXING LINGDAOLI ANLI JI（DI-SAN JI）
作　　者　国家行政学院政治学教研部　编
责任编辑　沈桂晴
出版发行　国家行政学院出版社
　　　　　（北京市海淀区长春桥路 6 号　100089）
　　　　　（010）68920640　68929037
　　　　　http：//www. nsapress. com. cn
编 辑 部　（010）68922648
经　　销　新华书店
印　　刷　北京九州迅驰传媒文化有限公司
版　　次　2018 年 7 月北京第 1 版
印　　次　2018 年 7 月北京第 1 次印刷
开　　本　185 毫米×260 毫米　16 开
印　　张　22
字　　数　417 千字
书　　号　ISBN 978-7-5150-2176-8
定　　价　68. 00 元

序　　言

社会发展进步的标志之一就是性别平等，男女一样入学，一样就业，一样参政。如果说，以往传统社会是男人的世纪，那么，21世纪正在逐步走向“她世纪”。好雨知时节，当春乃发生。顺应时代发展的大趋势，截至2017年10月，中共中央组织部、全国妇联与国家行政学院联合举办了7期“女性领导力”培训班，这是一件可喜可贺的大事。实现中华民族伟大复兴的中国梦一定离不开“半边天”的力量，一定离不开中国女性领导力！

领导力学习修炼有一个“127法则”，即10%的领导力是向书本学来的，20%的领导力是向别人学来的，70%的领导力是向实践学来的。它强调领导力的获得重在实践中学习总结感悟。国家行政学院大力推行案例教学，有助于学员学用相长，有助于向别人学习领导力，也有助于在实践体验感悟中提升领导力。令人欣喜的是，“女性领导力”培训班大力支持案例教学，学员们不仅参与热情高，而且亲自动手撰写案例。读罢《女性领导力案例》（第三辑）书稿，我发现“女性领导力”培训班学员撰写的案例含金量高、实用性强，值得大家交流分享！

一、中国领导力的构成特点

领导干部教育培训，讲的是中国化的领导力，学的是共产党的领导学。领导力与女性领导力是一般与个别的关系。严格地说，女性与男性平等，女性领导干部的领导力与男性领导干部的领导力尽管有差异，但并无根本的区别。要弄清什么是女性领导力，首先要界定什么是一般领导力。

1. 领导力与领导能力

领导力与领导能力不同。领导能力是领导干部从事领导工作应具备的能力和素质，包括善于学习的能力、政治领导能力、战略思维能力、决策用人能力、沟通协调能力、狠抓落实的能力、驾驭风险的能力、依法执政能力和做好群众工作的能力等内容。领导力是领导者对追随者主动施加并为追随者自觉接受的正向的、积极的影响力和凝聚力。领导能力与领导力二者之间既有联系又有区别，总体来说，领导能力是个名词，而领导力则是一个动词或动名词；领导能力是个静态的、相对狭义的概念，而领导力则是一个动态的、内涵更广的概念，它包含领导能力但又不局限于领导能力。

第一，领导能力强调大小强弱，本身并没有明显的方向性，而领导力是一种矢量，它是一种正向的、积极的影响力，它既有大小又有方向，还强调着力点和受力的对象。同一个领导干部的领导能力作用在不同对象身上，其领导力是明显不同的。领导力的大小没有方向重要。

第二，领导能力通常为领导干部所专属，它的大小与干部和群众的接受程度没有多大关系，而领导力突出领导与干部和群众之间的双向互动和相互作用，领导力的大小不仅取决于领导干部的能力，而且取决于领导干部的信誉，取决于干部和群众的反作用，尤其取决于干部和群众认同、接受的程度。换言之，领导干部不能单方面决定自己领导力的大小。

第三，领导能力具有相对稳定性，领导干部一旦拥有某种领导能力，一般来说，在相当长的时间段内它往往不会失去，而领导力则与领导情境密切相关，它强调领导力大小的动态性，是因干部和群众的不同和所处领导情境的不同而随时变化的。有的领导干部在平常时候领导力可能很强，但在危急关头领导力则可能变弱。

第四，领导能力与领导职位相关，常常与领导干部的职位权力画等号，因此，领导能力的内涵相对单一，而领导力是职位权力和非职位权力的叠加。职位权力即硬权力，是领导力的基础；非职位权力即软权力，对领导力有放大和提升作用。领导力既与领导权力和领导能力相关，又与领导魅力和领导魄力相连。领导干部既要有领导权，又要有领导力。领导权没有领导力重要。

第五，领导能力往往只为领导干部所有，而领导力不仅属于领导和上级，普通干部和群众也不同程度地具有领导力。“旧时王谢堂前燕，飞入寻常百姓家”。数字化时代，人人都有领导力。领导力的随处可见正在给我们的新时代注入活力，带来进步。

2. 中国领导力的构成特点

一般来说，领导力要发挥“领”和“导”两个方面的作用。往哪儿“领”需要决策力，如何“导”需要影响力，这是领导力的两大要素，用公式表示：

领导力 = 决策力 × 影响力

因此，领导力的基本要素就是由决策力和影响力构成的。决策力重在价值方向的确定，重在路径选择；影响力重在凝聚力量，重在赢得认同。

领导决策力有两个环节，第一个环节是“策”，即出主意，拟方案；第二个环节是“决”，即选主意，定方案。决策力重在先策后决，多策少决。影响力也有两个环节，第一个环节是“激”，即激励、发动，形成动力；第二个环节是“聚”，即约束、凝聚，形成合力。影响力要先激后聚，多激善聚。

领导力强调硬权力和软权力的结合，用公式表示：

领导力 = 硬权力 × 软权力

传统的领导力几乎等同于职权即硬权力，而现代治理语境中的领导力更多地依赖软权力。对于领导干部而言，硬权力没有软权力重要。硬权力是外在的、法定的、有限的、强制性的，带来的只能是下级对上级的服从。它是一个“常量”，不管能力大小，只要居于同一职位，就几乎具有相同的硬权力。软权力则是内在的、个人的、无限的。它是一个“变量”，带来的是干部和群众对上级领导发自内心的认同。软权力来源于领导干部的品德高尚、作风过硬、能力超群、经验丰富和绩效超优等与个人相关的多种因素。因此，在领导力的语境中，与领导者对应的是追随者而非被领导者。领导力不能“被”，之所以使用追随者这个概念，就是强调领导力的大小取决于干部和群众对上级领导的认同度，强调的是领导力的双向性和自觉性，而非被动性和强制性。

二、中国女性领导力的特点

我们政治学教研部和中国领导科学研究中心曾委托第三方对参加国家行政学院“女性领导力”专题培训的71名女性厅局级领导干部使用基于“卓越领导者五种领导行为”设计的《领越TMLPI测评问卷》进行问卷调查，主要从以身作则、共启愿景、挑战现状、使众人行和激励人心五个方面测评女性领导力的特点。问卷测评包括自评和他评两部分，其中，每一位女干部的他评对象共8人，包括被测评对象的上级2人、同级3人和下级3人。测评问卷发放和回收率均为100%。

通过对每个被测评对象自评和他评的结果进行加总平均，得出对女性领导力的整体评价情况如图1所示，在卓越领导者的五种行为中，按得分从高到低排序分别是：使众人行、以身作则、激励人心、共启愿景和挑战现状。其中，“使众人行”得分最高，“挑战现状”得分最低，这说明女性领导力的优势主要体现在使众人行、以身作则和激励人心三种领导行为上。很显然，这三种领导行为主要是领导用人行为，说明女性领导者的影响力普遍很强。

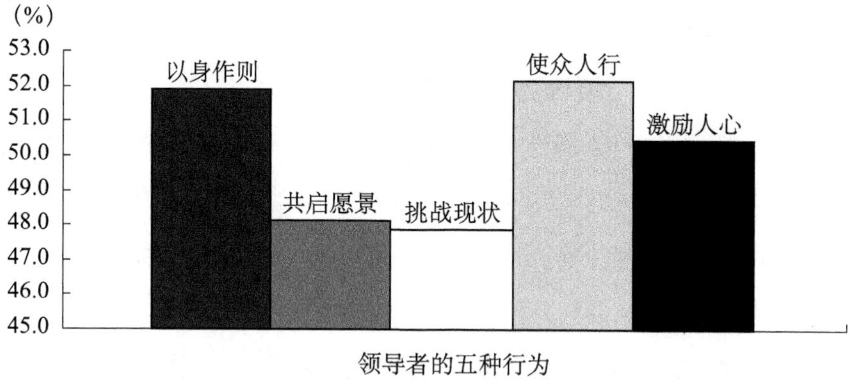

图1　女性领导力的整体评价情况

毛泽东说，领导工作的两件大事，一是决策，二是用人。把这一观点和卓越领导者的五种行为结合起来分析发现，以身作则、激励人心和使众人行这三大领导行为基本与领导用人行为相对应，因为用人的实质强调影响人，领导不是自己干，而是带着大家一起干。而共启愿景和挑战现状则主要与领导决策行为相对应，因为决策的实质强调创新思维，改变现状，在冲突中做出果断选择。所以，女性领导力的突出优势体现在影响力方面，而在创新和决断力方面略显不足。

根据对女性领导者自评和他评结果的比较分析发现两个显著特点，如图2所示，一是自评与他评的方向和程度一致；二是自评得分普遍低于他评得分。这说明女性领导者普遍具备良好的角色意识，有自知之明，知道该干什么，不该干什么，有底线思维，善于自我约束；而且，女性领导者都比较谦虚，但似乎自信不足。我们知道领导力与领导科学有一个基本观点，自信是卓越领导者的主要特质之一。

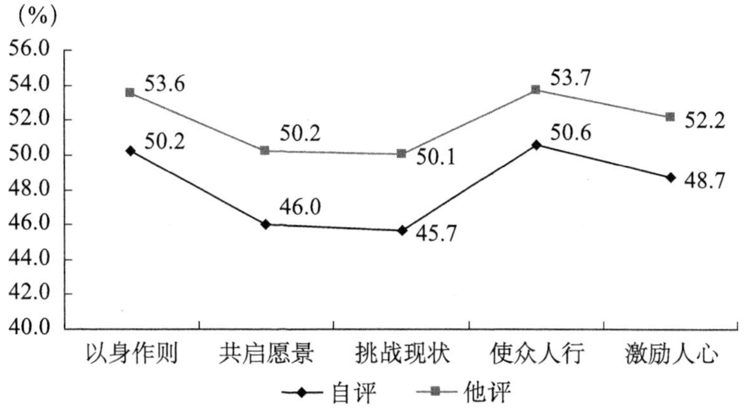

图2　女性领导力自评与他评比较

我们可以从大量的座谈、访谈和实证分析中得出结论，中国女性领导干部的影响力很强，决策力则显得较弱；软权力很强，硬权力的运用则相对较弱。调查中还发现，女性领导干部魅力有余，魄力不足；谦虚有余，自信不足；德识有余，胆识不足；执行到位，工作认真，但创新和权变似乎不足；感性思维和直觉思维较强，理性思维和战略思维稍显不足。

三、中国女性领导力的修炼

女性领导干部提升领导力要知己知彼，扬长补短，而不是扬长避短。

女性领导力提升要向优秀女干部学习，也要向优秀男干部学习。更重要的是，女干部的成长一靠自身努力，二靠组织培养。

1. 女性领导力提升要注重仁德修炼

仁者爱人，女性领导干部心中有大爱，爱国家、爱人民，有“绿我涓滴，会它千顷澄碧”的大仁大爱信念和全心全意为民服务的宗旨情怀。女干部仁德修炼的重点是信念坚定，是为民服务，是清正廉洁，是作风优良。信念坚定是领导干部精神之“钙”，没有理想信念，理想信念不坚定，精神上就会“缺钙”，就会得“软骨病”，就会动摇前进的方向，就会动摇要走的道路。全心全意为人民服务的宗旨是仁德修炼的根本目的。

仁德就是广义的情商。仁德实际上包括两个方面的内容：一是仁者不忧，二是仁者爱人。所谓仁者不忧，强调的是领导干部要高度自信，能始终保持乐观向上的阳光心态和积极进取的奋斗精神。自信才有领导力，只有自我激励才能激励他人。所谓仁者爱人，强调的是女干部善于关心他人、了解他人和影响他人。

从补短板的角度来说，女性领导干部要特别注重情绪稳定，胸襟开阔，能包容他人；要自信自强，积极进取，主动有为，不用扬鞭自奋蹄。

2. 女性领导力提升要特别加强勇德修炼

勇德修炼要求女性领导干部要有胆有识，敢于担当，不惧怕责任、压力和风险。要有开拓精神和胆略气魄，攻坚克难，咬定青山不放松，对确定的目标和认准的事情坚定不移，一往无前。

习近平总书记在多个场合多次强调，领导干部要勇于担当，把是否具有担当精神，是否能够忠诚履责、尽心尽责、勇于担责作为检验每一个领导干部身上是否真正体现了共产党人先进性和纯洁性的重要方面。真正的领导干部就是责任、困难和风险的担当者。敢于担当是大智和大勇，是见识和胆识，是责任和使命。有的人对事情看得清清楚楚、明明白白、透透彻彻，但总是患得患失，关键时刻优柔寡断、犹豫不决、无法决断。

从补短板的角度来说，女性领导干部要有胆有识，善于决断。在完成急难险重任务方面多历练，要有打开新局面的魄力，敢为天下先。要有挑战现状和勇于变革的智慧与勇气。

3. 女性领导力提升还要注重智德修炼

女性领导干部智德修炼的重点是能力建设，是科学决策，是提高执行力，切实提高绩效。党的十九大特别强调，各级领导干部要增强八种本领，要着力提高战略思维、创新思维、辩证思维、法治思维、底线思维等能力，要着力提升高素质专业化水平。

领导智德修炼的重点是习近平总书记强调的领导干部的机遇意识，决策要及时，机遇要抓住。“时来天地同协力，运去英雄不自由”。毛泽东晚年常用古人的这句诗来概括自己一生的政治智慧和决策经验。

从补短板的角度来说，女干部要在战略思维和理性思维上下功夫。进一步强化大局意识，善于抓住主要矛盾，提高决断力，不要追求完美主义；不能事必躬亲，不要面面俱到，保姆式领导最要不得。

4. 女性领导力提升还要善于运用领导艺术

“从群众中来到群众中去”是马克思主义最基本的领导方法和工作方法，也是领导力产生和运用的基本规律。所谓“来”，主要是把群众中分散的智慧、意愿和力量集中起来，是指领导干部要带领群众，走在前面，与众不同，要比群众付出更多辛劳，要比群众接受更严格的约束，更要拉大与群众在能力素质方面的距离。所谓“去”，就是放下架子，主动沟通协商，亲民务实，缩小与群众之间的感情距离和心理距离，从而强化自己的亲和力和影响力。

女性领导干部运用来去自如的领导艺术要防止出来以后回不去，也要防止回去之后出不来。所谓出来以后回不去，是指领导干部的能力和素质高于群众，但不沟通不协商，就可能犯命令主义的错误；而回去之后出不来则容易犯“尾巴主义”的错误。换个角度来说，出来以后回不去，回不到实践中去可能犯“教条主义”的错误；回去以后出不来，缺少正确的理论指导则可能犯经验主义的错误。

从补短板的角度而言，女干部既要在“来”的方面做文章，更要在“去”的方面下功夫。要向前一步，脱颖而出。真正做到习近平总书记要求的“平常时候看得出来，关键时刻站得出来，危急关头豁得出来”。

女干部的领导艺术不仅要来去自如，而且要方圆兼顾。所谓“方”，是指领导工作的原则性和权威性，领导决策的目的和目标必须坚定不移。所谓“圆”，是指领导工作的灵活性和策略性，实现领导决策的具体方法要灵活和变通。习近平总书记指出，既不能用原则性来束缚灵活性，又不能以灵活性破坏原则性。要把原则性和灵活性有机地结合起来才成其为真正的领导艺术。

所谓方圆兼顾，就是要做到“大方小圆，内方外圆，先方后圆，己方他圆”。大方小圆是指大事与中央一致，与上级一致，坚持原则不动摇，不含糊；要自觉强化政治意识、大局意识、核心意识和看齐意识，与以习近平同志为核心的党中央在政治上、思想上、行动上保持高度一致。小事可以适当地灵活变通，在法律政策许可的范围内体现创造性和灵活性。内方是指思想信仰要坚定，要讲党性，做人堂堂正正；外圆是指行为要适应社会，适应环境。先方后圆是指原则性是第一位的，方是根本，圆是第二位的。己方他圆是严于律己，严以用权，严以修身，对自己高标准严要求，对干部和群众则要宽容宽松。要做到方圆兼顾，就必须按本色做人，按角色做事。按本色做人是“方”，按角色做事是“圆”。

从补短板的角度来说，女干部要敢于坚持原则，不能怕得罪人，更不能当老好人；做事既要认真较真，又要具体问题具体分析。有时多用硬权，偶尔金刚怒目；有时则可以多用软权，经常菩萨低眉。

风物长宜放眼量，如今男女真一样！为了便于读者正确理解什么是领导力，什么是女性领导力，以及怎样提升女性领导力，我作为一名国内长期关注并研究中国女性领导力的学者，写了以上这些话，与大家共勉。

刘　峰

中共中央党校（国家行政学院）一级教授

中国领导科学研究会常务副会长

中国领导科学研究中心主任

2018 年 7 月 1 日

目　　录

柔性领导

简约领导

胜任领导

制度领导

文化领导

网络领导

危机领导

战略领导

创新领导

柔性领导

在人类社会发展的历史长河中，女性始终是推动文明进步的伟大力量。当前，我国正处在新的历史起点上，实现国家治理现代化、促进社会和谐是时代的主题，女性领导在其中承担着义不容辞的使命。

女性领导与男性领导首先是共性的存在，都要完成岗位和职位赋予的工作职责；同时，与男性领导比较而言，女性领导也有由生理性别和社会性别差异带来的领导力特征上的不同。我们相信，有了知识与胆识，有了魅力与魄力，有了眼界与胸怀的女性领导，一定会“直挂云帆济沧海”，实现领导力的全面提升。

本专题有四个案例，可以分为两组。

第一组，探讨妇联提升领导力课题。新疆维吾尔自治区妇联同志介绍了新疆南疆星火工程项目，海南省妇联同志介绍了扶贫巾帼励志班案例。妇联领导，定点要准，发力要巧，造势要大，重在一个“联”字。

第二组，探讨女性领导者如何提升领导力。从两个案例可以看出，女性领导者既要发挥性格天然优势，也要结合成长过程加强修炼，形成刚柔相济的领导风格。

案例一

从新疆南疆星火工程项目说起

新疆维吾尔自治区妇联　侯汉敏

【案例描述】

一、相关背景

新疆从地理上由天山山脉东西横跨划分为南疆和北疆，南疆人口以维吾尔族为主。目前，新疆有261万贫困人口，占新疆总人口的11%，其中南疆阿克苏地区、喀什地区、和田地区和克孜勒苏柯尔克孜自治州四个地州是全国为数不多的集中连片特殊贫困地区，贫困人口有219万，女性占48.31%。妇女不仅是脱贫攻坚的重要力量，还关系到各个小家的平安和谐，更关系到新疆的社会稳定与长治久安总目标的实现。引领南疆各族妇女走出家门，为社会创造财富，为家庭增加收入，成为实现社会稳定和长治久安总目标的贡献者，妇联组织责无旁贷。

2016年，新疆维吾尔自治区妇联在自治区财政厅和自治区人民政府发展纺织服装产业带动就业领导小组办公室的大力支持下，得到自治区“南疆星火工程”和“巾帼手工制品拓展项目”资金8 026万元，重点扶持女性领办的涉及服装、饰品、食品、装饰品、手工雕刻、手工编织等劳动密集型基层企业、合作社和基地395个。项目的实施帮助了少数民族女性就近就业，让1.5万名妇女走出家门，走进厂房，融入现代生活，为实现新疆社会稳定和长治久安贡献了巾帼的力量。

二、困难与挑战

由于新疆特殊的历史、环境、经济、文化等因素的制约，妇女对资源、信息、技术的拥有相对薄弱，女性劳动多受传统观念的影响被局限在家庭这一私人的劳动领域。特别是少数民族妇女，她们的文化程度低，双语沟通能力较差，对外交流困难，普遍存在脱贫无技能、致富无信息、发展无资金等问题。

（一）农村妇女经济基础薄弱，缺乏创业资金

由于南疆经济基础薄弱及传统思想的束缚，大部分少数民族妇女获得经济和社会资源、分配资源的能力受到局限。在调研中发现，很多妇女创业就业的意愿非常强烈，然而，缺乏创业资金仍然是最大的困难，因为她们在家庭中没有财产支配权，不能提供担保，很难从金融机构获得贷款。

（二）受宗教和传统观念的影响，农村妇女外出转移就业受阻

从2017年开始，新疆计划3年内有序转移喀什地区、和田地区10万城乡富余劳动力，为南疆妇女就业带来了机遇。但在南疆农村，由于受宗教和传统思想的影响，妇女结婚后照顾家庭、照顾孩子是第一责任，出去务工必须征得家人的同意，碍于周围社会和家庭的压力，妇女外出就业受阻。据调研了解，75.4%的农村妇女“愿意在农闲时外出打工”，但碍于婆婆和丈夫的压力或者因孩子小没有人照顾而受阻。

（三）农村妇女就业机会增多，但就业层次较低

各级政府和相关部门通过多渠道加大了对妇女的培训力度，使农村近一半的妇女接受过各类技能培训，掌握了一技之长。但由于文化素质较低，技能单一，妇女就业的层次比较低。在南疆90%以上的农村妇女在地毯编织、刺绣、家政等低技能、低保障产业中就业，受产品销售影响，她们收入很低。

三、探索对策

（一）直面问题和挑战，在转变妇女就业观念上下功夫

解决脱贫问题，最根本的是要让妇女就业，而推动妇女就业最关键的问题是要解决妇女的思想观念问题。因此，要通过实施“观念转变行动”，引导贫困妇女转变观念，主动走出家门、走进厂门。新疆各级妇联大力开展“百万妇女大宣讲”活动，利用草根宣讲员开展了以去极端化、民族团结、“我能行”为主题，用平民化、草根化的语言进行的形式多样的宣讲活动。大力宣传妇女依靠自力更生、辛勤劳动脱贫致富的先进典型，引领更多妇女同胞远离宗教极端，帮助待就业女性转变“等、靠、要”的就业观，树立起创业就业光荣和“我能行”的意识。据不完全统计，目前各级妇联开展宣讲活动2万余场，受教育妇女近百万人。

（二）最大限度用好项目资金，助力贫困妇女创业脱贫

在自治区财政厅和自治区人民政府发展纺织服装产业带动就业领导小组办公室的大力支持下，妇联争取到项目资金 8 026 万元，启动了“南疆星火工程”和“巾帼手工制品拓展项目”，经过地州、县市妇联层层筛选，落实到 395 个企业。为了让有限的资金发挥“酵母作用”，自治区妇联将项目资金的 75% 用于南疆四地州，体现了对南疆发展的重视。通过摸底、筛选、公示、调研和抽查等，共确定重点扶持女性领办的，就业人数在 20 人以上的，涉及服装、饰品、食品、装饰品、手工雕刻、手工编织等劳动密集型的基层企业、合作社和基地，每个经济组织按吸纳妇女就业的人数给予 10 万～50 万元不等的资金支持，最终实现了带动 1.5 万名女性就业的目标。我们借助中国—亚欧博览会、新疆国际旅游商品交易会、新疆妇女巧手大赛等国际国内展洽平台，为基层近百余家妇女领办的企业提供参展机会，推动形成了集培训、研发、生产、销售为一体的妇女手工产业链，引领带动了更多贫困妇女实现就地就近就业增收。

（三）整合社会资源，形成推动妇女就业的良好社会环境

通过“结对帮扶行动”“健康关爱行动”“公益救助行动”，形成扶贫合力。在全国妇联的大力支持和协调下，19 个援疆省市妇联用真心、真情开展对口援疆工作，充分利用各方社会资源，将智力扶贫、产业扶贫与增收致富相结合，引导妇女走出家门，走进厂房。

具体做法主要包括以下几方面。一是认真组织实施全国妇联细化的“搞接待、配设备、送图书、织毛衣”四项具体工作。二是充分利用社会资源，发动新疆优秀女企业家在南疆开展了“企业家牵手扶贫行动”，深入基层，传经验、送物资，鼓励女能人、女企业家、女带头人与贫困妇女结对牵手，抱团发展，带动贫困妇女互助脱贫。突出公益扶贫，“爱心一元捐”“一对一助学”“公益众筹”“妈妈暖心包”“儿童营养包”等项目为贫困妇女儿童提供帮扶资金及物资达 1 459 万元，实施 945.8 万元的“春蕾计划”，使 7 422 儿童直接受益，为精准扶贫提供保障。三是充分利用 98 个“儿童快乐家园”开展亲子阅读、双语教学等丰富多彩的活动，让家长尤其是母亲不再束缚于家庭，切实解决了妇女创业就业脱贫致富的后顾之忧。

四、实施效果

（一）增强了“五个认同”，引导妇女“感党恩、听党话、跟党走”

项目的实施促进女性走出家门，走进厂门，生产生活上的困难得到切实解决，

社会地位和家庭地位得到提升，真正让妇女有事干、有钱赚、有盼头，自觉融入现代文明生活，切实感恩党和政府给予的系列惠民政策。2017 年 8 月，克州乌恰县夏米斯努尔商贸有限公司总经理夏阿布比·买买提阿吉自豪地说，她经销的 40 余个品种的民族刺绣产品远销吉尔吉斯斯坦、哈萨克斯坦等多个国家和地区，现在她的企业有职工 100 余人，年产值达 150 万元，更加坚定了她跟党走的决心。

（二）淡化宗教色彩，自觉抵御宗教极端化思想

进入企业工作的女工穿上了统一的工装，摘掉了头巾；为保证工资收入，女工们按照规定的时间在生产线上进行流水作业，淡化了宗教色彩。和田地区墨玉县墨玉镇的艾尼帕·依米提已经在当地的巧手地毯编织专业合作社工作整一年了，每月固定收入 2 000 元，她的穿着越来越靓丽了，笑容也越来越灿烂了。

（三）民族团结思想更加深入人心，现代文明健康意识增强

企业按照项目操作要求，建立妇女之家，开展实用技能培训、文体竞赛等活动，几乎所有企业在上班前 10 分钟都会学汉语、唱红歌，形成了互相学习、共同致富的好风气，民族团结一家亲的思想深入人心。喀什地区叶城县闽之馨花卉工艺厂免费为维吾尔族员工教授汉语，维吾尔族员工已经掌握了简单的汉语会话，各民族间的员工可以正常沟通交流。

（四）妇女家庭社会地位提升了，妇女组织的地位提高了

通过就业，妇女有了自己的经济收入，改变了原先伸手向丈夫要钱的生活状况，不再束缚于家庭，教育子女也有了现身说法。和田项目企业有一个叫阿依木沙汗·胡杰克的年青妇女对我们说："自从我有了现在的工作，有了经济收入，老公不再和我吵架了，凡事都与我商量，家庭关系比以前更加和睦了，家里现在养两个孩子感觉非常好。"各级妇联组织因为项目也有了具体工作抓手，和妇女群众的联络多了，吸引力和凝聚力也提高了，进一步增强了妇女群众对妇联工作的知晓率、参与率、满意率。

【案例反思】

通过实施"南疆星火工程"和"巾帼手工制品拓展项目"，用好项目资金，达到了"四两拨千斤"的效果，让有限的资金发挥"酵母作用"，形成了星火燎原之势，小资金带动大就业才能实现企业持续发展，创造更多就业岗位。项目的成功实施也给了我们一些启示。

（一）围绕中心，找准工作突破口是科学决策的关键

习近平总书记在参加十二届全国人大五次会议新疆代表团审议时专门强调，要全面落实精准扶贫、精准脱贫，把南疆贫困地区作为脱贫攻坚主战场。自治区第九次党代会也明确强调，补上南疆短板，缩小南北疆差距。因此，牢牢把握“新疆一盘棋，南疆是棋眼”这一重点，全面加大南疆各项妇女工作的投入力度，以产业带动就业，助推南疆妇女就业增收是当前妇联重要的工作之一。

（二）树立“一盘棋”的战略思想是培养卓越领导力的重要手段

妇联组织是党和政府联系妇女群众的桥梁和纽带，只有做好“联”字文章，做到联系各部门更加广泛，联合其他群团更加有效，联络社会组织更加紧密，联通各级妇联更加有效，才能更好地形成服务妇女的工作合力。近年来，自治区妇联加强了与扶贫、旅游、商务、网信、纺织等行业部门的协作，进一步找准妇联与其他部门在工作对象、职能、任务上的交叉点，全力做好“借台、借力、借题、借资、借智”文章，搭建了“资源共享、载体共用、优势互补、工作互动”的市场化运作的妇女工作平台。

（三）密切联系群众是提升领导能力水平的必要条件

我们以能否把广大妇女群众最广泛最紧密地团结在党的周围，作为衡量妇联工作做得好不好的政治标准。在妇联改革中，要进一步将工作重心向基层下移，大力推进基层妇联建设，充分发挥妇联横到边、竖到底的组织作用，在联系和服务妇女群众的各项工作中，把妇联组织的旗帜亮出来，把妇联干部的身份亮出来，让广大妇女群众真正感受到妇联组织就在自己身边，引领妇女坚定不移听党话、感党恩、跟党走，为党的事业凝聚强大的巾帼正能量。

（四）抓住事物的本质，有针对性地开展工作是事半功倍的有效方法

在解决新疆妇女脱贫工作中，要树立思想贫困是最大的贫困的理念，坚持扶贫先扶智，在解决物质贫困的同时，更加注重解决思想贫困问题。南疆少数民族妇女群众受语言、文化、生活环境、婚姻家庭等因素制约，普遍不愿离土离乡到外地就业，不适应现代化企业管理方式，更多希望在“家门口”就业。据调查，南疆妇女的双语沟通能力较差，能够熟练使用汉语言沟通和交流的不到20%。因此，加大农村妇女双语培训是解决妇女就业的前提，要发挥“访惠聚”驻村工作队的优势，通过远程教育平台、农民夜校等，互学语言，提高汉语水平，让他们逐步学会“自己走路”，主动参与到脱贫攻坚中来。

（五）勇于拼搏，不断创新是提升领导力的重要途径

在推进产业就业扶贫，强化技能培训方面，要帮助贫困妇女提高脱贫能力，通过

开展“送教下乡”活动，在南疆四地州面向基层妇女开展家政、面点、美容美发、服装裁剪等专业的技能培训，培养新型经营主体，强化“造血”功能，激发内生动力。要看到只有扶心扶智才能拔掉穷根，注重调动贫困地区干部群众的主动性和积极性，大力培养少数民族带头人，让各族妇女用自己的双手摘掉贫困的帽子。

【案例点评】

如何有效提升妇联领导力？

新疆妇联党组为此进行了积极探索。“通过实施‘南疆星火工程’和‘巾帼手工制品拓展项目’，用好项目资金，达到了‘四两拨千斤’的效果，让有限的资金发挥‘酵母作用’，形成了星火燎原之势，小资金带动大就业才能实现企业持续发展，创造更多就业岗位。”

从这个案例中，我们可以看出三条重要经验。

第一，妇联领导定点要“准”。领导干部日理万机，事务繁杂，很容易陷入事务主义之中，难以形成战略管理。因此，领导者要选准定点，保持战略定力，才能取得良好效果。例如，新疆维吾尔自治区相比全国其他省区市，形势更加复杂，任务更为严重。自治区妇联党组选取了贫困妇女尤其是贫困妈妈这个很“小微”的群体作为帮助对象，既合乎妇联的定位，又有助于提升妇联的地位。

第二，妇联领导发力要“巧”。“新疆一盘棋，南疆是棋眼。”自治区妇联党组从自治区政府争取的资金并不多，必须集中优先资金，把突破点选择在南疆四地州，把精力集中在优势项目，启动了“巾帼手工制品拓展项目”，通过摸底、筛选、公示、调研和抽查，重点扶持女性领办的小微经济组织，“灵巧”地带动了1.5万名女性就业。

第三，妇联领导造势要“妙”。在自治区财政资金项目的基础上，自治区妇联长袖善舞，用好一个“借”字，全力做好“借台、借力、借题、借资、借智”文章，充分借助市场力量；通过“结对帮扶行动”“健康关爱行动”“公益救助行动”，借助公益力量。星星之火，可以燎原，通过“小微”项目“微妙”地改变家庭，改变社会，改变新疆。

妇联领导工作，要突出一个“联”字。不仅要把妇女联系起来，要主动联系党委政府，而且要积极联系市场力量，广泛联系社会组织力量，要有“长袖善舞”的领导艺术！

案例二

创办扶贫巾帼励志班
助力贫困家庭奔小康

海南省妇联　苻彩香

【案例描述】

作为一名领导干部，应具备学习力、决策力、执行力等多种能力。在我人生的成长过程中，让我体会最深的就是创新力。多年的妇女儿童工作经验告诉我，创新力来自对党和国家决策部署的正确把握，来自对广大妇女群众的深厚情感，来自对妇联工作的开拓进取。在我的倡议、争取和推动下，2009 年创办至今的海南省扶贫巾帼励志中专班（以下简称“励志班”），就是在“党政所急，妇女所需，妇联所能”这一着力点上，立足中等职业教育，发挥妇联组织作用，帮助贫困女孩掌握一技之长，助力贫困家庭奔小康。2010 年，习近平对励志班做出了“扶贫重在扶志，扶志重在育才……以农村贫困家庭为对象，创办巾帼励志中专班……应予鼓励和倡导”的重要批示。

一、相关背景

德国教育家弗洛贝尔说过这样一句话，“国民的命运，与其说是操在当权者手中，倒不如说是握在母亲手中”。多年的工作经验让我相信，妇女素质状况在一定意义上决定着下一代人的素质，直接关系着经济社会的发展。

2008 年至 2009 年在全省开展调研时，我看到了在农村存在的一个普遍现象：许多农村女孩迫于家庭贫困，初中毕业后不能继续读书，大多数外出打工。由于这些女孩子年龄不大，文化水平不高，没有接受过系统的职业技术培训，她们大部分人从事家政服务、酒店茶楼服务等体力活，工作辛苦，收入也很低。随着年龄增长，几年后她们往往又无奈地重返农村，并且很快就在农村成家，为人妻为人母。这些年轻的农村妇女因文化水平低，就业能力弱，导致经济地位、社会地位乃至婚后家庭地位都受到影响，而且由于素质低，不能很好地教育下一代，不断地循环着贫困的人生。

如何帮助贫困家庭女孩获得更好的人生发展，如何用教育彻底阻断贫困的代际传递，这些问题困扰着我，并推动我在工作中勇于探索、敢于创新。借助2008年海南省政府出台《关于加快推进国际旅游岛建设的意见》，以及2009年海南省政府工作报告提出“实施低保家庭适龄子女就业技能免费培训计划”的具体任务这两股强劲东风，结合国际旅游岛建设需要大量实用型人才，而中等职业教育可为海南产业发展提供高素质技能型人才这一实际，2009年年初，我提出了“万名新型女农民教育培训计划”的工作设想，并在工作中积极推动落实，志在“培养1万名贫困家庭女孩，造就1万名好母亲创业就业，带动1万户贫困家庭脱贫奔小康”。

二、探索对策

（一）主动上门，积极筹备

贫困家庭孩子就读中职学校，在校期间可享受国家“两免一补”政策，即免3年学费和免3年住宿费，第一、第二年可享受国家助学金，但许多贫困家庭因为要负担孩子在校期间每月的生活费而不愿意送孩子就读中职学校。

为了解决这一问题，我多次上门请求省扶贫办领导将励志班纳入“雨露计划”，省扶贫办领导被我“就读励志班的女孩，不仅能够更好地促进自身发展，带动家庭致富，而且还能教育好下一代”这一理念所打动，最终同意将励志班纳入“雨露计划”，这样贫困孩子就可享有每月300元的生活补助费用（省扶贫办每月伙食补助150元，国家助学金每月150元），家庭也就无后顾之忧了。

同时，我主动协调省经济技术学校（以下简称“学校”），争取在学校创办励志班，学校给予属于“雨露计划”的励志班学生免校服费用扶助；对于不属于“雨露计划”的励志班学生，学校给予每人每月60元的生活补助。

（二）牵头行动，精心部署

在我的不断努力和推动下，2009年5月6日，由省妇联牵头，联合省农业厅、省扶贫办、省人力资源开发局下发了《关于开展万名新型女农民教育培训工作的通知》，以农业科技培训、创业培训、转移就业培训和中职学历教育为主要内容，充分利用各种教育资源，开展多层次、多渠道、多形式的新型女农民培训，不断提高广大农村妇女的科技素质。

2009年6月30日，省妇联向全省18个市县下发了《关于举办扶贫巾帼励志中专班的通知》，组织招收15～22岁的贫困家庭女孩（以在县市扶贫办建档立卡的名单为准；或以持有民政部门颁发的最低生活保障金领取证为准），帮助她们就读中职学校，通过掌握一技之长，达到改变人生、改善家庭经济状况的目的。

（三）宣传发动，严格审核

为了做好励志班招生工作，我主持召开了市县妇联主席座谈会，要求各市县妇联要高度重视励志班招生工作，从妇联组织围绕中心、创新妇女教育培训工作，延伸妇联工作手臂，推动我省教育扶贫移民工程，培养技能型人才，加快推进国际旅游岛建设的高度，扎实做好宣传、发动、组织工作。

省妇联每年都会积极带领18个市县妇联，深入各乡镇、各村委会、各自然村，走村入户，认真做好励志班的宣传、发动、组织等工作，让更多的贫困家庭树立立志脱贫的理念，了解励志班的招生政策及入学办法等内容，从而支持自己的孩子到学校就读。在招生过程中，各市县妇联积极联合当地扶贫办及民政局，对报名的学生进行严格的审核和筛选。经各市县扶贫办、民政局审批，并将拟录取名单进行公示无异议后，学校才能向符合资格条件的学生寄发录取通知书。

（四）组织入学，关心慰问

在每年新生入学时，各市县妇联都租用大巴车，由妇联领导亲自带队把当地学生接送至学校报名注册；在每年新年来临之际，省妇联都主动联合学校召开励志班迎新座谈会，了解励志班学生在校期间的学习和生活情况；在每年春节前夕，各市县妇联都深入励志班学生的家庭开展慰问，了解学生在校情况，鼓励她们好好学习、帮助家庭、回报社会，同时，还竭力帮助学生及家庭解决一些实际困难和问题，让每位学生和家长都从内心感受到“娘家人”的关爱和温暖。

（五）争取资金，资助学生

为帮助贫困家庭的家长们减轻经济负担，让孩子们能够安心在校读书，省妇联还积极争取社会资源资助励志班学生。从2009年创办励志班至今，省妇联主动协调省教育厅、省扶贫办将励志班纳入“雨露计划”，累计扶持助学金2 015万元；争取学校在财力有限的情况下，自筹经费投入800多万元，扶持励志班学生；省妇联还积极筹集到海南成美慈善基金会、北京新发展慈善基金会和长江商学院第15期学员捐款共380万元，扶持励志班学生。目前，励志班学生受益人数有7 914人。

三、实施效果

励志班的成功创办在社会上产生了良好的影响，《光明日报》《中国教育报》《海南日报》等多家知名媒体相继对励志班的办学模式进行宣传报道，并受到了国家领导人的热切关注。

2010年4月13日，习近平来海南视察时，亲切看望了励志班学生，鼓励她们要发奋学习，努力成为国家建设的有用之才。2011年和2013年，国务院扶贫办两次率全国31个省区市扶贫办到学校参观学习励志班办学模式。

海南成美慈善基金会按照励志班的创办模式，先后在西藏、贵州、新疆、内蒙古等地创办“励志巾帼班”。经过近10年的发展，励志班在海南省已成为中职教育的一个品牌，深受社会各界的赞誉和贫困家庭的信赖。

我认为励志班的成功创办主要得益于以下四点。

（一）部门重视、学校支持，是成功创办励志班的重要保障

励志班在我的倡议下成功创办，这得益于省教育厅、省财政厅、省扶贫办、省经济技术学校的大力支持。省教育厅、省扶贫办将励志班纳入“雨露计划”给予资金支持，省经济技术学校想方设法筹措资金资助学生。励志班学生在校期间可享受“五免一补”，即免3年学费、住宿费、课本费，以及免校服费和入校体检费，每人每月还可享受210～350元的生活困难补助，这就全方位解决了学生们的后顾之忧，让她们安心地学知识、学技术。

（二）精心组织、严格审核，是成功创办励志班的先决条件

省妇联精心制定了《扶贫巾帼励志中专班招生工作方案》，对招收对象做了明确的规定，即农村贫困家庭和城镇低保家庭的女生。省妇联向各市县妇联下发创办励志班的通知，从课程设置、名额分配、生源挑选、报名审核等方面进行全面部署；充分利用妇联健全的网络组织优势，即省、市、县、乡镇（街道）、村（居）委会五级网络体系，指导18个市县妇联组织，深入各乡镇、各村委会、各自然村，走村入户做好招生的宣传、发动、组织等工作，确保符合条件的女生顺利进入学校接受中等职业学历教育，分享省城优质的教育资源，提升自身的就业创业能力。

（三）精心管理、全心服务，是成功创办励志班的必要措施

在励志班学生在校就读、假期社会实践期间，学校和妇联都能够做到精心管理、全心服务。为及时化解因贫困产生的自卑、因成绩差而想放弃学业的困惑，省

妇联指导学校成立励志班心理咨询室，通过心理咨询师深入细致的心理辅导，帮助学生树立正确的人生观、世界观、价值观，让每一名励志班学生能够“留得住、学得了、能成才”。假期社会实践期间，学校积极为学生联系勤工俭学的岗位，让她们在寒暑假期间进入酒店或企业勤工俭学，通过劳动获得报酬贴补家用，这有利于提升她们的职业素质和工作能力，反响很好。

（四）珍惜机会、感恩社会，是成功创办励志班的根本途径

励志班学生在校期间能够珍惜机会、感恩社会，毕业后凭借技术技能而优质就业，上岗后经过努力逐步成长为企业生产经营骨干，生活中也逐步成长为家庭脱贫致富奔小康的顶梁柱。如 2012 届励志班学生李雪练，在校期间刻苦学习，连续荣获两届全省中职学校学生技能大赛酒店中餐摆台项目一等奖，毕业后被学校留用，聘为酒店实训室的实训指导员，她用自己的成长经历激励着学妹们继续前行。2016 年，她出资 4 万元为家里盖起了两层楼房。2013 届励志班学生朱晓莹毕业后成为中信银行海口分行的大堂经理助理，成功的她出资 5 万元帮助家里盖了两层楼房。这些都只是优秀毕业生的缩影。看到励志班学生的成长成才，回馈家庭、感恩社会，我深感慰藉。

【案例反思】

励志班的成功创办，突破了妇联组织传统的教育培训模式，将学历教育第一次引入省妇联工作机制之中，使面对农村年青女性的培训工作实现“两大转变”：一是由注重广谱性技术传播转变为注重专业技能学历教育；二是由短期培训模式转变为中专系统教育模式，这也成为省妇联围绕中心、服务大局、心系群众、创新工作的生动实践。对今后励志班向纵深发展有以下两方面的思考。

（一）要积极依托市县区中等职业学校创新励志班

当前，海南省已经实现了“每个县（市）办好 1 所县级职教中心（中等职业学校）”的目标。各地妇联组织要积极依托当地职教中心这一有利的培训阵地，坚持以服务为宗旨，以就业为导向，面向社会与市场开放办学，灵活开设学制为 3 个月、6 个月、12 个月的励志班，培训内容可为文化基础、政策法规、农业技术、经营管理和就业创业五大模块，确保学生“适用、够用、学得会”，让更多贫困家庭子女能够就近就地入学，切实掌握适应当地产业发展需要的一技之长，扩宽自我发展的道路，获得更多选择的机会，实现家庭脱贫致富奔小康。

（二）要主动牵头海南广播电视大学提升励志班

目前，我省已经有15所中职学校与海南广播电视大学签订了联合办学协议，将职业技能与高等学历培养结合起来，切实解决中职生受学历等条件影响，后继发展空间受到一定程度限制的问题。省妇联要积极依托海南广播电视大学的资源优势，充分利用海南广播电视大学远程教育网络、教学光盘等教学方式，还可利用周末、农闲等时间开展课堂教学，鼓励励志班毕业后的学员一边上班一边利用业余时间学习大学课程，进一步提升学历教育，解决励志班毕业后学员后续发展的实际问题，同时，也可为建设美好新海南培养更多高技能、高学历的人才。

【案例点评】

如何提升妇联领导力？

海南妇联创新“扶贫巾帼励志中专班”项目，提供了以下三个方面的有效经验。

第一，妇联领导定点要“巧”——“阻断”贫困代际传递。做好妇联工作，最好的切入点在哪里？海南妇联给出了明确答案：“国民的命运，与其说是操在当权者手中，倒不如说是握在母亲手中。”海南妇联计划“培养1万名贫困家庭女孩，造就1万名好母亲创业就业，带动1万户贫困家庭脱贫奔小康”，彻底阻断贫困的代际传递，是一个非常精准的切入点。

第二，妇联领导发力要“准”——“免费”提供教育培训。妇联工作，具有很强的公益性，可以筹集资金支持公益活动。帮助贫困家庭女孩，阻断贫困代际传递，必须彻底“免费”。虽然国家政策规定，贫困家庭孩子就读中职学校，在校期间可享受国家“两免一补”，但贫困家庭女孩依然因为缺少生活补助费用而无法上学。在国家政策基础上，海南妇联通过“雨露计划”为贫困家庭女孩提供每月300元的生活补助费用，彻底实现了“免费”教育。

第三，妇联领导引领要“明”——“励志”脱贫致富感恩。领导工作，就是指引方向，就是激励人心。对很多贫穷女孩来说，不仅口袋穷，而且脑袋穷，没有志向。海南妇联指导学校成立励志班心理咨询室，通过心理咨询师深入细致的心理辅导，让贫困家庭女孩心理逐渐成熟起来、阳光起来、强大起来，将来才能脱贫致富感恩。

案例三

用好柔性的力量

国投财务有限公司　李旭荣

【案例描述】

一、相关背景

国投财务有限公司（以下简称“公司”）是2008年年底经中国银行业监督管理委员会批准设立，并于2009年2月经国家工商行政管理总局核准注册成立的非银行金融机构。自成立以来，公司就肩负集团资金集中管理、融通内部资金的重要使命，一直致力于打造集团的资金集中管理平台、资金结算平台、资金监控平台、金融服务平台。经过8年的快速发展，公司已经从单一的融资服务者向集“资金提供者、财务咨询者、风险管理者、方案策划者、交易撮合者”等功能于一体的综合金融服务商转变。

二、困难与挑战

2008年我作为筹备组成员，参与筹建国投财务有限公司，在财务公司工作6年后，于2014年调任集团金融控股平台任副总经理，2016年由于工作需要，我再次被调回财务公司并担任总经理。在时隔两年重新回到财务公司后，我发现，尽管公司仍然在稳健运行，但也存在很多问题。

（一）班子建设面临多种问题

在2014年至2016年这两年时间里，由于集团实行干部集体轮岗制，公司的董事长、总经理、副总经理都做了重大调整。2015年任命的总经理在履新不到半年后，由于轮岗，被调任集团部门主任。副总经理、总经理助理都是从处长刚刚提拔的，尤其是副总经理，是从别的公司调任的，对财务公司的业务和情况需要长时间的了解和熟悉。

因此，我回到公司后，最首要的问题，就是要解决班子建设问题。一方面，班子成员面临角色转换问题。公司董事长是公司原总经理，他要面临从总经理到董事长的角色转变，我本人要实现从副总经理向负责公司经营的一把手的角色转变，副总经理和总经理助理要实现从部门经理向公司领导的角色转变。另一方面，班子成员还需要面临融合问题。董事长和我怎么分工，不能缺位也不能越位；在公司风险和内控的框架下，前中后台的分管领导怎么安排才最合理；副总经理和总经理助理怎么配合我的工作，公司的议事规则要不要重新调整等。班子和成员之间都面临快速融合问题。

（二）队伍建设面临很多亟待解决的问题

除了班子建设，公司的队伍建设也面临很多亟待解决的问题。一方面，中层干部少，没有形成队伍梯队，人才储备少；另一方面，核心骨干缺，别看一个大的部门有八九号人，但是真正能干活、能出活、能做出成绩的骨干成员不多，有的关键岗位离职率很高，如会计核算岗，没有一个经验丰富的老会计，每月出报表都很难。有的部门有严重的“等、靠、要”思维，士气低落；有的部门，即使前台部门，工作的主动性、积极性、创新性也都不高，跟客户的联系程度低，客户需求挖掘浅，公司的经营责任压力无法传导到每一位基层员工，员工没有危机感；更难的是员工离职率居高不下，尤其是核心骨干的离职，给公司业务的稳定和员工队伍的稳定都带来了很大的挑战。

（三）公司发展遇到了“瓶颈”

公司作为集团内部银行，始终要服务于集团的发展，满足成员企业的需求，随着国投集团的战略转型，公司的业务也应该快速适应和跟上集团转型发展的步伐，但在实际工作中，公司出现了明显的不适应，遇到了发展“瓶颈”。

一方面，公司的服务覆盖面小，在集团的四个战略单元中，公司为实业板块提供的服务多，而对集团的金融业务板块、产业基金业务板块、国际业务板块，财务公司的服务功能、服务产品、服务手段都明显跟不上业务发展需求，也没有明确的思路和方向；另一方面，公司的经营策略也需要快速转变，就是要在做好服务的同时，必须提高盈利水平，为集团保增长做贡献。作为服务机构，公司要强调金融服务，要为成员企业降本增效，但是，作为一个生产经营性企业，公司必须要有利润，并且是要有高水平的盈利能力，满足股东资本金融股权投资高回报要求。但是公司的盈利方式单一，定价的市场敏感度低，难以挖掘盈利点，利润增长明显乏力。

三、探索对策

面对复杂的外部环境，纠结的公司内部治理，我必须要做到张弛有度，抽丝剥茧，内联外交，既抓战略方向又抓重点问题、抓核心人员，一步步解决各种疑难问题，实现破局。

（一）加强班子建设

一是明确分工，董事长管什么、我管什么、副总经理和总经理助理管什么，经过班子会议多次讨论，确定了职责分工，明确了分管部门，明确了责任目标；二是建立信息沟通机制：每周固定召开班子碰头会，及时分享信息，按周排出工作计划，讨论重点问题，细化落实措施。确保班子成员各司其职，不越位也不缺位，大事商议，小事授权，经过一段时间的磨合，大家都互相了解了脾气秉性，默契程度越来越高，协同工作的效果也日见成效。

在班子成员角色转变的过程中，我除了要完成个人从副总经理到总经理、独当一面的角色转变外，还要帮助两位副手快速实现转变。作为女性领导者，多年的管理岗位上的经验告诉我，善于倾听、持续沟通、富有耐心、乐于分享是我的优势。因此，对于这两位副手，要针对他们明显不同的性格，有针对性地进行帮助。比如，副总经理刚来公司时，负责中后台业务，考虑到他年轻、有能力、有魄力，把他调整为负责前台部门，充分授权，制定了工作目标后，就放手让他去创造业绩。总经理助理业务能力强，但是管理能力还需要进一步提升，她分管中后台业务，千头万绪，事情多、细、杂，其中最主要的一项业务是要跟监管沟通，保证公司业务的合规风险。因此，在日常工作中我就多跟她沟通，把我的管理心得一点一滴地传授给她，帮助她快速适应领导角色，提高管理能力。

（二）加强队伍建设

队伍建设是公司管理的头等大事，公司的战略目标要依靠团队来完成。所以，我把队伍建设当成头等大事来抓，先管人再管事。

一是配齐中层管理人员，人数多的核心部门除部门经理外，同时配备一名副职，有些部门还需要储备后备管理人员；二是对于人才流动、缺失的关键岗位，从其他公司挑选、调任合适的人才，比如会计核算人员，我从集团资本控股平台调任了一名忠诚于集团、能力强的老会计，保证公司重要的会计核算工作能够正常开展的同时，也稳定了关键岗位；三是加强企业文化建设，通过打造企业文化来增强员工凝聚力和归属感，让员工认同公司的价值观和愿景。

我在公司内倡导"家"文化，每个月为员工举办内容丰富、形式新颖多样的集体生日会。对于家庭有困难、有重大变故的员工，积极给予帮助，为员工真正解决小事、实事，让员工能真切感受到公司的人文关怀。我还积极打造公司文化墙，让公司发展历史和文化有个集中呈现的载体，让新员工了解公司，进而热爱自己的岗位。我还在公司内倡导"在状态、有激情、敢担当"的职业价值观，严格要求大家真正做一个职业人，保持积极的工作热情。在生活上，关怀员工；在工作上，坚持原则，高标准、严要求。经过一段时间刚柔相济的管理，员工的精神面貌、工作状态都有了很大的改善。

（三）积极突破发展"瓶颈"

解决了人的问题，工作的重心就立刻转到了公司经营上。在分析公司面临的各种发展"瓶颈"，尤其是增资后带来股东回报率快速下降的主要矛盾后，首先，梳理和明确公司的发展思路，提出了"保增长、上水平、明方向、促活力、强服务、提能力、防风险、重党建，打造精品财务公司"的发展目标。只有公司的经营战略和方向明确了，员工执行起来才能有的放矢。其次，通过召开公司发展研讨会、系列业务专题研讨会等，进一步统一思想，聚焦发展，最终明确要根据集团战略转型，在保证继续服务好传统实业板块业务的同时，要重点开拓金融企业和产业基金业务。

务虚之后，就是务实。作为领导者，困难的事情要首先冲在一线，想方设法快速打开局面。一方面，我发挥在集团资本控股平台工作过的优势，重点联络金融企业，创新产品设计，对于原本没有合作过的金融企业，实现了零的突破，在原本有合作的企业，实现了业务从点到面的全方位合作，给公司带来了增量收益；另一方面，对于业务合作最难的产业基金业务，我主动增加上门服务，联系并举办业务推介会，及时响应基金业务需求，实现了结算业务、信贷业务、投资业务、保险业务等多方面业务合作的突破。

通过以上种种措施，在全口径资金归集率因为客观原因得分较少的极为不利的情况下，公司各项软硬经营指标都取得了良好的成绩。因此，公司实现了行业评级由 B 到 A 的优秀成绩，给集团、公司、员工递交了一份满意的答卷，也为公司打造精品财务公司奠定了扎实的基础。

四、实施效果

（一）张弛有度

相比较男性领导者，由于思维方式的差别，女性领导者往往较为情绪化。但是多年管理岗位上的经验告诉我，遇到重要的事情、难的事情、复杂的事情，一定要事贵缓图，要张弛有度。尤其是面对错综复杂的问题，暂时找不到解决方法时，一定要首先抓住主要矛盾，合理安排解决问题的轻重缓急，抓大事，抓关键人员，抓有效的解决措施。

此外，对人要柔性，对事要理性，感情和原则一样都不能缺失。有感情但不坚持原则，肯定无法达成工作目标。所谓“慈不掌兵”就是这个道理；有原则但没有感情，容易导致工作中人际关系紧张，沟通存在障碍，无法进行良好协作，也无法达成工作目标。因此，感情和原则都是不可或缺的，面对具体问题，要张弛有度，举重若轻。

（二）情感感召

作为女性领导者，情感感召是一个显著的优势。领导者的权力，一方面，来自组织赋予，是冰冷的，如果仅仅是利用这种组织所赋予的权力去命令、管理下属，我相信，没有下属能够真正追随，大家只是在等价交换，付多少钱、干多少活；另一方面，来自情感感召，这是超越岗位的，是对领导者更高的要求，因为需要领导者利用自身的人格魅力、情感的张力、正能量的价值观去影响下属，真正走进下属的内心，才能让下属心服口服地追随你。

（三）修炼自我

领导力的提升是一个修炼自我的过程。在回到公司的这段时间内，我经受了心理和生理的双重压力和考验。心理上，以前我担任的是副职，可以不用担负一把手的责任，我只需要在总经理的安排下，管好自己分管的部门，与总经理沟通好就可以了，责任和压力都可以让总经理承担。但是现在我是一把手，大事小事都得想，要真正担负公司经营的责任，没有办法把责任推卸给其他人，只能自己扛，所以，心理上承受了巨大的压力。生理上，每天我的办公室来往人员络绎不绝，下属要请示、汇报，我要思考、要决策，非常消耗精力，有时候一天下来，回到家就只想躺着，但是第二天还得咬牙坚持。在担任总经理的这段时间内，我的心理和生理的承受能力又得到了进一步提高，这也是不断自我修炼的过程。

【案例反思】

女性在职场上打拼并获得成功不是一件容易的事情，但是一旦成功，便可以大放异彩，就像万绿丛中一点红，鲜艳夺目。在这么多年的管理岗位上，我在实践中摸索，在教训中反思，在成功中提升，从柔性的管理方式中获益良多，在刚柔相济中不断进行自我修炼，个人获得了很大的进步和成长，而且在自己成长的同时，更重要的是帮助团队成员实现成长，实实在在打造出一支忠诚、高效、有凝聚力的团队。

在今后的团队建设中，我依然需要不断提升，要把自己的影响力、正能量传递出去，让更多的员工能够追随，帮助更多的员工快速成长，这也许是我作为领导者的最终责任。

【案例点评】

女性领导者的特质是什么？女性与男性在领导方面的共性要求是什么？

结合筹建国投财务有限公司这个案例，不难发现女性领导者成功的四条经验。

第一，"柔"还需要"刚"来"济"。一般来说，女性领导者本性上更温柔，更柔和，但领导工作要求女性领导者超越"柔弱"，走向刚柔相济的境界。女性领导者，既有关爱，也有原则，更多的是温柔地"掌兵"。

第二，个人还需要团队来"扶"。没有完美的个人，但是有完美的团队。一般来说，女性领导者是"万绿丛中一点红"，要有"绿叶"来扶持。领导团队角色分工要明确，沟通机制要畅通，工作配合要默契。实际上，作为主要领导者，"红花"也要扶持"绿叶"。相对于男性领导者，女性领导者更加"善于倾听、巧于沟通、富有耐心、乐于分享"，及时帮助团队其他成员成长成熟成功。

第三，公司还需要像"家"来"顾"。一般来说，领导者先人后事，把队伍建设当成头等大事来抓。具体而言，女性领导者更"顾家"，"在公司内倡导'家'文化，每个月为员工举办内容丰富、形式新颖多样的集体生日会，对于家庭有困难、有重大变故的员工，积极给予帮助，为员工真正解决小事、实事。"

第四，格局还需要领导来"建"。领导者不仅要塑造组织、打造队伍，而且要走在前线，突破困境，打开空间。领导者不仅积极联络金融企业，创新产品设计，实现了零的突破，而且积极创新产业基金业务，实现了结算业务、信贷业务、投资业务、保险业务等多方面的突破。

刚柔相济的领导力

中国旅游集团公司深圳代表处　李芳平

【案例描述】

一、相关背景

“女强人”“铁娘子”“女汉子”，以往是很多人对女性高管的印象，是人们概念中管理者必须具备“刚性”特质的映射。在我看来，当前社会无论是“女强人”“铁娘子”，还是“女汉子”，其实已成为一种褒义的评价。无论是工作，还是结婚生子，都可看作对女性性格的一种磨炼。大多数成功的女性既有温柔、细腻、富于情感的一面，也有刚强、果断、意志坚定的一面。因此，将两性的长处相结合并善于将“1+1>2”的优势互补融汇于管理之中，是形成刚柔相济之领导力风格的发展趋势。

我于2003年调到中国旅游集团工作。来集团之前，我在男性员工占比95%以上的基层单位从事管理工作，作为屈指可数的女性管理者，我当时并未感觉到有任何压力，反而认为这是团队里一种适合的搭配。

我是军转干部，军旅生涯练就的遵守纪律、团结协作、目标明确、责任担当，以及甘于奉献的良好作风，应用到我所在的一线技术型单位确实受益匪浅，体现在处理工作问题高效、慎重，妥善协调领导者与管理人员之间的微妙关系，有效化解日常工作中出现的正面冲突，收到化干戈为玉帛的效果。

作为女性管理者，我在工作上努力做到补台不拆台、到位不越位、站位不缺位。在沟通交换意见时，能区分不同的场合和事情，尽量用实例耐心与大家诚恳交流。事实上，有的时候用最直接的方式并不一定能较好地解决大家的争议，相反，用一种大家更容易接受的柔和方式去做工作会更容易解决问题。由于在处理工作问题的时候表现出了公平公正、果断坚定，不左右摇摆，因此，在增强员工们执行力方面，以及在促进所在单位连年取得较好的工作绩效等方面都发挥了正能量。

在管理中，我注重团队建设，在融洽队伍气氛方面倾注了很多心血，营造了和谐的工作环境，使大家共同工作时都有一种心里很舒服愉悦的感受。我认为，女性领导者具有感性、敏锐、善于倾听和沟通的特点，也能感同身受洞察到员工的心理。这一优势尤其适合我所在的技术性单位加班多、出差多，家庭不稳定情况较多的实际。

二、困难与挑战

1999 年，我工作的基层单位有一名资深员工出差期间在酒店突发心脏病猝死。这名员工专业技术级别较高，工资水平也较高，但家庭情况较复杂，与前妻育有一女。现任妻子为二婚，且婚后未生育，与其前夫有一子。实际上，每年公司都会对专业技术人员进行全面体检，并设置专门的部门对技术人员的健康进行管理，且在其病发不久前刚刚进行过身体检查，一切正常。因此，对于突发情况，家人短时间内很难接受。而且，由于复杂的家庭构成，女儿、现任妻子、三个姐姐等各方意见不一致，针对家属签字进行火化问题与单位一直僵持不下，甚至几乎与单位领导产生过激冲突。对于家属们的情绪不稳、行为过激等问题，单位的全部男性管理干部都表现出很无奈，最后公安部门按照程序决定采取尸检，这个决定再一次引起了家属的情绪失控。在每次进行细节沟通中，家属们都会随时产生情绪不稳和行为过激的倾向，甚至表示要跳楼轻生。

三、探索对策

针对当时单位和家属之间持续僵持不下的情况，单位领导决定暂时冷处理，让家属先冷静一下，每天安排我（唯一的女性管理者）去家属那里例行关心慰问和保障，在家属找不到其他领导而寻事发泄情绪时，我都马上出面和她们对话、解答问题。

由于白天要慰问家属，晚上要通宵制作追悼会的相关材料，且随时要和家属们保持联系沟通，所以身心都非常疲惫，但是从单位大局出发，我始终不厌其烦、体贴入微地照顾好每一位家属，逐渐平复了她们因悲痛而产生的过激情绪。

但是，就在冷处理的第二天下午，慰问结束后刚刚回到自己房间不到 3 分钟，

5 名女性亲属便用力砸门，非常愤怒地冲到我的房间大喊大叫，声称要向单位讨说法。

我忍着同事忽然去世的悲伤以及连续多日的精神压力，再次耐心地倾听她们每个人的想法，认真解释疏导，并告知她们，我一方面是单位的管理人员，另一个身份也是死者多年的同事和朋友，死者的突然离世，我一样悲伤难过，心里也很难接受。另外告知她们，单位工作非常忙，男性领导们都在一线岗位值班，我和同事受组织委托这几天连夜加班，为的就是圆满处理好后事，让逝者安息，并把制作好的幻灯片放给家属们看，伴随着《天空之城》音乐响起以及逝者照片的动态展示，5 名家属坐在床上开始默默地流眼泪，情绪渐渐恢复了平静。

几分钟后，离世同事的妻子也过来向单位表示感谢。运用同理心分析问题、化解冲突，终于得到了家属们的信任和尊重，得到了上级领导的肯定，最后在异地圆满地完成了离世员工的善后工作。

【案例反思】

那次善后工作处理结束后，我与几名男性领导讨论了当天的情形，大家都很难想象正面冲突真正发生的后果，也试着想象，如果换成自己会以一种什么样的方式去处理，充分运用同理心、人生经验、冷静从容、真诚待人是大家一致认为的为人处世原则。

回顾多年来面对忙碌的工作与生活，我始终保持工作热情，保持持续学习的状态，保持健康的身体，享受工作，享受生活，努力达到一个平衡。我认为一个领导者，工作状态和学习状态是最重要的，只有持续学习才能使事业持续成功。我认识个别女同胞由于对工作缺乏强烈的进取心和上进心，容易满足，再加上繁重的家务，她们就放弃了主动学习，久而久之，她们的工作能力便相对下降，无法满足工作的要求，职业生涯发展也遇到了“瓶颈”。事实上，工作灵感的迸发、创新发展都与获得的知识有关。女性管理者更要经常学习，用理论知识充实自己，用现代技术手段武装自己。做一个现代人，必须取得现代的知识，学会现代的技能，感觉现代的问题，具备解决现代问题的方式方法。

目前，我在现任岗位担任正职领导已十多年，在集团党组织的培养下，我荣获了 9 次集团优秀高管称号。我体会到领导者只有不断加强学习，才能不断增强自身的知识与能力，才能增强自身素质；只有不断地充实提高自己，才能更好地提高自身的领导力，才能更好地对员工实施影响，推动各项工作的开展。所谓领导力，就是影响别人、让别人跟随的能力。

领导力来自两个方面，一是职位本身赋予的能力，二是自己的个人魅力对别人的影响力，个人魅力对别人的影响力尤为重要。首先在专业上必须要有过人之处，这也是让下属信服的必要条件。同时，人生智慧和高度是要靠岁月和经验一点一滴的累积而来。智力使人做事具有逻辑性，经验能使人明智，避免走弯路、犯错误，美德才是领导力的源泉。智力、经验和美德三者之和即是智慧。

拥有专业知识，把事情做到井井有条，仅仅能让人做一个好的管理者；富有魅力，保持积极向上的精神，才能做一个合格的领导者。一般来说，领导者必须关注六个方面。一是目标明确。优秀的领导者是团队的指明灯，必须坚定果敢，首要任务是确定方向，明确目的，以确保组织团队能够达成共同目标。二是率先垂范。行动的感召力和影响力比语言强百倍。管理学界有句名言：一头狮子领导的一群羊能打败一只羊领导的一群狮子。这句话说明了领导者率先垂范的重要性，同时，也隐含着团队的力量。三是关心员工。管理的本质就是要沟通、关心、肯定、承担责任、善于换位思考。领导者应该始终是一位工作上的导师，生活中的益友，是一个值得信赖和依靠的人。合理地约束员工不当的行为，一定要恩威并重，不可一味放纵，也不可一味束缚。要在精神层面对员工大方，这就包括了发自内心地关心员工，真心地为下属的未来打算，能包容和自己不同的意见或别人强势的态度等。四是知人善任。真正的优秀领导者都是懂得识人会用之人，知道“用人所长”，包容人才的短处和缺点，懂得培养人。作为一名优秀的领导者，就是要做好管理，员工哪里做得不对，就要提醒到位，及时帮助，要为人师表，主动关怀员工。五是目标高远。真正卓越的领导者，必须拥有长远的眼光，懂得利用远大的目标激发下属的潜能，思路开阔，最大限度地去提升组织的绩效。六是坚韧果敢。要成为一个卓越的领导者，应该向优秀的领导者学习，要抑制自己软弱、犹豫的弱点。领导魅力并不是简简单单就能培养起来的，领导人不仅要摒弃性格中的弱点，更要能吸收各种完善自我的养料，让自己在不断的进步中迅速成长起来，向自己希望完成的梦想不懈努力，其间还要以坚韧去跨越困难和险阻，这样才能接近梦想。

当前，在职业竞争时代，男女性别差异并不大。多元化时代和环境使企业更加透明、相互依存，它要求领导者更加灵活，懂协作，重创新和长远思维。近年来，在管理学界有一种说法，权威型、命令型的领导模式即将被人性化、情感型的领导模式所取代，当今领导力越来越与中性风格画等号。因此，我以为，刚柔相济的领导力将会在现代企业管理中发挥扬长补短的作用，会更好地推进企业的健康发展。

【案例点评】

如何提升女性领导力？

中国传统文化追求“阴阳和谐，刚柔相济”。一般来说，大多数成功的女性既有温柔、细腻、富于情感的阴柔之美，也有刚强、果断、意志坚定的阳刚之美。因此，将阴柔与阳刚结合起来，形成生生不息的强大力量。

如何才能做到刚柔相济？

第一，积极发挥女性性格的自然优势。一般来说，女性领导者具备敏锐的直觉，温柔勤恳，关注细节，善于沟通，而且能够坚持不懈。也就是说，女性领导者具有独特的魅力：更细的观察力、更浓的亲和力、更强的凝聚力、更大的感召力。

第二，主动克服女性性格的自然弱势。一般来说，女性领导者在决策过程中易受个人主观感情色彩等因素影响，优柔寡断，甚至于造成决策失误。倘若女性领导者过于相信自己的直觉判断而忽视理性思维，往往难以做到科学领导。因此，女性领导者“要成为一个卓越的领导者，应该向优秀的领导者学习，要抑制自己软弱、犹豫女性化的弱点”。

总之，要加强历练，不断加强性格修炼。由于现代社会的知识和技能更新很快，女性也要与时俱进，走在前列，干到实处，才能一点一滴地积累经验，积累人生智慧。因此，女性领导者，既要不断提升专业水平，把事情做到井井有条，又要不断提升人生智慧，把“人情”做到无微不至。

其实，无论是“女强人”“铁娘子”，还是“女汉子”，都已成为社会对刚柔相济的女性领导者的褒义的评价。

简约领导

时代越发展，领导越简约。简约领导观提倡少领少管，追随者也许更能发展。简约领导提倡少用硬权力，多用软权力。每个追随者都有领导力，整个组织就更有活力。

简约领导可以把领导特质简约为“智、仁、勇”领导三德，领导行为简约为“决策”和“用人”领导两为；领导情境简约为“制度”和“服务”，领导变革则简约为“新民”和“止于至善”。用心去体会，就能感受到“来去自如”与“方圆兼顾”的领导艺术之妙。

毛泽东曾经讲过，领导工作概括起来有两件事：一是出主意，二是用干部。如果继续简约，就是柯林斯在《从优秀到卓越》中所说的“先人后事”。

本专题八个案例，主要聚焦在领导用人。案例中的领导者，无不先人后事，用己用人，用情用智，从用黄金搭档到用完美团队，从用干部队伍到用组织系统，形成知识共同体、命运共同体，“风雨同舟，患难与共”，提升领导力。

案例一

盘活用人机制　激发工作热情
努力开创工作新局面

中共河南省商丘市委统战部　岳文华

【案例描述】

一、相关背景

2015 年中央统战工作会议召开前，一些地方和部门对统战工作重视不够，统一战线“法宝”地位没能得到凸显。关于统战部门和统战工作的段子也是层出不穷。有的同志认为做统战工作出不了大成绩，不做统战工作出不了大问题；有的地方党委把统战部门当成“干部安置所”“退休中转站”；一些统战干部精神也不够振奋，自嘲“统战部门是自由自在，统战工作是自娱自乐，统战干部是自生自灭”，觉得自己是二线部门、二线工作；还有一些人员认为统战工作“上层重要，中层次要，基层可要可不要”；还有人认为统战干部交流使用渠道窄；等等。

这些因素的存在，一定程度上制约着统战工作的开展，挫伤了统战干部的工作积极性。如何扭转这种局面，是摆在各级党委和领导面前的现实困难和问题。

二、困难与挑战

2016 年是中央统战工作会议精神的贯彻落实年。2016 年年初，根据省委安排，我由省财政厅调任商丘市委常委、统战部长。工作角色转换之急，工作领域跨度之大，给我带来一定的压力。尤其是新的工作部门面临许多现实问题，对我来说更是前所未有的困难和挑战。

第一，领导班子不健全。作为常委部门，连续近3年没有配备统战部长，且我到任时只有一位常务副部长主持工作，在这样的环境下，无论是工作推进还是工作协调都比较困难。

第二，中层配备不到位。3年前，该部机关6科1室主要负责人有5名同志得到晋升后继续兼任科（室）长（主任），未再调整科级实职岗位。一方面，得到晋升的人员由于工作角色的调整，对科室工作精力不够集中，影响工作谋划和开展；另一方面，应该调整科级实职岗位的人员未能得到调整，工作积极性主动性也不够高，机关整体工作几乎处于停滞状态，人心也比较浮躁。

第三，干部缺编未补充。部机关在人员退休、领导干部调整后，一度缺编达6人以上且长期未得到补充，在本来编制就不足30人的机关，人员力量相对薄弱，且年龄结构不合理，35岁以下人员仅有3人，各项工作开展力不从心。

第四，干部交流不顺畅。有的同志在同一个科室同一个岗位连续工作多年，换岗交流机会少，工作创新意识弱化，工作能力不够全面。科级乃至处级以上干部出去交流的概率很低，很多同志把统战部门当成名副其实的“养老部门”，机关整体活力不足。且在干部交流调整名额有限的情况下，竞争比较激烈，一定程度上影响着内部团结和谐。

三、探索对策

（一）着力整合统战力量

我到任不久，就积极向市委常委会汇报，并以贯彻落实中央统战工作会议精神和《中国共产党统一战线工作条例（试行）》为契机，促成市委尽快成立了以市委书记为组长的市委统一战线工作领导小组，明确了各成员单位职责分工，并将统一战线“四个纳入”“三个带头”纳入对有关单位年度考核的重要内容，初步构建了党委统一领导、统战部牵头协调、有关方面各负其责的大统战工作格局，形成了工作合力，有效纠正了统战工作就是统战部门工作的错误认识。同时，充分利用各种会议、活动、培训班等载体，借助新闻媒体、互联网等媒介力量，广泛宣传统一战线理论方针政策，普及统一战线知识，宣传统一战线重大活动、先进典型和突出成就，着力扩大统一战线的影响，形成了全社会关心支持统战工作的良好氛围。也营造了统战工作大有可为的环境，一定程度上激发了统战干部干事创业的积极性和对本职工作的认同感、成就感、归属感。

（二）努力配强领导班子

为了彻底扭转把统战部门当成“退休中转站”的传统思维模式，积极向市委反映，争取到两名有统战工作经验、热爱统战事业、年富力强、社会公认的领导干部充实到统战部领导班子中来。我本人也坚持以身作则，身体力行，着力当好班长，带好队伍。以严肃党内政治生活、从严管理监督干部、持续深入改进作风、严明党的纪律为抓手，全面加强领导班子思想、组织、作风、反腐倡廉和制度建设，凡会议必讲团结，必讲作风，最终打造了一支风清气正的班子队伍，营造了一个宽松和谐的工作环境。同志们普遍反映，在这样的环境下工作，心气顺了，干劲足了。

（三）优化干部岗位配置

该晋级的干部没能晋级，该补充的科级岗位没有补充，一直是制约该部干部工作积极性的重要因素之一。为树立正确的用人导向，我们通过增设职位、竞争上岗、充实编制等措施，进一步优化岗位配置，盘活职位资源，实现人岗相适，有效激发了干部干事创业的活力。一是积极向市委建议并协调组织、编制部门，为部机关核定增设 1 名正科级机关党委副书记职位，为市台联、市无党派人士联谊会各核定增设 1 名正科级副秘书长职位。二是根据个人工作实际和队伍建设需要，将 5 名同志由副科级干部提拔为主任科员，1 名同志由科员提拔为副科级实职干部，2 名实职科长进行了转岗。三是根据《中华人民共和国公务员法》《党政领导干部选拔任用工作条例》《党政机关竞争上岗工作暂行规定》等法律法规精神，积极与组织部门沟通联系，并结合工作实际，拿出 6 个正科实职岗位，组织市直统战系统 12 名科级干部进行竞争上岗，坚持公平、公开、公正原则，通过笔试、面试等环节，最终 6 名同志被选拔到正科实职岗位，实现了人岗相适，充实了中层领导队伍，营造了风清气正的用人环境。四是积极与组织部、人社局、公务员局联系，按照德才兼备、以德为先的选人标准，坚持公开、平等、竞争、择优的方针，采用考试与考察相结合的选拔方式，从政治素质好、专业基础扎实、工作实绩突出的 30 余名基层公务员中进行遴选，有 9 名年轻同志脱颖而出，被选拔到市直统战系统工作，为统战部门补充了新鲜血液，补齐了人员缺编的短板。

（四）积极推介使用干部

为改变统战干部走出去难、干统战工作没前途等错误观念，我充分利用各级党委政府换届等时机，积极向市委推荐政治素质好、业务能力强、工作表现突出的优秀统战干部。先后有 1 名同志被提拔任用到省侨联任副主席、党组成员，成为副厅级干部；1名同志被重用为县委常委、统战部长；1名同志被推荐到县里任副县长。短短半年时间，市直统战系统先后有3名同志被提拔或重用，为统战干部树立了榜样，也让他们看到了希望，激发了他们干事创业的热情。

（五）加强能力建设

为切实打造一支政治坚定、业务精通、作风过硬的统战干部队伍，在做好干部日常教育管理的同时，通过举办各类培训班、外出送学、专题讲座、演讲比赛等形式，强化干部理论武装和能力提升，不断增强党性修养和业务素质。尤其是在市直统战系统开展了"对标"管理活动，通过在全国范围内找标杆、学典型、补短板，开阔了视野，增长了见识，有力地促进了工作能力的提升和全市统战事业的快速发展。

四、实施效果

通过"抓班子、带队伍，用干部、正风气，对标杆、学典型，树形象、强素质"等一系列动作举措，该部各项工作迈上了一个新台阶。以贯彻落实中央统战工作会议精神为契机，先后成立了新一代非公有制经济人士联谊会、新媒体代表人士联谊会和新侨创业创新协会。这些举措在全省乃至全国都走在了前列，在凝聚人心、汇聚力量，弘扬主旋律、传递正能量等方面发挥了积极作用，在机关自身建设及带领全市统一战线成员围绕中心、服务大局等方面均取得了不菲的成绩，许多工作得到省委统战部和市委领导的高度认可。

【案例反思】

（一）党委重视是前提

无论是大统战工作格局构建、编制机构的增设，还是干部的调整、推介与使用，都离不开党委的高度重视。仅仅依靠统战部门自身力量是做不好统战工作的，也解决不了部门自身的许多现实问题。为此，我多次专门向市委主要领导同志请示汇报，争取到市委的鼎力支持。统战部门之前之所以被当成"干部安置所""退休中转站"，很大程度上与有的党委不重视统战工作、不懂统战工作有很大关系。中央统战工作会议的召开，首次将统战工作会议提到了中央层面，彰显了以习近平同志为核心的党中央对统战工作的高度重视，也开启了统战工作的新局面。地方各级党委认真贯彻落实"三个带头""四个纳入"等有关要求，成立统一战线工作领导小组，也为开展统战工作提供了坚强的组织和制度保证。相信有各级党委的高度重视，统一战线在为实现“两个一百年”奋斗目标、实现中华民族伟大复兴的中国梦等方面一定能够提供更加广泛的力量支持。

（二）领导带头是关键

常言道：先禁己身而后人，打铁还需自身硬。如果领导干部是业务上的门外汉、作风纪律上的个别人，就难以以上率下，就不能服众。无论是工作上还是作风上，只有领导干部带好头，做到高标准、严要求，虚心学习，深入调研，一级带着一级干，一级做给一级看，一级抓一级，层层抓落实，才能真正把各项工作做细做实做出成效。领导干部尤其是单位的一把手，必须走在前头，做榜样、做表率、树标杆，切实起到示范作用。我之前从事财政和人事管理工作，对统战工作接触不多，任统战部长后最大的压力就是能力恐慌。因此，无论是“老统战”，还是统战新兵，都是某一方面我学习的老师，我抓紧一切机会学习请教，以期早日进入角色和工作。通过参加中央统战部举办的统战部长培训班及其他各类培训，认真研读《统一战线工作条例（试行）》、习近平总书记关于统一战线系列重要讲话等，较快地掌握了统战理论知识和统战工作方法，并且通过深入的走访调研，掌握大量一手资料，也为后期开创统战工作新局面奠定了基础。

（三）公平公正是基础

新任伊始，面对单位干部的各种诉求和倾诉，以及各类说情打招呼的局面，我也曾陷入两难的境地。但为政之道唯在得人，致安之本唯在用人。知人善任是激发干部事业心责任感的关键，而公平公正选人用人是基础，只有坚持在干事创业的平台上选人用人，让想干事的人有机会，会干事的人有舞台，肯干事的人有地位，干成事的人有实惠，能干事的人有空间，才能不断激发干部开拓创新、奋发有为的进取精神，充分发挥用人的导向和旗帜作用。因此，我坚持不为人情所动，通过中层干部竞争上岗，公开遴选新进人员，努力做到人尽其才，才尽其用，用其所长，同时，也营造了“靠素质立身、靠实绩进步、靠能力发展”的良好氛围，激发了干部的工作热情。

（四）能力素质是根本

统战工作是一门科学，没有很强的业务水平和工作能力是做不好的。尤其是中央统战工作会议的召开，开辟了统战工作的新征程。习近平总书记关于统一战线工作做出了一系列重要指示，提出了一系列新思想、新观点、新要求，只有学习好、领会好，才能更好地落实好中央精神，结合实际创造性地开展好各项工作。因此，作为统战干部，必须加强学习，提升能力，外出形象，内强素质，切实做到政治坚定、业务精通、作风过硬。

（五）严爱有加是保障

真心实意地关爱干部是各级领导应尽的责任，也是增强干部事业心责任感的有效途径。实践证明，领导和干部心相连，情相通，必然赢得广大干部以满腔热忱投身到工作中去，形成上下一条心的局面和“人心思进、人心思齐、人心思干”的良好氛围。每个人的能力大小有不同，岗位也各有特点，即使做到了人岗相适，但干部的成长有其自身规律，需要一个过程。实际工作中，难免会发生这样那样的问题，作为一名领导干部，如果不分青红皂白，下属一犯错误就批评，久而久之，下属也会因为害怕批评而敬而远之。因此，作为一名领导干部，必须有宽阔的胸怀和容人的雅量，做到严爱有加。女性天生的母性色彩和宽容胸怀在一定程度上注定了女性领导者更容易与下属接触，更容易做下属的工作。因此，作为女性领导干部，更要关心干部的成长进步和身心健康，善于理顺情绪、化解心结矛盾，多做“解扣”和“解忧”的工作。要从思想上降压、工作上减压、生活上解压，努力做到细心了解，诚心爱护、尽心帮助，着力解决干部最关心、最直接、最现实的问题，创造宽松、舒心的工作环境，从而凝聚人心，激发潜能，促使干部树立强烈的责任心、忠诚度和归属感，保持良好的心理和身体状态，聚精会神地干工作、尽职责、创事业。

【案例点评】

什么是简约领导？

简约领导就是以简驭繁，核心是“用人”，目的是“服务”。

第一，用自己，打铁必先自身硬。用人先“用己”，领导者要以身作则。一把手尤其是关键部门关键岗位的一把手，要下真功夫，要有真水平。一把手要勤于学习，不断提高理论水平和政策水平。一把手要能够慧眼识人，真心用人，宽容待人，要团结和影响更多的人。尤其是统战部门的领导，要具有坚定的党性，要具有拓展关系的灵活性。统战干部要“化为绕指柔”，能够柔隐地开展工作。

第二，用好“上级”，寻求指导与支持。火车跑得快，必有车头带。工作重要不重要，要看一把手关注不关注。用好“上级”，向上领导，就是要赢得一把手对统战工作的指导与支持。统战工作，是市委书记的统战工作，必须由市委书记来“统”，必须赢得市委书记对统战工作的指导和支持。

第三，用好“团队”，寻求搭档与团队。千金易得，黄金搭档难求。黄金搭档需要气质互补、能力互补，需要互相信任、心灵默契。在黄金搭档的基础上，要建立完美团队。“一个好汉三个帮”。一般来说，好的团队至少需要4个人。团队成员团结互助，同心同德，彼此支持，共同进步。

第四，用好“干部队伍”，尤其是中层领导和新进人员。通过中层干部竞争上岗，公开遴选新进人员，引导干部“靠素质立身、靠实绩进步、靠能力发展”，引导干部一级带着一级干，一级做给一级看，一级抓一级，层层抓落实。

当然，领导用人，还要用“人民群众”，密切联系人民群众！

协助民主党派市级组织做好换届工作

中共山西省阳泉市委统战部　王铁梅

【案例描述】

一、相关背景

换届工作是任何一个组织，一个政党得以持续发展的重要环节。各民主党派市级组织的换届，是以人事更替为主要形式，以政治交接为核心内容的一项十分重要的组织工作，是民主党派政治生活中的一件大事，直接关系到民主党派组织自身建设的加强和提高，关系到统一战线的巩固和发展，关系到中国共产党领导的多党合作和政治协商制度的坚持和完善。

2016 年 8 月，我赴任山西省阳泉市委常委、统战部长。上任伊始，正赶上各民主党派市级组织筹备换届选举工作。根据省委办公厅转发《关于协助各民主党派做好市级组织换届工作的意见》和中共阳泉市委领导的要求，必须在 2016 年年底完成换届选举工作。在时间紧任务重的情况下，我全力以赴，将此项工作作为一项重中之重的政治任务来抓，确保各项工作顺利推进。

二、困难与挑战

虽然在 2011 年换届之后，就将协助做好民主党派换届工作列入了工作日程，特别是着力进行新一届后备人选的培养和选任也有一些基础，但真正进行到换届的实质性阶段才发现还有许多问题需要解决。一是换届工作安排还未全面部署，大量的前期工作都需在短时间内完成。二是本次换届退出的人员多：原有的 62 个市委委员，有37人不能再提名，占60%；原有的16名副主委，有11人不能再提名，占69%；6个主委有5个不能再提名，占83%，对新任人选的审核把关责任很重。三是主委引进的比重大，有4名主委人选是从优秀的无党派人士中引进的，引进的时间最长的有5年，最短的还不足3个月，尚未达成共识，还需进行充分的沟通协商、述职谈心，力求做到稳妥推进，旗帜鲜明。

三、探索对策

为确保圆满完成换届任务，我带领分管的副职和工作人员及时到各民主党派进行调研，及时发现存在的问题，召开部务会议研究制定协助换届的具体方案，将解决眼前难题与长远布局相结合；耐心协商与坚决推进相配合；坚持党的领导与充分发扬民主相统一。

主动向中共阳泉市委书记汇报换届的筹备情况，得到中共阳泉市委高度重视。市委常委会专题听取并研究换届工作，成立了高规格的民主党派换届工作领导小组，提出要“提高标准，形成梯队，健康发展”的要求，严格程序，严格标准，及时进行三方协商，确保树立旗帜、和谐换届、高质量换届。

（一）提早谋划，解决党派机关遗留难题

在市委的坚强领导下，我对换届工作做了全面部署安排，按照相关政策要求和工作流程，积极主动与民主党派省、市级组织沟通对接，按照换届工作完成时限，倒排工期，狠抓落实，做到组织到位、认识到位、程序到位、协商到位、纪律到位、支持到位，进而实现顺利交接、平稳过渡。针对民主党派机关人员难以流动、梯队断层导致后备人员无法补充的突出问题，经过与组织部门反复沟通，市委常委会同意，制定并印发了《关于进一步规范阳泉市民主党派、工商联、侨联机关干部管理的意见》，允许灵活使用机关职数，解决了长期困扰的民主党派机关专职干部无法调入和提拔的问题，为民主党派机关换届人选准备扫除了障碍。

（二）争取支持，关心民主党派干部的生活待遇问题

在市委统战部的积极争取下，有4位驻会副主委享受了提前离岗待遇，他们的工作更加努力并空出岗位把有培养前途的干部选拔上来。经过统战部多次反映，在市委书记两次批示和过问下，两位民主党派主委落实了工作调动及工资待遇问题，解决了长达数年的历史遗留问题。一位主委由兼职转为专职，体现了对民主党派建设的特殊关心。在年度目标责任考核中，阳泉市对民主党派机关实行了特殊政策，保证机关人员都能得到较高等次的奖金。这些都很好地体现了“照顾同盟者利益”

的原则，极大地调动了民主党派干部的工作积极性，也为换届选人拓宽了空间。

（三）沟通交流，密切关注代表的思想动态

这次换届，6个民主党派5个主委到届，不再担任主委也将不再担任市人大、政府、政协换届时的后备人选，这5位人选有的干了两届，有的干了3届，无论对所在党派还是所在领导岗位都有很深厚的感情。为了让5位老主委能愉快地退下来，我主动请每位主委谈心谈话，转达市委的问候，了解他们的心声和诉求，以及对下一届的建议，消除他们的思想疑虑，使他们心情舒畅、全力以赴做好换届组织工作，站好最后一班岗。我安排市委统战部副部长专门到大会代表比较集中的单位，与负责人谈心，消除思想顾虑，打通心结，强化大局意识，把代表的思想认识统一到组织的要求上来，全力保证换届选举顺利完成。

（四）精心协助，全力开好换届大会

在完成所有规定程序，进入召开代表大会准备阶段后，市委统战部采取了三条措施，确保营造良好氛围，实现协商确定的人事意图。一是提供指导和服务。由市委统战部协调确定会议地点，申请经费，印发会风会纪卡片，安排新闻报道，邀请领导出席，帮助审核大会文件资料，接待出席会议的上级领导，使会议组织更加规范。二是促进民主党派间合作，各个民主党派机关干部组成临时工作机构，由换届经验丰富的同志牵头，现场指导换届事宜，确保了工作严谨、有序、顺利。三是安排专人密切关注会议进程中的每个环节，及时检点、提醒和弥补疏漏，保证了大会的圆满成功。

（五）严格纪律，营造风清气正的氛围

换届风气直接关系换届工作的成败。统战部遵循教育在先、警示在先、预防在先的原则，召开民主党派主委会议，对换届纪律提出要求。各民主党派组织广大成员学习本党派章程和有关换届纪律，增强遵规守纪的自觉性；严肃换届纪律，加强换届风气监督，强化责任追究机制，层层传导压力，形成工作合力，确保换届选举风清气正，确保换届工作积极稳妥、健康有序。

四、实施效果

这次换届，我们严格按照省委统战部《关于协助民主党派做好市级组织换届工作的程序流程规定》，通过细致扎实的工作，我市6个民主党派在规定的时间全部顺利召开了代表大会，成功选举产生了新一届市委会，协商推荐的候选人全部高票当选。同时，各民主党派在长期实践中形成的优良传统和高尚风范得以薪火相

传，保证了中国共产党领导的多党合作和政治协商制度得到坚持和发展。

在换届的政治交接中，我突出抓住领导班子和骨干队伍的建设，选出政治上坚定、符合政策条件、具有代表性的领导干部。配强了班子，兼顾老、中、青搭配，兼顾群众基础和后备干部培养，选出好干部，换出好面貌。通过换届，进一步改善了领导班子的年龄结构和专业结构，使6个民主党派的领导班子成为整体素质优良、成员优势互补、团结合作的坚强有力的集体，加强了我市参政党自身的建设。

真正做到“换届，不换的是民主党派与中国共产党的共同理想；交接，接续的是民主党派同中国共产党团结合作的光荣传统”，巩固了多党合作和政治协商的政治基础和组织基础，推动和实现了我市统一战线和多党合作事业的可持续发展。

换届之后，我们及时总结这次协助民主党派换届工作的成功经验，得到了省委统战部的高度认可，《山西统一战线》杂志第1期推广了阳泉市民主党派换届的成功做法，为全省的民主党派换届提供了可供借鉴的模式。

【案例反思】

我市这次协助民主党派圆满完成换届任务，在加强民主党派建设，促进中国共产党领导的多党合作和政治协商制度上得到坚持和发展，也积累了一些经验，有几点工作体会。

（一）选人用人是工作的关键

党的事业发展干部是关键，要通过民主党派换届把那些政治坚定、业绩突出、群众认同的党外代表人士选出来，最重要的是选好主委，安排好旗帜性人物，这是促进多党合作、实现政治交接的关键环节，也是在市级人大、政府、政协班子中配备民主党派干部、落实党的政策的组织保障。我们这次换届的6名人选，换届之前2名安排为政府部门正职、2名由副县提拔为正县，2名从机关安排到县区政府副职锻炼，使得民主党派旗帜更加鲜亮，也为以后市级换届奠定了民主党派人事安排基础。

（二）做细做实是工作的基础

“天下大事必作于细，古今事业必成于实”，换届选举，关键是要实现协商确定的人事意图，使党管干部原则通过民主党派成员的选票得到落实，推进民主政治建设。这就要求统战干部必须把工作做在平时，做在细微之处。要用党的方针政策影响和激励民主党派成员拥护党的领导，用自身良好的形象和纪律规矩来影响和带动民主党派成员严格要求自己，在潜移默化中赢得民主党派成员的信任，产生润物细无声的效果。所以，这次换届中，绝大多数成员能够自觉地做到坚持党的领导，对于市委统战部提出的建议，很容易接受。在协商中遇到阻力时，我们也做到了心中有数，从容应对，始终掌握工作的主动权。

（三）讲求方法是工作的核心

统战工作在坚持基本原则和要求的基础上，工作方法越精湛，掌握运用得越娴熟，工作效果越能事半功倍，而且影响越大越久远。善于照顾同盟者利益。照顾同盟者利益，是巩固和壮大统一战线的一个重要原则和方法。毛泽东也曾说过，民主党派和共产党的干部，手心手背都是肉，不能有厚薄。对他们要平等，不能莲花出水有高低。畅通统战对象反映意见和要求的渠道，建立健全尊重和照顾统战对象的合法权益、合理利益和诉求的机制；设身处地为统战对象着想，努力帮助他们解决实际困难和问题，做到政治上尊重，安排使用上一视同仁，思想上、生活上关心照顾。甘苦与共才能安危与共，政党关系、民族关系、宗教关系、阶层关系等，才能进一步和谐融洽。

在换届的过程中，作为统战部，应该努力为民主党派成员办实事，解决难题，落实“照顾同盟者利益”的要求。但一定注意是“照顾”，而不是“应该”和“必须”，要让民主党派成员清楚自己的薄弱环节，要用努力工作和优秀的成绩来报答关怀，弥补不足。我们这次换届中对民主党派成员的提拔、重用，市委统战部都要通过逐一谈心，让他们了解组织为此所做的沟通协调工作，了解组织的关心，了解同等条件下中共党员干部的竞争优势，从而使他们真正做到知己、知恩，健康成长。

（四）坚持原则是工作的保障

党员干部尤其是担负一定领导责任的党员干部，要想做好工作、干好事业，就要遵循工作的规则。没有规矩，不成方圆；没有原则，就什么事情也干不成。而原则、政策、规定总是从做好工作的需要，从最广大人民的根本利益出发，在这个过程中，尤其要坚持以人为本的原则，把做好“人”的思想工作贯穿换届工作始终。

做好深入细致的思想工作，善于运用民主协商的办法。通过广泛、深入的协商、沟通、座谈，使党的意图、方针政策转化为统战组织、统战对象自觉的意识和行动，在政治上、思想上、行动上自觉保持高度的一致。服从组织安排，听从组织决定。

通过细致扎实的工作，不仅协助各党派成功换届，更重要的是协助做好新班子提升能力、提高层次、活跃组织氛围，促进中国共产党领导的多党合作事业不断取得新成效，创造新局面。民主党派换届，实现政治交接是一个动态的过程，随着国内国际形势发展，民主党派成员数量和结构的深刻变化，政治交接也有了活的灵魂和重要抓手，重点是各民主党派要继承和发扬老一辈长期与中国共产党团结合作过程中形成的政治信念、优良传统和高尚风范，关键是要增强接受中国共产党领导，同共产党通力合作，共同致力于社会主义事业的自觉性和坚定性，核心是要坚持中国特色社会主义共同信念和理想，要坚定“中国特色社会主义道路自信、理论自信、制度自信、文化自信”，目的是要加强参政党建设，巩固多党合作和政治协商的政治基础和组织基础，推动和实现我国统一战线和多党合作事业的可持续发展，为实现中华民族伟大复兴的中国梦而勠力同心，接续奋斗！

【案例点评】

什么是简约领导？如何优化对民主党派的领导？如何通过民主党派和无党派人士扩大中国共产党的影响力？

山西省阳泉市委协助民主党派市级组织做好换届工作，积累了丰富的经验。

第一，用人就是用“心”。中国共产党对民主党派、无党派人士进行领导的基础是各个党派对中国梦的心理认同，对中国共产党的政治认同。在中国革命、建设和改革历史过程中，民主党派和中国共产党已经形成了风雨同舟、患难与共的“心理合同”。“换届，不换的是民主党派与中国共产党的共同理想；交接，接续的是民主党派同中国共产党团结合作的光荣传统，巩固了多党合作和政治协商的政治基础和组织基础。”

第二，用人就是用好“班子”。用好班子，不仅要选好一把手，还要配强班子。做好民主党派和无党派人士的工作，不仅要靠主委个人，还要靠强有力的班子。“配强了班子，兼顾老、中、青搭配，兼顾群众基础和后备干部培养，选出好干部，换出好面貌，通过换届进一步改善了领导班子的年龄结构和专业结构，使6个党派的领导班子成为整体素质优良、成员优势互补、团结合作的坚强有力的集体。”

第三，用人就是用好“大局”。在中国特色社会主义政治制度中，党委、人大、政府和政协四大班子形成了“大局”。用好“大局”，就是要求在市级人大、政府、政协班子中配备民主党派干部，落实党的政策的组织保障。“我们这次换届的6名主委人选，换届之前2名安排为政府部门正职、2名由副县提拔为正县，2名从机关安排到县区政府副职锻炼，党派旗帜更加鲜亮，也为以后市级换届奠定了民主党派人事安排基础。”

立足实际　着眼长远
推动民主党派工作提档升级

中共内蒙古自治区赤峰市委统战部　苏雅勒其格

【案例描述】

一、相关背景

赤峰市位于内蒙古自治区东南部，蒙冀辽三省区交汇处，历史悠久、文化灿烂，境内有 8 000 年的人类文明史，红山文化、草原青铜文化、契丹·辽文化、蒙元文化及近代移民文化一脉相承，以地名命名的古文化类型居全国地级市之首。深厚的历史积淀和文化底蕴及注重教育、崇尚修德等良好传统，也成为赤峰市民主党派孕育发展的重要氛围因素。

全市有农工、民盟、民建、民进、民革和九三学社 6 个民主党派，党派中的 5 个成立有市级委员会、1 个为市级总支，民主党派成员 1 000 多人，其中中国农工民主党和九三学社会员均为 200 多人。民主党派成员普遍具有很高的文化素养，自我表达意识较强，参政议政积极性和能力较强。

但近年来，受多种因素的影响，赤峰市民主党派自身建设步伐趋缓，在社会上的影响力和作用力有所削弱，总体发展状况与党派工作的预期有了些差距。特别是对照中央统战工作会议精神和新颁布的《中国共产党统一战线工作条例（试行）》有关政策要求，全市民主党派工作存在必须严肃面对并亟待解决的短板和不足。

二、困难与挑战

2016 年 10 月，受党组织安排我调任中共赤峰市委统战部长。到任后听取各项工作汇报和第一时间开展基层调研过程中，印象最深刻的是民主党派工作。这与当时正遇盟市民主党派基层组织和市级组织换届不无关系。按照自治区党委统战部的要求，进一步合理谋划，指导并协助各民主党派顺利完成换届不仅成为到任伊始的首要任务，同时，也为我更深入了解和掌握全市民主党派工作创造了条件。

当时民主党派工作面临的主要问题有以下几方面。

第一，在党派自身建设方面，全市 6 个民主党派均非独立的在编机关，没有驻会副主委，每个民主党派只有一名工作人员负责民主党派办公室日常工作，人员编制挂靠在市委统战部；各民主党派没有单独的办公地点，办公条件简陋；民主党派调研经费少，没有专用车辆；各民主党派基层组织不健全，支部和总支活动不规范，没有制度化。

第二，在民主党派人士政治安排和干部选用方面，全市人大代表和政协委员中的民主党派人数比例远未达到有关配备政策要求；市政府原有一名副市长（民革主委）调离后，市人大、政府、政协没有民主党派主委进入班子，与民主党派主委半数以上进入同级人大、政府、政协班子的自治区考核指标要求存在很大差距；党外干部配备总量少，全市正处级干部中民主党派成员仅为 3 人，市直部门正职中没有民主党派干部。

第三，在民主党派干部发现培养锻炼方面，干部发现的渠道比较单一，视野不够宽；为民主党派干部成长成才提供的机会和平台有限；干部培养锻炼和岗位交流力度不够，等等。

第四，在参政议政和履职尽责方面，民主党派人士参政议政、建言献策主动性不够强；提案议案数量较多但质量却参差不齐；部分民主党派干部社会阅历少，履职尽责能力欠缺。

三、探索对策

民主党派工作是统一战线工作的重要内容，也是党的全部工作不可或缺的组成部分。加强和改进民主党派工作，尽快补齐短板，不仅要深刻认识民主党派工作的特殊地位和极端重要性，更要以切实可行、行之有效的方法措施，加快推进各项工作向前发展。

第一，以换届为契机，进一步配强各民主党派市级组织领导班子。换届是配强班子、强化建设的绝好契机，为了把握好这一时机，协调成立了由中共赤峰市委书记担任组长的协助各民主党派换届工作领导小组，由市委办公厅转发《市委统战部关于协助各民主党派市级组织做好换届工作的实施意见》，从换届前的筹备工作入手，高站位低姿态提前谋划、有力指导，协助各民主党派圆满完成了换届工作任务。通过换届，配出了年龄知识结构合理、整体能力素质较高的新一届领导班子，为民主党派开展工作奠定了基础。

第二，充分发挥全市统战工作领导小组的作用，坚持把中央和自治区党委、赤峰市委关于民主党派工作的决策部署落到实处。协调市委领导改变全市统战工作会议以往的规模规格、人员组成及会议形式，印发《全市统战工作会议暨市委统战工作领导小组会议重点任务分解表》，就民主党派工作进行了特别强调和全面部署，达到了会议效果最大化。协调、督促市委常委会议专题研究民主党派工作，推动民主党派有关问题的有效解决。

第三，强化制度引领，切实贯彻加强社会主义协商民主建设的要求，提升民主党派人士参政议政能力水平。协调有关部门，将协商民主建设纳入全市民主法治领域改革内容，确定会议协商、约谈协商、书面协商等形式，支持各民主党派人士参与人大、政府、政协各类协商，完善了知情明政、考察调研、协商反馈、跟踪落实等各项机制。建立民主党派无党派人士建言献策直通车制度和信息直报制度，最大限度保障参政议政和民主监督无障碍、高效率。印发《开展重点课题调研强化成果转化运用工作制度》和《重点课题调研成果落实工作分工方案》，保证“党委出题、党派调研、政府采纳、部门落实、督查反馈”调研工作机制落到实处。在完成 2016 年重点课题成果转化的同时，围绕全市中心工作，又征集提供 25 个调研课题参考题目，启动了 2017 年重点课题调研。进一步细化、深化联谊交友制度，推动党员领导干部对党外人士的真帮助、实沟通，真联谊、实交友，并使此项工作常态化、见效果。

第四，加大投入力度，推动加强民主党派自身建设。一是强化理论培训。在圆满完成换届实现政治交接后，市委统战部第一时间举办了全市民主党派人士培训班，同时派出 12 名同志参加了自治区无党派人士培训班、党外县处级干部培训班和党外中青年干部培训班等专题培训。二是开展专题教育。协助民主党派市级组织开展了“不忘合作初心，继续携手前进”主题教育活动。在重庆抗战博物馆、民主党派博物馆、红岩魂革命广场，各民主党派人士回顾了民主人士辉煌的革命历程，瞻仰缅怀了革命先贤，就民主党派在新形势下加强自身建设、深化政党协商、提升履职能力等方面进行专题研讨，有效提高了民主党派的参政议政能力和水平。

三是改善工作条件。从经费、办公环境改善等方面入手，成倍增加了民主党派年度调研经费并配备了调研专用车辆。重新调整并装修了民主党派办公室、会议室，新增了多媒体办公和会议设施，在党派办公大楼安装了“赤峰市民主党派”标识，为扩大民主党派社会影响，更好履职尽责创造了有利条件。四是丰富党派活动。引导并协助开展民主党派自身建设年活动和民主党派社会服务月活动，使关爱自闭症儿童公益活动、章如瘐慈善基金爱心图书捐赠活动、救助贫困白内障患者“亮康行动”和民主党派书画摄影展等活动成为赤峰市民主党派的品牌活动。五是加强干部队伍建设。提高各民主党派工作人员职级待遇，将6名办公室工作人员全部由原有的虚职转为实职正科级干部，解决了民主党派机关干部二十多年一成不变的职务角色，有效调动了干部工作积极性。

第五，创建实践教育基地，为民主党派人士社会实践锻炼搭建平台。制定出台了《赤峰统一战线“同心”教育实践基地实施方案》，在翁牛特旗毛山东乡创建了全市第一个统一战线“同心”教育实践基地，开展了产业项目扶贫、捐助龙卷风受灾村、送法送医下乡和农技培训等多种帮扶活动，使广大民主党派成员学习有平台、实践有基地。通过打造民主党派实践教育基地，深入开展中国特色社会主义学习教育活动，积极践行社会主义核心价值观，进而凝聚起更多共识，坚定民主党派人士拥护党、跟党走的决心。在市级统一战线“同心”基地的影响下，全市各旗县区也纷纷建立起了形式多样的统一战线教育实践基地。

第六，注重培养使用，推动民主党派人士政治安排和干部队伍建设取得新进展。积极参与组织市政协六届五次会议，协调有关方面，对政协委员结构进行优化，会同组织部门按程序调整和新增补70名政协委员，有意识提高了其中的民主党派成员比例。配合自治区党委统战部积极推荐各民主党派自治区委员会领导班子在我市的拟任人选，争取增加名额，扩大我市民主党派成员在全区的影响和知名度。经努力，特别是积极争取市委和主要领导的支持帮助，努力推动民主党派主委进入市人大、政府、政协领导班子，市农工党主委于2017年年初进入市政府领导班子。此外，市民进主委也作为提任人选已被自治区党委组织部考察，正在等待安排任用结果。坚持组织部、统战部党外干部工作联席会议制度，制定督查方案，联合市委督查室、组织部开展党外干部工作督察调研，全面掌握全市民主党派干部情况并建立了干部信息库，为即将启动的人大、政府、政协换届做了前期准备。

四、实施效果

近一年的时间里，我与市委统战部同仁一同在指导协助全市民主党派工作方面付出了很多努力，做了大量工作。有耕作必有收获，目前全市各民主党派在新一届领导班子的带领下，以年初确定的“民主党派自身建设年”为契机，以“民主党派社会服务月”等活动为抓手，深入开展调查研究，积极参政议政，开展民主监督，展现出了蓬勃向上的精神状态。在参与自治区成立70周年庆祝活动、“谏肺腑之言、献务实之策”、送教送医送技下乡及信息多报快报等多个方面树立了赤峰市民主党派良好的社会形象，也得到了上级领导和有关部门的肯定。

【案例反思】

第一，提高站位，树立政治意识、大局意识是做好民主党派工作的根本。要从多党合作这一国家的基本政治制度的高度，深刻认识做好民主党派工作的极端重要性，切实发挥好民主党派参政议政和民主监督的职能。

第二，着眼长远，科学谋划、协调推进是做好民主党派工作的前提。民主党派工作是一项长期任务，做好工作、补齐短板需要我们全面统筹，更需要高超的协调推进能力，推动党派干部队伍建设更是如此。这也是统战工作所具有的一个鲜明特质。

第三，坚持原则，把握政策狠抓落实是做好民主党派工作的基础。民主党派工作政治性、政策性都很强，只有按党关于民主党派工作的政策要求在原则限定范围内处理各类问题，才能达到民主党派工作的预期目的。

第四，落实责任，直面问题并敢于担当是做好民主党派工作的保障。做好与各民主党派“肝胆相照、荣辱与共”，画出最大同心圆是统战工作努力的方向。与此同时，随着社会的全面发展，统战对象的范围越来越广，成分组成也越来越多样化，这些向我们统战工作者提出了更高工作要求。只有以担当的精神扛起肩负的责任，才能面对挑战，不辱使命。

【案例点评】

如何做好统战工作？

从简约领导理论来看，做好统战工作就是要加强“两个建设”：一是加强市委统战领导力量的建设；二是加强民主党派领导力量的建设。对此，中共赤峰市委统战部积累了丰富的统战经验。

第一，加强统战力量建设，提高站位才能准确定位。统战部是市委统战工作的执行者，要主动贯彻市委主要领导的主要作战意图。要主动围绕中心，自觉服务大局，协调市委领导，改变全市统战工作会议以往的规模规格、人员组成及会议形式，印发《全市统战工作会议暨市委统战工作领导小组会议重点任务分解表》，争取市委常委会议专题研究民主党派工作。

第二，加强统战对象建设，壮大统战力量才能扩大统战影响。统战部就是要“支持、帮助各民主党派加强自身建设”，“负责党外人士的安排，会同有关部门做好培养、选拔、推荐党外人士的工作”。只有各民主党派变成高效能组织，才可以有效扩大中国共产党的组织力和影响力，才可以通过各民主党派和无党派人士更好地“团结一切可以团结的力量”，“调动一切积极因素”。赤峰市统战部邀请市委书记担任组长，成立民主党派换届工作领导小组，选强配好年龄知识结构合理、整体能力素质较高的新一届领导班子，为开展各项党派工作奠定了基础。

案例四

围绕“两个健康” 服务经济发展

中共吉林省通化市委统战部 江凤艳

【案例描述】

一、相关背景

党的十八大以来，中国经济发展进入新常态，正从高速增长转向中高速增长，从规模速度型粗放增长转向质量效率型集约增长，从要素投资驱动转向创新驱动。随着非公有制经济的快速发展，非公有制经济领域逐渐成为统战工作的重要方面，迫切需要明确与之相关的指导思想。习近平总书记从全局高度重视非公有制经济工作，做出了一系列重要论述，集中体现在“两个健康”上，即“促进非公有制经济健康发展和非公有制经济人士健康成长是重大的经济问题，也是重大的政治问题。要坚持团结、服务、引导、教育的方针，一手抓鼓励支持，一手抓教育引导”。“两个健康”的提出，使非公有制经济领域统战工作的指导思想更加全面、完善，对于做好非公有制经济领域统战工作，巩固党的阶级基础和执政基础，扩大党的群众基础，具有重大而深远的现实意义。

几年来，通化市委、市政府认真贯彻落实习近平总书记系列重要讲话精神，紧紧围绕“两个健康”工作主题，积极引导非公企业主动适应经济发展新常态，做好我市非公有制经济领域统战工作，为通化率先实现全面振兴，加快建设吉林省绿色转型发展示范区、东北东部中心城市、国际医药健康名城贡献力量。

二、探索对策

作为分管工商联的领导，我把充分发挥非公有制经济重要作用与促进我市经济发展相结合，坚持“两个健康”的正确导向，把握经济发展新常态，着力做好服务企业发展工作。

（一）摸底调研，做到情况清、底数明

我任中共通化市委统战部长后，为尽快进入角色，全方位掌握通化市非公有制经济的基本情况，第一时间开展了摸底调研工作。我提出，调研不是坐着小车看看，到了地方听听汇报就结束，而是要切实到最基层，到经营场所，到企业中去，通过听取汇报、座谈交流、实地走访等方式，真正做到情况清、底数明。

确定调研方式后，我带领统战部、工商联相关同志组成调研组，深入市直相关部门、6 个县（市、区）、50 余个企业经营场所，举办座谈会，与相关干部、企业家谈话 100 余人次，通过面对面的交流，倾听基层声音，掌握基层实情，实实在在发现了一些问题。

通化市位于吉林省东南部，天蓝、地绿、水清，是一个拥有绿水青山的城市。通化市自然环境优良，区位优势日益凸显，实现了由交通末梢到开放前沿的历史性突破。通过调研，我们了解到通化有以下几方面优势。一是生态优势明显。习近平总书记提出，绿水青山就是金山银山。我市森林覆盖率达 63%，人均水资源占有量高出全国 11. 7 个百分点，空气质量优良天数超过 310 天，这是通化最大的生态优势、经济优势、后发优势。二是资源优势明显。通化多条高速公路建成通车，通化机场通航扩建，通化国际港务区通关运营，“进关出海、连接腹地、通达国际”的区域性交通枢纽初步形成。同时，通化是革命老区，杨靖宇率领的抗联第一路军在这里战斗过，红色资源丰富，是城市文化软实力和综合竞争能力的重要组成部分。三是产业优势明显。以医药为主体的大健康产业，占据吉林省的半壁江山。旅游、食品等产业，发展潜力巨大，民营经济发展活跃。

通过调研，我们认识到，通化市非公有制经济所占比例逐年上升，重要性日益凸显。全市现有非公有制经济市场主体 14. 1 万户，非公有制企业 1. 38 万户，从业人员 74. 5 万人。2016 年实现主营业务收入 3 507 亿元，完成税金 66. 8 亿元，增加值 570. 5 亿元，占 GDP 比重 53. 8%。如何发挥非公企业和非公有制经济人士的积极作用，带动他们服务社会，是值得我们深思和研究的课题。

（二）创新载体，引导非公企业健康发展

非公企业的健康发展，不是一个自我革新、自我净化的过程，它需要政府进行调控和掌握。我把非公企业的健康发展作为统战工作的重要内容来抓，联合市委统战部、市工商联、市经合局等部门组成课题组，通过课题调研、论证等方式，确定

了创新载体，通过举办有成效的活动，推动企业健康发展。

第一，把引导非公企业健康发展与树立正确导向相结合。在全市首次开展百名企业家评选，宣传正能量，树立正确导向。制定并下发了《通化市优秀民营企业表彰方案》，由市级领导和相关部门领导组成评选表彰领导小组，表彰优秀企业100户。活动启动以来，得到各县（市、区）党委政府的高度重视，按照企业报名、组织考核、逐级推荐、综合评审的程序，分级分类确定了50户综合奖企业，50个单项奖企业。评审结果征求了市委组织部非公党建办、发改委、科技局、国税局、地税局等相关部门的意见，最终确定了100个先进单位，各县（市、区）获单项奖数量与本地民营企业数量、百万以上纳税企业数量比例相符。表彰活动结束后，正式下发了表彰通报。

第二，把引导非公企业健康发展与服务中心工作相结合。我提议搞一个联系通商的活动，把在外的通商引回来。这个想法得到了市委的大力支持和认可。借助第二届全球吉商大会召开的契机，我积极与全球吉商大会秘书处联系，希望能设立通商分会场，通过与吉商开展系列经贸交流活动，建立友好联系，促成多项合作，助推通化经济快速发展。通过多次沟通联系，全球吉商大会肯定了我提出的这个方案，同意在全球吉商大会举办期间设立通化分会场，并组织优秀吉商参加“通商情·家乡行”活动。在座谈交流会上，邀请了省工商联、通化市党委政府、各县（市、区）相关领导和亿利资源集团、中庆投资控股集团等48家国内知名企业的企业家、高管，以及北京市吉林商会、深圳市吉林商会、吉林省陕西商会、陕西省商务厅的领导参加。李国强在会上提出，希望广大通商积极投身通化新一轮振兴发展大业，既“走出去”壮大自己，又“返回来”发展通化。通过开展座谈交流，通商代表纷纷表示要将创业激情挥洒在美丽的山城通化，并带动身边更多的企业家朋友来通化投资兴业。座谈会结束后，我们又把部分企业家带回了通化，开展了“通商情·家乡行”经贸交流活动，希望通过通商通化行，让他们感受到通化情、家乡情。

（三）聚焦关键，引导非公有制经济人士健康成长

非公有制经济在我国经济发展中扮演着越来越重要的角色，团结好非公有制经济人士十分重要。关注非公有制经济人士成长，不断加强非公有制经济人士队伍建设，不是一朝一夕可以完成的。我提出要立足统战特点，聚焦非公有制经济人士这个关键，要不断激发非公有制经济人士的社会属性。

我积极向市委请示，建立了非公有制经济代表人士成长机制，在年青一代中深入开展理想信念教育实践活动，引导他们不断增强对中国特色社会主义的信念、对党和政府的信任、对企业发展的信心、对社会的信赖。组织年青一代非公有制经济

人士赴井冈山、延安等革命圣地接受革命传统教育，激起他们的爱国情怀，坚定永远跟党走的信念。自2017年以来，组织了青年企业家传承革命传统专题培训班3期，培训青年企业家130余人。仅2017年上半年，各县（市、区）党委就已组织了4期企业家高校专题培训班。同时，把为企业解决困难作为工作的重点来抓。注重联络交流，从思想上深入，始终突出年青一代非公有制经济人士思想政治工作的生命线地位，学会运用时代语言、大众语言和青年语言，与他们开好“广交会”“深交会”，在潜移默化中进行思想引导；从感情上深入，秉承求同存异的原则，真诚相待，热忱相助，深入他们中间，该见面的见面，该谈心交流的要谈心交流；从解决问题上深入，坚持从发展企业、成就事业出发，推动建立完善政企沟通制度，及时了解和帮助解决他们在企业发展中遇到的实际困难，真心为他们提供良好的服务。我牵头建立了市级领导联系民营企业和包保重点项目制度，要求每名市级领导都要与企业家建立面对面交流机制，到企业中原汁原味了解企业发展现状，帮助企业协调解决实际困难。2017年1月中旬，举办了通化市企业家年会，通化万通药业董事长潘首德等120多名企业家参会，市委市政府领导与企业家直接座谈，共商通化发展大计。搭建企业服务平台，市委市政府制订出台了人才工作计划，全力为企业发展提供人才保证。

三、实施效果

围绕“两个健康”工作，把做好非公有制经济工作与加快我市率先实现全面振兴结合起来，为深入贯彻落实通化市“五六七”发展战略，充分发挥非公有制经济在经济社会建设中的重要作用和巨大潜能，推动全市非公企业健康发展，营造尊商重企的舆论导向和社会氛围，为把非公企业紧紧团结在党委政府的周围奠定了基础。

通过开展“通商情·家乡行”活动，促进了投资3亿元的项目在通化落地，伊利集团投资200亿元的项目正在洽谈中。同时，通过弘扬优良传统，进一步引导非公有制经济人士听党话、跟党走，加强了对年轻一代非公有制经济人士的教育培养，引领了年轻一代致富思源、富而思进。

【案例反思】

（一）领导者要提高思想认识，加强大局观

当前，我国正处在全面深化改革的攻坚期和深水区，要在千头万绪中辨明大局方向，在各种利益关系中维护大局利益，必须首先提高思想认识，加强大局观念。

要理解和认清大局，始终坚持在全局范畴内思考问题。要加强对党和国家建设的正确认识与理解，特别是在此基础上与实际工作相结合，加强驾驭和协调。作为一个领导干部，对党的工作大局必须有清醒的认识，这就要求我们要重视学习、善于学习。要学理论，提高辨别大是大非、去伪存真、抓住要义的能力。要学知识，增强新形势下搞好工作的能力。

（二）领导者要提升科学判断力，增强创新思维

随着社会经济结构的调整和完善，统一战线的内部结构和工作对象发生了很大变化，应对这些新问题，不能一直用老办法，要学会运用科学的判断力，创新载体和方式方法，促进工作的开展。要勇于创新，抓住机遇，敢于突破思维框架。要敢于针对新情况、研究新问题、探索新路径，努力在统一战线理论体系上有新的发展，在实际工作中有新的突破。要坚持群众观点，及时发现和总结群众经验，从人民群众中学习知识、汲取营养、提高素质。

（三）领导者要驾驭当前形势，提升社会治理能力

领导者要善于学习和把握当前形势，特别是经济社会的内在要求和运行特点，坚持按照客观规律办事。把统战工作和现代化社会治理相结合，转变传统的垂直的、单向的管理模式，向扁平化的管理模式转变，通过改变单一政府主体的参与方式，把整个社会都纳入统战工作的体系中。要发挥好党委牵头抓总的领导作用，鼓励支持社会各方面参与到统战工作中来，使政府管控和居民自治形成良性互动。要坚持做好综合治理，强化道德约束，协调社会关系，解决社会问题。要善于抢抓机遇，应对挑战，敢于迎难而上。要善于将社会实际与当前工作相结合，总揽全局、把握大局，敢于担当、敢于负责。

（四）领导者要应对复杂局面，促进社会和谐稳定

随着改革开放的不断深入和社会主义市场经济的不断发展，我国经济社会结构发生了深刻的变化，特别是当前复杂严峻的宏观经济形势和艰巨繁重的改革发展稳定任务，都要求我们必须提高应对复杂问题的能力，切实维护经济社会的稳定发展。要正确认识和处理各种社会矛盾，善于协调不同群体之间的关系。要注重研究新形势下社会生活中的新情况、新问题，科学分析人民内部矛盾新的表现形式、特点和发展趋势，提高协调和处理各种矛盾的能力和水平。要切实扎实推进供给侧结构性改革，做好“三去一降一补”和“营改增”工作。要继续优化发展环境，主动推进“放管服”改革，下放经济社会管理权限，更好地发挥服务、监管和平台建设等作用。

【案例点评】

如何做好统战工作?

通化市委市政府围绕“两个健康”工作主题，积极引导非公企业主动适应经济发展新常态，积累了丰富经验。

第一，用好“人才”，引导非公企业领导人才健康成长。从坚持和加强党的领导角度来说，培养党的干部重要，培养非公企业领导人才同样重要。要按照实现中国梦的要求，选好非公企业领导人才，培养非公企业领导人才。因此，通化市委市政府要求年轻一代非公有制经济人士赴井冈山、延安等革命圣地接受革命传统教育，坚定永远跟党走的信念。

第二，用好“企业”，引导非公企业健康发展。提升执行力，不仅要有德才兼备的领导人才，而且要把领导人才组织起来，保证领导人才所在组织的健康发展。通化市委市政府建立了市级领导联系民营企业和包保重点项目制度，要求每名市级领导都要帮助企业协调解决实际困难。

第三，用好“生态”，引领地方政治生态健康发展。领导环境不断与领导人才和组织进行信息、能量和物质交流。政治生态环境，就像自然生态环境一样，要减少污染，要保持生物多样性。

创业公司的团队建设之路

中国人民人寿保险股份有限公司　钱晓勤

【案例描述】

一、相关背景

2007 年，国务院和保监会为了促使国有保险公司适应国际金融业的发展路径、向综合经营型企业转型，同时顺应国内保险业快速发展的需求，批准中国人民保险公司（以下简称“人保”）旗下的中国人民人寿保险股份有限公司（以下简称“人保寿险”）开设 25 家省级分公司。

人保集团公司和人保寿险总公司领导让我牵头创建人保寿险湖北省分公司，对我而言可谓困难重重。彼时，我任职于中国人民财产保险股份有限公司（以下简称“人保财险”）湖北省分公司，作为副总经理主要分管保险业务。

从个人经历来看，我多年来在人保财险专业和业务管理领域开展工作，曾在省公司及下级机构班子担任副职。我既没有寿险业务的相关工作经历，又没有作为一把手的全面管理经验，要去创建一家寿险公司，可以说毫无优势可言。

作为一名老人保人，我从大学毕业就进入中国人民保险公司工作，对公司怀有深厚的感情。几十年来，我也目睹并亲历了中国保险业从小到大、从计划经济迈入市场经济的发展历程，内心对保险事业充满热爱，更抱有一份责任。怀着这份心情，加上作为一名党员干部的责任，我服从组织安排，接受了创建人保寿险湖北省公司的重任。

二、探索对策

10 年以前，湖北省的寿险业市场从业机构众多，市场竞争激烈。一方面，面对纷繁复杂的市场，我这位新人不了解寿险业务特性和行业状况；另一方面，当地寿险领域的优秀人才也不太了解我，更谈不上认可我。如何快速组建一支有战斗力的专业队伍，是我面临的首要挑战。

（一）与“难搞定的人”组成“完美的搭档”

多年的管理经验让我坚信，班子建设与团队建设是企业的活力之源。既然没有人，就一个一个找。在总公司支持下，我从人保财险湖北省公司力邀了一位前同事来做我的搭档，初步形成了由两个人组成的省公司班子。我的搭档具有丰富的基层管理经验，曾在人保财险区县、地市公司担任一把手多年，能够弥补我在经营管理方面的短板，同时他又非常有个性，在前公司内被公认为“难搞定”，我们俩的专业背景、性格特点、工作经历均有很大差异。而两人班子能否形成合力直接影响着这家初生公司的生命力。

在我看来，形成班子凝聚力，关键有三。一是要善于发现对方的优点，能够互相欣赏；二是要时常进行批评和自我批评，面对意见冲突要换位思考，通过沟通解决问题；三是一把手要对班子成员充分信任，大胆授权。

在接受创业任务之初，我便意识到自己缺乏基层管理经验和全面管理经验。班子是一个整体，我的搭档在这方面正好能弥补我的不足，于是我做出了“我主外、他主内”的分工，果断授权，将公司战略规划、运营管理，甚至是财务管理都全权交授给他。这种大胆的做法当时在系统上下都属罕见，自然也会有同事不理解，以为我只是形式上授权，有些诉求在他那里得不到满足还是会来找我。

对此，我严格按照分工，尊重他的决定，对于特殊情况按照公司管理规定提交党委会商议。我也以身作则，遵守公司制度流程，在业务开拓过程中无论多么紧急，都在费用支出前向他说明情况，坚持费用报备、批准后再使用。后来班子人数增加，我们仍坚持遵守制度流程。班子带了头，其他员工自然更能严格遵守。

正是基于我和搭档之间的互相信任和充分授权，在公司创业初期费用有限的情况下，我们连年实现费用结余，并用以支持基层机构建设。而我与这位“难搞定”的同事，则成了配合默契的“完美搭档”。

（二）以身作则，打开局面

有了好的搭档，公司建设算是迈出了第一步，接下来就是紧张的开业筹备。凭借着中国人保的品牌，我们得以快速吸引人才。在省委省政府、监管部门和总公司的大力支持下，我们用短短几十天就筹备成功，顺利开业，堪称创造了奇迹。然而，有了专业人员，有了经营资格，业务却并没有像我们想象中那样找上门来。

在这个时候，我们班子两人挺身而出，亲自开劈渠道、拓展业务。我从曾经在人保财险积累的渠道和客户关系入手，亲自公关，做到每一个渠道都亲自维护，每一个客户都亲自拜访。

久而久之，合作渠道和客户的领导逐步被我诚恳的态度和务实的作风所打动，认可了我的开拓意识和服务能力，陆续与我们建立合作关系，对我公司业务的起步给予了大力支持。公司第一笔 50 万元、100 万元、1 000 万元、1 亿元的保单都是我俩亲自拓展获得的。我们带了头，各级管理干部和员工都齐心协力，奋力拓展，公司业务逐步有了起色，不断向好，连年超额完成目标任务。

（三）“带动各级班子建设”

随着公司业务的发展，我们的团队也日益壮大。班子由最初的 2 人发展到 4 人，公司也逐步完成了省级公司、地市公司、区县公司多级管理团队的搭建。对于各级班子建设的主题，我定位为团结、和谐、务实。这既是我希望传递到公司上下的管理理念，也是在创业条件下的必然要求。

公司筹建阶段，总公司号召全系统艰苦创业、勤俭建司，对我们的建设投入非常有限。这就要求我们创业员工必须能够吃苦、能够过紧日子。从公司角度出发，我们与员工坦诚沟通，说明情况，决不为了挖人过度承诺，而是用公司发展愿景和个人事业平台吸引人才。尽管作为新公司我们求贤若渴，但在人才管理过程中我们坚持高标准严要求，坚持干部能上能下、能进能出，按市场化机制严格考核。从管理制度和日常行为中处处体现公司团结、和谐、务实的文化。

我基于多年来在各级班子中的实践锻炼和学习感悟，提出各级班子和骨干人员务必要做到“六个善于”，即善于学习、善于开拓、善于创新、善于协调、善于管理和善于激励。这包含了自身发展、团队管理、横向合作等多方面的综合要求。此外，我们还为地市班子建设规划了发展路径，将班子建设的机制体制进行系统化管理。具体体现在五个方面。

第一，坚持省公司班子带动不松劲。省公司班子必须成为地市公司班子的“风向标”和“牵引机”。发挥“风向标”作用，坚持一个声音一个调、一个步伐一条道；发挥“牵引机”作用，在各项工作中均身先士卒、率先垂范。

第二，坚持思想理念教育不间断。思想理念建设是班子建设的核心。构筑合格的三级机构班子成员思想体系，一是要树立识大体、顾大局的大局思想；二是要树立负责任、敢担当的责任思想；三是要树立讲规则、守纪律的法纪思想；四是要树立高标准、严要求的格局思想；五是要树立懂经营、会管理的职业思想。凡是进入地市公司班子成员的第一课，必须是人保寿险的创业思想教育课；凡是业务上不去、工作上不来的原因分析，首先是班子成员的思想分析和思想纠正；凡是半年、全年工作会议，必须开展思想理念教育；凡是班子不团结、不和谐、公司不稳定，首先必须从班子成员的思想上查找原因。思想理念教育以“一对一”“一对多”“多对一”相结合的方式开展，包括激励性思想教育、辅导性思想教育、批评性思想教育和惩戒性思想教育类型。

第三，坚持实时调整不动摇。对于能力不足经帮助辅导没有进步的，班子不团结且闹无原则性矛盾的，思想作风有严重缺陷经教育没有改进的，坚决适时调整。灵活使用包括异地平调、异地降职、就地降职、就地免职、劝其离司等多种调整方式。

第四，坚持纪律作风强化不放过。坚持“五不放过”，即不查清思想根源不放过；没得到思想纠偏不放过；没受到恰当处理不放过；没有改进和改善不放过；不接受教育和处理不放过。

第五，坚持制度机制建设不放松。坚持“四个制度”原则，坚持班子年度考核制度；坚持分阶段、分时段进行班子状态评估制度；坚持班子工作状况点评制度；坚持薪酬和奖励严格与工作能力、工作绩效、工作表现挂钩的原则。

（四）形成班子建设文化

设定了目标和原则，还需严格进行过程管理。我带领核心管理团队对地市班子建设情况定期回顾。在实践过程中，形成了具有公司特色的班子建设文化。总体而言，班子建设具有四大特点。

第一，班子建设是一项长期任务。即使开展班子建设多年，取得了一些公司发展上的成绩，但离形势发展的需要、先进公司的标准、上级公司的要求都还存在很大差距。班子建设的情况也是不断变化的，今天的好班子因为各种各样的因素，在明天就有可能成为有问题的班子；今天团结战斗的班子，明天可能就会因为一件小事而造成分裂。所以，班子建设始终是一项不能放松的长期任务。

第二，班子建设是最重要也是最艰难的任务。班子建设的重要性在于，哪个地市的班子建设好了，哪里的各项工作就有了80%的把握；每个地市的班子都建设好了，全省系统的各项工作就有了80%的希望。而班子建设的艰难在于，公司还处在人才极度匮乏时期，没有替换的人选，没有选择的余地。

第三，班子建设需要大量的投入。班子建设需要思想教育，需要坚持不懈的培训，需要一定的干部储备。这些无一不需要时间、精力和经费的大量投入。

第四，班子建设需要健康的环境和氛围。要引导地市班子建设走向健康发展的轨道，省公司就必须营造一个健康的环境和氛围。健康的环境应该是公平、公开、公正的。省公司班子既是地市班子建设的“风向标”和“牵引机”，同时，也是地市班子环境、氛围建设的“清新剂”。

为了进一步加强班子建设的力度，保证班子建设质量，我们在省公司本部成立了一个特殊的团队——司务会团队。司务会本是一个普通的会议制度，但我们在实践中着力打造这支由公司核心管理成员组成的司务会团队，力求：把司务会团队构建成“一盘棋”的团队，统一思想、统一行动，切忌各弹各的琴、各定各的调，为全面贯彻总公司决策和部署，深入落实省公司各项工作顺利达成做好铺垫；把司务会团队搭建成“和谐型”的团队，通过司务会平台进行充分沟通，实现各部门之间认识上理解、行动上支持；把司务会团队打造成“学习型”的团队，将司务会作为“一个课堂”，通过沟通与交流达到思想认识上的相互推动、工作思路上的相互启发、工作方法上的相互学习、工作成效上的相互促进；把司务会团队建设成地市班子的“后备型”团队，实行司务会列席制度，由各部门安排有培养前途的业务骨干列席司务会，通过参加司务会熟悉公司全局情况、学习思想方法、积累工作经验，使他们尽快成为“替补队员”，一旦需要可以立即补充到地市班子。

三、实施效果

在人保寿险湖北省公司创业初期最艰苦的6年里，我和班子带领团队经历了公司从无到有，队伍从小到大的发展。我们在一年半内完成了所有地市公司的设立，5年内完成了区县公司的基本布局，公司一直保持着快速健康的发展。

如今，我虽然离开了湖北省公司的一线岗位，但公司取得的骄人业绩仍让我备感欣慰。2017年正值湖北省分公司开业第10年，市场风云几经变化，湖北省的寿险业从公司成立之初的16家主体发展到目前48家主体，但湖北省公司团队保持高度稳定，人员忠诚度极高。公司从零起步到如今在13个地市、73个县（区）设有服务机构；从单枪匹马开拓业务到拥有12 000余人的销售队伍；从开业第一个完整经营年度保费突破10亿元到累计保费达到340亿元；从第一笔保险金的赔付到位到累计为全省16万名客户支付6.43亿保险赔款；从默默无闻到成为员工热爱、客户信赖、政府信任、监管放心的行业引领者。如今，在总公司的岗位上，我又经历了新的角色转换，但这段创业故事深深影响了我，对于公司经营管理和团队建设的实践升级，我一直在路上。

【案例反思】

在公司创业过程中，有一大批优秀的人才和公司共同成长进步；在集团公司的巡视和考察过程中，全体员工对我和班子的认同度非常高，各级领导对我们创业团队也充分认可。在此过程中，我与团队逐步摸索出班子建设的核心要素。

一方面，班子建设和团队建设的关键在于积极有效的沟通。新公司的团队成员来自四面八方，在思想理念上存在很大差异，缺乏对公司的认同，合作中也矛盾频发。这时候班子成员要坚持通过自身的勤奋、真诚、用心、虚心和悟性，关注团队成员的需求，关注工作开展的细节，真正发挥出沟通的作用。

另一方面，班子成员之间只有实现优势互补，才能形成合力。这要求无论是一把手还是副职，都要能够胸怀开阔、换位思考、没有私心、相互欣赏与学习、勤于沟通、经常进行批评与自我批评。此外，班子成员要有职业经理人素养，要能够带动所在组织全体成员共同成长。通过指导、培训、言传身教等多种方式，做教练型的团队负责人。

【案例点评】

如何提升领导力？

每个人都是不完美的，每个人都难以胜任独自领导一家大公司的要求。提升领导力，关键是创建黄金搭档，创建完美团队，创建一支高素质专业化的干部队伍。

第一，形成黄金搭档。黄金搭档是指能力互补、彼此信任、配合默契的二人组合。成功的领导团队往往有一对“黄金搭档”，共同构成领导核心。例如，刘邦与萧何就是这样的能力黄金搭档。在本案例中，作者与“难搞定的人”在“专业背景、性格特点、工作经历均有很大差异”，因为彼此欣赏和信任而形成“完美的搭档”。

第二，创建完美团队。英国学者贝尔宾博士认为：“没有完美的个人，只有完美的团队。”他认为，一个成功的团队首先应该是实干家、信息者、协调者、监督者、推动者、凝聚者、创新者和完美主义者这八种角色的综合平衡。唯有角色齐全，才能实现功能齐全。正如贝尔宾博士所说的那样，贝尔宾团队理论不能断言某个群体一定会成功，但可以预测某个群体一定会失败。创建完美团队，需要“容人短处，用人所长”，需要“尊重差异，实现互补”，更需要“增强弹性，主动补位”。

第三，建设高素质专业化干部队伍。在不同行业、不同地区、不同组织，对“高素质专业化”的要求各不相同。就人保寿险湖北省分公司而言，要做到“六个善于”，即善于学习、善于开拓、善于创新、善于协调、善于管理和善于激励。但是，无论哪个行业、哪个地区、哪个公司，无不需要加强思想建设、作风建设、纪律建设，无不需要改进政绩考核办法，强化约束、评价和激励功能，无不需要培养一支想干事、会干事、干成事、不出事的干部队伍。

探索国有企业人力资源管理市场化改革

国家电力投资集团公司天津分公司　冯俊杰

【案例描述】

一、相关背景

人力资源作为现代社会企业发展的核心推动力量，其管理已经成为现代企业管理的核心和重要组成部分。在企业的所有业务与工作推动和执行过程中，人的能动性、技能保证和团队化协作成为其得以有效达成的关键因素。

人力资源的管理实际上是企业的发展动力管理，其核心的管理行为包括人力资源的配置、激励、组织与发展四个部分，这四个部分构成一个有机的整体，缺一不可；这四个部分的循环往复使企业的人力资源管理和企业管理不断得到升华，进而增强了企业的核心竞争力和企业的盈利能力。

近年来，从国资委到各中央企业，不断明确企业人才建设的重要性，将打造高素质人才队伍作为加强国有企业发展的重要举措。国资委制定并发布的《中央企业人才队伍建设中长期规划（2011—2020年）》中明确提出，人才是企业科学发展的第一资源、第一推动力。中央企业要不断提升发展质量，实现又好又快发展，必须始终坚持把人才队伍建设作为重大任务来抓，切实把人力资源优势转化为人才优势，使企业的发展方式加快转变到依靠科技进步、人才素质提升和管理创新的轨道上来。

在大型国有企业实际经营发展过程中，要继承传统，改革创新，一方面，要落实国有企业构建和谐稳定劳动关系的管理主体责任；另一方面，要以现代化企业发展管理理念为引领，切实做好人才的配置、激励、组织与发展，实现企业人力资源向人力资本的发展转化，各级中央企业都在结合自身实际，不断进行探索实践。

二、困难与挑战

国家电力投资集团成立于2015年6月，由原中国电力投资集团公司与国家核电技术公司合并重新组建的大型国有企业，是中国五大发电集团之一，世界500强企业，是一个以电为核心的一体化发展的综合性能源集团公司。

国家电力投资集团公司天津分公司（以下简称“天津分公司”）成立于2016年8月，主要负责国家电力投资集团在天津的发展、协调工作，进行综合能源项目的开发、投资、建设和运营。作为天津分公司首任总经理，也是我首次担任省域分公司第一负责人，多个第一次汇集在一起，具有极大挑战。

2016年8月，我带领第一批团队来到天津开始天津分公司组建工作。通过对天津能源市场的全面调研，最终会同国家发改委能源研究所一起确定，天津分公司是以城市综合智慧能源、新能源、节能环保、购售电、现代服务业等为业务发展核心的新型能源企业。

这对于以发展火电、水电、核电、风电等大型能源项目为主业的国家电力投资集团来说，是新的尝试。在新的区域，没有存量资产的情况下，发展非传统业务难度极大。在进行业务发展架构调研的同时，我和团队也在考虑企业人力资源配置问题，通过调研，我发现公司在人才资源配置和管理中面临以下难题。

第一，作为传统能源企业，开展新能源业务时间不长，集团内积累的行业人才本身就不充足。另外，对于新建立的单纯从事新能源的省域分公司来说，由于经营发展前景存在较多不确定因素，因此，难以从集团公司内部获得成熟的人才支持。

第二，新能源业务业态丰富，发展变化迅速，对于大型能源项目来说，由于本行业内有大量的民营资本介入，造成在这个细分市场内相应的人力资源管理经验比较分散，在很多管理实践中没有相对成熟的管理经验可以借鉴。

第三，新能源行业市场化经营发展程度相对较高，由于行业特性，企业的生存与发展对市场人员有较高的依赖性。作为国有企业，如何在合规要求下实现对市场开发人员的激励，是一个关键问题。

三、探索对策

在企业边组建、边发展的过程中，通过不断调研分析，我逐步确立了一个人力资源管理的基本原则：通过市场竞争，优化资源配置，通过外部对标，实现管理提升；坚持以奋斗者为本，以价值创造为导向，以市场化为原则。在人才的配置和激励等主要方面，深入探索市场化改革的路径，充分激发员工活力和不断提高竞争力，为公司生产经营、改革发展提供强大动力和坚强保障。

作为国有能源企业，建立人力资源市场化发展机制是一次不小的变革，对于行业具有标杆意义。为了能够促进改革顺利实施，我确立了天津分公司发展两步走战略，一是加强与集团公司主要领导的沟通，摆事实、讲道理，从上层获取集团领导的政策支持；二是聘请管理咨询公司，以专业化视角进行全面的调研分析，与公司经营发展实际相结合，着手打造高匹配度的实施方案。经过近半年的前期准备，围绕“人员能进能出、干部能上能下、薪酬能高能低”的核心理念，公司出台了一系列事关人力资源管理的改革举措，为优化人才配置和实现激励带来了实质性的改变。

（一）引入竞争机制，完善资源配置

第一，以社会公开选拔为原则，畅通人员进入渠道。打破传统能源行业以内部招聘、校园招聘为主要人员补充的方式，确立以公开、公平、公正、科学合理的市场化方式为选人用人基本原则，以社会公开招聘为吸引人才的主要手段，完全择优录用。一是建立多元化招聘渠道，快速获取候选人资源；二是建立外部重点人才库，采用“盯随”战略，将合作伙伴、竞争对手的优秀人才适时发展为候选人；三是建立人才储备池，提取各类候选人信息，进行沟通维护，待时机成熟，即可直接发展为高匹配度候选人。

以完全的社会公开选拔为人员招募的主要手段，这种人员初次配置方式使我和公司管理团队承载着巨大的管理压力。为了加强对社会公开招聘行为的可控性，我提出必须借助科学技术把关，保障人才质量。细化测评流程，全方位考察、测评应聘者的综合能力；启用第三方人才评价机构，参与对应聘者的全面评价；实施背景调查，确保人才质量，保障国家能源信息安全。

第二，全面实行岗位聘任制，创新晋升通道。建立岗位聘任制度，进行任期届满考核评价。所有任期届满的中层干部没有自动连任规则，中层岗位均进行内部公开竞聘，凡符合岗位任职资格的人员，均可报名参加内部竞聘。内部竞聘本着公开、透明原则，由竞聘者参加竞聘演讲，评委现场打分，设置观众席，接受全体员工监督。建立内部竞聘、岗位聘任管理办法，从制度上突破原有的干部管理体制，实现能者上、平者让、庸者下，充分盘活内部资源，强化竞争意识。

公司未来发展思路为关系的协调者和资源的整合者，重在引导业务发展和实施结果评价，公司的发展责任主要在各中层干部所管理的业务单元中。结合我多年的

管理工作经验，只有让干部经常性地红红脸、出出汗，在思想中建立没有“只能上不能下”的意识，时刻保持危机感，才能充分落实管理主体责任。

（二）建立赛马机制，体现价值创造

第一，立足市场，实施对标。根据岗位职责与要求，进行岗位评价，建立公司各岗位胜任素质模型，全部量化为岗位评价分数。与市场同类型企业进行薪酬对标，获取岗位的市场价值，指导公司制定具有一定市场竞争力的薪酬水平，吸引优秀人才。

在调研过程中，我深刻感受到新能源行业的外部竞争压力之大，由于项目投资额较小，在新能源市场上，民营企业所占的比重远远超过传统大型能源领域。而民营企业具有管理灵活、负担轻、追求利润等特点，尤其是近年来，民营企业越来越看重人才发展的重要性，不惜重金吸引优秀人才加盟。国有新能源企业没有大型能源项目的规模优势，在对人才的吸引上并不占优。因此，我坚持实施薪酬外部对标策略，强调员工指导薪酬标准的制定，必须要突破集团公司管理体系，与外部市场无缝对接，才能够吸引到行业内的优秀人才。

第二，强化业绩导向，突出奖励超额绩效。为有效激励员工积极开展价值创造，充分实现绩效贡献与市场价值对等的现代化薪酬分配理念，制定基本绩效、奋斗绩效、超额绩效的指标体系。对完成不同水平的绩效，兑现不同比例的奖励。员工收入与工作绩效形成直接对应关系，对确有能力实现超额业绩的团队或个人，兑现额外奖励。重点突出对超额绩效的奖励，根据公司业务开展过程中各个关键节点，分别设置节点奖励标准，最大限度地激发员工的积极性与创造性。

激励是现代企业人才资源开发的核心。在一定程度上，激励机制可将人才资源的潜能最大限度地激发出来。我认为，企业在对人才的使用中要积极研究企业制度对个人需求满足感的影响及能产生各种激励作用的机制，制定人才队伍收入待遇及其岗位责任和业绩、贡献挂钩的原则，实行按任务、按业绩付酬的分配制度，鼓励价值创造参与收益分配，最大限度地调动人才积极性，最终实现企业经济发展与人才资源开发的双丰收。

四、实施效果

经过周密的顶层制度设计和实施方案的有效推进，天津分公司在优化人力资源配置和实现人员激励方面所尝试的市场化改革取得了一定的成效。

第一，公司现有人员除公司领导班子外，全部来自社会公开招聘，其中研究生以上学历占员工总数 50% 以上，具有专业技术职务任职资格的超过员工总数的

80%，从业人员呈现出年轻化、高知化、专业化的特点。

第二，通过实施完全的公开招聘，应聘者来源更为广泛。目前，公司人才库中有储备来自各大央企集团、知名企业的各类优秀人才数千人，是公司未来长期人员发展的重要支持资源。

第三，将绩效考核办法纳入劳动合同作为附件，在新员工入职签订劳动合同之前，即将试用期绩效指标值及其考核办法、全员 KPI 考核制度、劳动合同续签管理办法告知劳动者。若员工无法完成试用期绩效指标或年度关键绩效指标，按规定依法解除劳动合同；无法达到劳动合同续签条件的，按规定终止劳动合同，不再续签。

第四，通过实施岗位聘任制度，切实加强了干部岗位的流动性。实施对首批中层干部的胜任能力、工作业绩评价，经过全体员工打分和人才测评工作组的事实评价，有一名中层正职由于实际工作表现不符合任职要求，予以免职，通过公开竞聘的方式，由其他人员接替职位。

第五，突破传统的岗位薪酬体系，实施外部对标加谈判制薪酬，充分发挥薪酬的内在驱动价值。通过实施超额绩效激励制度，全面激发了员工价值创造的潜力，保持营销人员、项目执行人员的工作积极性，带动全员营销。使公司在天津这样狭小的市场区域内，遍地开花，形成了国家电力投资的影响力。

【案例反思】

人力资源管理的实施与变革将贯穿于企业经营发展的始终，并将长期成为企业第一管理者重点关注研究的问题之一。国有能源企业人力资源市场化改革还有很长的路要走，我的管理实践也仅在优化人才配置和实现激励方面进行了有效尝试，对于一些问题，我也经常回顾，总结经验教训。

第一，企业实施变革的主体——第一管理者，要明确变革的目的，还要有背水一战的决心、勇气、胆魄、毅力，必须与公司内部上下一心，无论过程中遇到任何阻力，都须挺住。否则，动摇的不是改革是否能够继续下去，动摇的是企业发展的信心及给后续企业实施的任何创新举措所带来的不良影响，会给企业中有积极向上的人员的信心以极大打击，使其丧失了对企业发展的信心，这才是核心关键所在。

第二，领导干部要敢于担当，既是共产党人所必须具备的政治品格，也是企业一把手尽职履责、提高企业管理能力所必须解决的突出问题。推动国有企业干部能上能下，建立忧患意识，实行岗位聘任制度，势在必行却困难重重。站在为国有资本负责的立场上，为把企业经营好，面对深层次矛盾必须迎难而上，奋力攻坚。

第三，改革是一个复杂的系统性工程，随着国有企业改革的不断深化，改革将逐渐深入企业管理的每个环节。这就要求领导干部找准问题，抓住矛盾的主要方面，“看菜吃饭，量体裁衣”，不盲目实施管理制度，造成朝令夕改。薪酬的市场化改革涉及每位员工的切身利益，也是国有企业试行职业经理人制度的重要基础。我们通过认真的调研分析，全面掌握情况，借助外部专家，制定出了切实可行的实施办法，助力企业改革顺利实施。

【案例点评】

领导如何用人?

1631 年，英国剑桥商人霍布森从事马匹生意。他说：“你们买我的马，租我的马，随你的便，价格都便宜。”霍布森的马圈很大，马匹很多，然而马圈只有一个小门，高头大马出不去。霍布森只允许人们在马圈的出口处选。买马的客人左挑右选，不是瘦的，就是懒的。大家挑来挑去，最后的结果可想而知。

西蒙把这种没有选择余地的“选择”讥讽为“霍布森选择”。依靠“霍布森选择”，是选拔不出优秀人才的！

领导用人是贵在“用”而不是贵在“选”。实际上，过分强调选择人才是很危险的。与其伯乐相马，不如赛场赛马。因为“千里马常有，而伯乐不常有。”而且，伯乐相马也有错误的时候。

领导用人，关键是培养人，创造条件让人才脱颖而出。领导“用”人，就是用天下人，让人在“用”中“脱颖而出”，赢得超额利润。

案例七

春风化雨润无声　浴火涅槃奏强音

光大证券股份有限公司　王翠婷

【案例描述】

一、相关背景

证券行业是人才高度聚集的行业，证券公司属于轻资产公司，人才是核心资产，也是各家券商竞相争夺的资源。近年来，投资银行、资产管理、财富管理及创新业务飞速发展，证券行业优秀投研人才面临“一将难求”的局面。投研岗位因工作强度高、压力大，很多人称之为吃“青春饭”的职业，所以证券分析师难免希望趁年轻及时兑现价值，而通过跳槽带来的薪酬上涨速度远高于留在企业内部深耕细作的价值，致使行业普遍存在人才流动频繁的问题，有的券商用高薪和高职挖人的做法使这一现象雪上加霜，投研人员的离职率一直居高不下。

二、困难与挑战

2013 年，光大证券因众所周知的原因遭受重创，引起人才队伍大幅动荡，同样也影响到投研队伍的稳定性。从首席分析师到助理分析师，甚至研究所所长，来来去去，人员像走马灯一样换个不停。最严重的时候，年初新入职人员到年底就选择了离职，流失率高达 50%，到第二年基本全换了一批新面孔。如此不稳定的人员队伍必然会影响到业务的正常开展，导致业务收入锐减，行业排名下滑，更加剧了人员流失，形成了恶性循环。

当时公司的整体业务都处于百废待兴的恢复期，研究所是公司收入的重要来源，也关系到公司的行业形象，是公司寄予重托的部门，而投研服务又是极度依赖人才和智慧的业务类型，在这样内忧外患、人才匮乏的情形下，如何才能扭转颓势、开创局面呢？作为班子唯一一位女性成员，我受命分管研究所的工作，面临的挑战是巨大的。

三、探索对策

（一）运用春风化雨的沟通艺术，快速稳定员工队伍

在公司“二次创业”的非常时期，身为公司高管，我同时分管几个重要的业务部门，工作异常忙碌，但我仍然投入大量的时间与精力关注这个部门，尽全力消除因所长离职、人员动荡引发的负面影响及弥漫在团队中的消极情绪。

我的角色不仅是一位公司高管，也是一位职场前辈、知心大姐，多年分管人力资源和工会的工作经验及女性天生的沟通优势在这个时期发挥了重要作用。我利用一切空暇时间与研究所的干部员工推心置腹、促膝长谈，倾听他们的真实想法，了解他们的内心需求，对他们职业发展的困惑点拨指引，对他们所怀有的恐慌不安抚慰疏导。

研究所每天有晨会的习惯，我坚持出席晨会并在会议上谈我的看法、观点，谈公司未来的愿景、新取得的成绩；谈投研工作的规划、行业的竞争格局；谈员工的职业发展、公司的关爱支持。在出差途中和员工随意聊天的过程中，了解他们的近况和动态，了解他们的所思所想。

在证券行业“新财富”评选的关键时期，我亲自带领分析师进行有关走访。我的以身作则、率先垂范赢得了他们的信任。年轻的分析师们感受到了尊重和支持，他们愿意和我倾诉，诉说他们的迷茫和彷徨，诉说他们的理想和追求。他们感受到公司的重视与关心，更重要的是目睹公司全体干部员工在“二次创业”过程中展现出士气高涨、鼓满干劲的奋斗精神，耳闻公司在各种掣肘限制的情况下攻克一个又一个难关，取得一项又一项佳绩。

过往的种种困难只是黎明前的黑暗，他们看到曙光就在眼前，公司光辉的前景徐徐展开，那些日子共同经历的波折与磨难，仿佛变成一种无形的力量，使大家产生同甘共苦、患难与共的情感，形成强大的向心力，凝聚着每个人，使大家团结安定，充满信心与斗志，坚定信念与目标。那段日子，不仅没有一个研究骨干因为所长的离任而离开公司，而且投研业务的行业排名上升了2位。

（二）建立内部培养机制，引进高层次紧缺人才，提升市场竞争力

人才队伍建设始终是研究所重中之重的工作。我们的团队还很稚嫩，现有的研

究人员从业经验不够丰富，要建立起完善的培养机制，有针对性地进行辅导和培训可以说是迫在眉睫。

我们搭建公司内部人才培训体系，建立“以老带新”的导师制，组织行业研究框架培训，开展内部的学习分享会等，将研究所建设成学习型组织，使新手快速成长，融入公司，使老员工的经验传承复制，降低成本，形成你赶我超、学习氛围浓厚的局面。

同时，通过招募优秀分析师加盟光大，尽快提高研究所的整体影响力，通过强化投研人才队伍“自我造血机制”，帮助行业研究员实现个人职业生涯与公司发展目标的最大契合。引进著名的彭文生博士加入公司担任全球首席经济学家兼任研究所所长，“新财富白金分析师”胡女士加入公司担任常务副所长，还陆续引进了首席宏观分析师、“新财富最佳分析师”及其石油化工行业团队、公共事业和环保首席及团队、金融工程首席及团队、银行首席等专业人才。目前专业研究团队达到27个，公司上下形成了优秀行业研究员的“聚拢”效应，在竞争日益激烈的券商研究领域获得了市场的广泛认可，并屡获殊荣。

此外，我们大力扶持海外团队建设，通过对现有研究员的调整及外部市场引进人才，建立一支具备较高市场声誉、业务能力强的海外研究团队，提高公司在境外市场的影响力，为公司的海外战略布局提供支持。通过内外部人才资源的整合，壮大了公司的研究实力，提升了公司的行业形象和竞争力。

（三）大刀阔斧改革投研体系，双管齐下建设“读书人的研究所”，重塑光大研究品牌

我针对研究所人员队伍和业务发展存在的突出问题，围绕重点产业和领域，采用双管齐下的策略，强调“提升投研实力”“加强内部协同”两个中心，一方面，在重建研究团队的基础上积极开展研究服务，着力恢复市场影响力；另一方面，苦练内功，梳理和完善研究过程，强化质量控制，提倡深度研究、专业化研究，积极鼓励发掘优秀个股，通过高质量的研究产品，重树光大研究的品牌。

以建设“读书人的研究所”为愿景和理念，遵循“自上而下”与“自下而上”互相印证的研究思路，建立以宏观研究为指导，以策略研究为中枢，以行业公司研究为基础，兼顾债券、基金、衍生产品和金融工程等领域的证券投资研究体系，完善数据管理及客户管理系统体系建设，提高大数据、新型信息技术对研究业务的支持和辅助决策作用，打造历史积淀深厚的总量量化研究、良好口碑的周期行业研究、深具特色的消费品行业研究。具体的做法主要有以下几个方面。

第一，研究服务方面。研究所与销售交易总部一起积极举办专题会议、沙龙等

大型服务活动，每年年中、年终都举办中期、年度策略会，两次策略会均为公司内部投行、固收等部门开设专场，积极进行内部联动协作，参会人数众多，客户反响较好。通过积极努力，投研收入实现大幅增长，2014 年基金分仓佣金收入成为近几年佣金最高的一年，2015 年前三季度研究所取得投研佣金较 2014 年同期增长 204%，佣金再创新高。

第二，内部服务方面。一方面，在以往的基础上继续加大与公司相关部门及集团公司的联动。2014 年，针对淮海中路营业部的需求安排建筑工程、商业零售专场策略会、营业部 VIP 客户一对一服务、债券风险评估、信用业务、资管委托定制评级报告等个性化服务。随着新三板开闸，研究所对公司代办或做市的新三板项目提供了大力有效的支持，负责提供 20 余家新三板上市公司的实地调研及询价支持。另一方面，研究所和投行首次联合开设策略会专场，分析师和投行人员联袂搭档，吸引了大批上市公司参会，成功签订 365 网增发项目，为研究所与投行的互动协作确定良好的开端。2015 年，研究所内部服务全面开花，数量及质量继续提高，对公司各业务条线的支持均有体现。主要表现在四个方面：一是服务覆盖业务部门除传统的资管、自营、信用业务和投行外，着重加大了对零售业务、光大资本、富尊等部门、分公司、子公司的服务力度；二是服务内容持续增加，定制研究、项目考察、信用评价报告、私募基金评价报告等业务已经成为研究员日常研究工作外的常规工作；三是加大与分公司、营业部的沟通，每天专为零售系统召开视频晨会，建立起包含所有零售系统业务骨干的微信群，即时发布研究所最新产品，同时加大了与营业部面对面的沟通，举办各类策略会、报告会达到 32 次；四是发挥研究员对产业较为熟悉的优势，为公司投行、新三板、PE 等主动引进项目达 20 个。

（四）全面深化改革管理模式，激发团队活力，提升队伍战斗力

在绩效考核方面，将投研团队对公司业务部门的协同贡献与市场影响力进行有机结合，开发出独特的绩效考核方式；在人员激励方面，设计出研究所单独适用的高市场化考核维度的 MD 职级体系；在投研管理体系方面，坚持扁平化、职能化管理，实行业务首席责任制，完善分析师考核体系，平衡内外部服务、外部荣誉等评价指标，激发分析师的活力；在团队建设方面，通过组织研究所和销售交易部的团队培训等各类活动，促使跨部门的联动协同和新老员工的融入交流，营造融洽的团队氛围，增强内部协作和员工的归属感。通过种种管理改革的举措，建立起一套对行业研究员专业能力培养、专业素质提升、质量管理的支持体系。部门内部的规范管理营造了公平、透明的工作环境，员工个人的职业发展也通过制度化与人性化相结合的管理方式得到保证，激发了整个投研团队的活力和战斗力。

四、实施效果

经过干部员工的不懈努力，我们的工作成效显著，不仅佣金收入明显增长，而且得到公司内部的广泛认可，在外部也屡获殊荣。

“新财富”可谓是证券分析师界的“奥斯卡”，每年各大券商的角逐异常激烈。在如此激烈的竞争环境中，浴火涅槃的研究所在2014年纺织服装和基础化工两个行业分获新财富最佳分析师第一名和第四名，夺回了曾经痛失的金牌，新生代分析师迅速成长，在Thomson Reuters、金牛奖等评选中均有所收获。

2015年新财富评奖，研究所纺织服装蝉联第一，电子、轻工、钢铁3个行业入围，取得3个团体奖项：研究所进步最快机构、海外研究团队第三名、海外销售团队第五名。同时，新生代分析师在水晶球、金牛奖、东方财富、第一财经等评选中有诸多收获。

2016年在“第十四届新财富最佳分析师”评选中获多个奖项，其中海外团队获最佳海外研究机构第一名、最佳海外销售服务团队第三名、纺织服装研究团队获行业第三名，医药、公用事业、中小市值3个行业获入围奖。

【案例反思】

这支投研团队的影响力和行业地位正在增强，从当年的势微羸弱、风雨飘摇，一路拼杀奋战、成长壮大，到现在浴火涅槃、实力雄厚，我由衷地感到欣慰与成就。感谢那些苦难的经历，感谢这个平台。我不断摸索与尝试，无数次沟通，倾听干部员工的心声，积极调整管理思路，寻求发展的突破。主要有以下几点体会。

（一）以身作则，赢得团队信任和尊重

我深切地领悟到领导首先要以身作则，率先垂范。群众的眼睛是雪亮的，赢得他们的信任和尊重是管理的基础，失去了群众的支持，管理是无源之水、无根之木。同时，领导者的角色是综合的、全面的，需要根据不同情境判断团队的准备度，进而采取不同的管理策略。真正的领导，不是去亲自拼杀，而是去成就他人，用大爱给予信心勇气，用激励凝聚人心；真正的领导，在混沌中指引方向，在迷茫中鼓舞士气，能够洞察组织潜力，相信人民群众的力量。

（二）共启愿景，感召员工为共同愿望奋斗

通向成功的道路没有捷径和坦途，为了带领研究所这支团队共同克服眼前的困

难，树立团队信心，实现业务发展，我努力将公司文化、企业价值向员工进行宣导解读，与他们分享自己的职业理想，讲述公司发展历程中的令人难忘和振奋人心的历史时刻，让他们理解和接受，同时也了解他们的期待、愿望与追求，把他们的想法与公司的愿景结合起来，成为大家共同的奋斗目标，并鼓励大家能够坚定信念，站位高远，以更加宽广的格局去迎接机遇与挑战。

（三）加强管理，狠抓团队“精气神”的培养

有战斗力的团队一定是纪律严明、赏罚分明的队伍。一方面，通过改革管理模式，强化纪律意识，凝聚现有队伍的人心，激发员工的激情与潜力；另一方面，加快人才引进，形成人才集聚效应，补充新鲜血液，积极推进行业全覆盖，提升团队能力，完善内部培训制度，构建多层次的新人培养体系，以实现研究所自身的造血输血功能，提高投研人员的整体实力和市场地位。

（四）整合资源，探索业务增长的新模式

为了寻求新的业务突破，实现快速增长，我充分发挥公司的平台优势，积极与零售业务总部、信用业务管理总部、投行管理总部等十多个业务部门、分公司、子公司探索联动机制，发挥高管的管理作用，跨部门进行协调沟通，打通部门壁垒，整合内外部资源，寻求新的业务合作模式，夯实业务增长的基石。

【案例点评】

在知识经济时代，如何用好“证券分析师”这种高知识高技能人才？

从简约领导角度来看，用人就要用“情”用“智”，成为情感共同体、学术共同体和命运共同体。

对此，未来学大师奈斯比特在 21 世纪初提出了“高科技，高接触”的新理念。高科技即指目前的技术变革，而“高接触”则意味着要运用现有工具来加强人与人之间的交流，实现平衡发展。因此，领导者要注意把握这两个方面的平衡。

第一，用人就是用“情”。所谓“高接触”，指领导者和高知识高技能人才多沟通，在愿景沟通中形成情感共同体。高接触是一种形象说法，基本意思是要求人们充分交流，互相关照，增加真情实感。一般来说，人是社会性动物，具有社交需求和社会归属需求，希望和别人在一起。在一个信息泛滥的时代，人们更需要与亲友进行持久的感情交流。在光大证券，在局势动荡不安的时候，女性领导者作为知心大姐，发挥天生的沟通优势，春风化雨，润物无声，有效改变了组织气候。

第二，用人就是用“智”。所谓“高科技”，指领导者要和高知识高技能人才多创新，在学习研究中形成知识共同体。光大证券以建设“读书人的研究所”为愿景，遵循“自上而下”与“自下而上”互相印证的研究思路，切实加强内部协同，切实“提升投研实力”，共同构建知识共同体。在此基础上，新生代分析师在2014年纺织服装和基础化工两个行业分获新财富最佳分析师第一名和第四名，夺回了曾经痛失的金牌。此后，在水晶球、金牛奖、东方财富、第一财经等各种大赛中多次获奖！

立足小微　深耕普惠

中国交通银行小企业金融部（普惠金融事业部）李　亚

【案例描述】

一、相关背景

2011 年以来，国家相继出台一系列支持小微企业发展的政策，并对金融服务实体经济、切实缓解小微“融资难、融资贵”、加大力度金融支持“三农”和“双创”建设等做出重要工作部署。党的十八届三中全会更将“普惠金融”写入党的决议，正式提出“发展普惠金融”，要有效地、全方位地为社会所有阶层和群体提供现代、安全和便捷的金融服务，不断对商业银行服务小微普惠金融的能力提出更高要求。对此，总行党委和全行上下高度重视，积极响应党和国家的政策号召。作为国有大型商业银行，为聚焦“小微”“三农”“双创”及扶贫等攻坚群体，践行普惠金融发展理念，2015 年，我行在总行层面专门成立了小企业金融部一级部，专司小微等普惠金融业务。因此，我担任该部门总经理兼党支部书记以后，首要任务就是组织队伍建设，探索全行发展小微普惠金融的有效路径，努力打通“毛细血管”，切实为实体经济“输氧供能”，贡献绵薄之力。

二、困难与挑战

从历史和现状来看，发展普惠金融本身就是一个世界性难题。结合我国国情，一是相较于大中型企业而言，小微等普惠金融主体分布较散，且资金需求量较小，难以形成规模经济，商业银行等金融机构服务该类群体的运营成本较高；二是普惠金融的对象一般资金实力较弱，又缺乏抵押担保等风险缓释措施，违约概率偏大，风险成本偏高，进一步增加了可持续发展普惠金融的难度；三是当前征信体系仍处于初级阶段，特别是针对“小微”“双创”“三农”“扶贫”等普惠金融服务对象，信息不完全和信息不对称容易显著降低运作效率、加大风险隐患；四是在偏远城市、乡镇及广大农村，基础的金融设施和金融服务仍相当匮乏，虽然新兴技术手段为解决普惠金融“最后一公里”等带来可能，但要在普惠金融服务群体中真正推广应用此类新兴科技金融，仍然需要相当时间。

因此，在我们成立总行小企业部之初，一方面，要受到部分历史遗留问题的不利影响；另一方面，要承担起小微普惠金融业务营销拓展、产品研发和授信风险等的管理职责，更是深感压力重重。一是“缺人做”。起初，条线从业人员整体配置不足，缺乏专门从事普惠金融的专业队伍，兼职现象普遍不同程度地存在于全国各家省直分行的经营管理层面，一线客户经理人数也严重落后于业务发展需要。部分岗位缺失，甚至工作无人落实。二是“不想做”“不愿做”“不敢做”。经济下行期间，信贷风险持续暴露，部分分行不良贷款余额高，压降清收压力大，发展信心和积极性大受影响，认为小微普惠业务做起来并不比对公业务简单，但风险却不小，所以，总体推动力度不大。一些基层经营单位和客户经理在风险面前仍心有余悸，存在明显的畏难情绪，“不想做”“不愿做”“不敢做”的情况在某些经营单位比较普遍，直接导致业务发展情况很不理想，部分指标甚至出现负增长。三是“不会做”。整体来看，从业人员队伍还呈现经验不足的特点，条线客户经理、产品与市场推广经理、授信审查与风险管理队伍在数量和能力上都与实际经营管理要求相去甚远，“不会做”普惠金融。例如，某分行约40%的条线客户经理为新转岗人员，信贷实践经验不足，多次出现“首做首坏”的情况。

三、探索对策

面对这种情况，在和主要班子成员反复商讨以后，我们决定“两条腿走路”，“两手都要抓，两手都要硬”，一方面，整章建制，打出“组合拳”；另一方面，摸着石头过河，在探索中求发展。

（一）顺利完成2007年以来首次重大架构调整工作，形成发展普惠金融的体制支撑

一是2015年在总分行管理层及相关部门支持下，剥离原先的零售信贷业务，单设小企业金融部，划归公司板块，牵头探索全行发展小微普惠金融的模式和道路，条线经营管理职能更加清晰。二是内设规划管理部、客户拓展部、产品研发部

和风险管理部四个二级部，分工管理部门各项工作职责。同时持续加强“总行服务分行”意识，完善“分行联系人”制度，搭建微信群等信息沟通平台，及时解决分行问题。三是在全国37家省直分行，同步将原先的零贷业务部更名为小企业金融部，践行普惠金融理念，专司小微普惠金融业务。

（二）推进专业队伍和专营团队建设，着手打造一支布局合理、结构优化、数量适中、能力胜任的专业普惠金融队伍

在组织建设上，明确要求，“一行一策”精准指导分行把队伍建起来，把业务落下去。在思想建设上，加强总行员工的思想管理，提升精神风貌；增强总行员工“服务分行”“服务基层”的意识；从总行到分行不断宣导，积极疏导经营单位“不敢做”“不想做”“不愿做”的负面情绪，多方鼓舞士气，提振发展信心。一是制定小微业务队伍建设意见和专营团队管理办法，明确目标、原则及人员配备要求，着手打造客户经理、产品与市场推广经理、授信审查及风险管理“四支队伍”，并将任职“公司客户经理（小微）”的人员纳入总行人力资源部E-hr系统中专门管理，对各省直分行进行考核。二是加强人员的考核、培养和管理。不断完善绩效考核，推进全产品计价系统建设，激发全行各条线人员开展普惠金融业务的活力。同时，组织条线高级经理、专家型人才、精英客户经理、授信风险人员等展开培训，推进审批人资质管理，加强条线人员上岗资质管理。三是加强思想教育和理念传导。一方面，充分利用部门宣讲、员工谈心的机会，帮助各级干部员工认识从事普惠金融工作的价值，激发大家干事创业的动力和情怀；另一方面，组织一年一度的经理培训，由部总和高经带队前往重点省直分行及重点省辖分行，手把手传导经营理念和思路，树立发展信心。

（三）创新探索可持续发展普惠金融的有效模式

一是围绕供应链、科技金融等重点客群，改变原先单户营销、单户申请的客户拓展模式，着力推进项目制，集中、批量地发展普惠金融，降低运营成本，提升服务效率。同时，加大涉农扶贫贷款和“双创”企业贷款支持力度，有序推进“两权”抵押贷款试点等。二是创新推出“沃易贷”“税融通”等重点产品和“一贷一通”的产品组合，研究推进“房二贷”等全线上产品，创新“抵押＋”业务，不断尝试解决新增融资“难”的问题。三是深化“三三六”风险组合管理体系建设，实施“限时服务承诺”，通过实施差异化的授信、授权政策，进一步提升贷款审批效率。四是加大考核激励和资源配置支持，通过条线考核、FTP补贴、专项规模、专项行动、劳动竞赛、“开门红”竞赛、系列营销活动等为全行小微业务发展提供

资源支撑。五是充分利用大数据等新兴技术手段，着手搭建“全线上金融服务平台”，同时继续推进普惠金融数据实验区、营销管理平台和名单制客户流程控制建设，旨在促进数字化普惠金融的实现，以降低门槛和成本，提高效益，可持续地惠及更多“小微”“双创”“三农”客户，低收入人群和贫困人口等。

（四）聚焦社会责任，主动落实各项监管要求，多措并举，重点做好缓解小微“融资难、融资贵”工作

一是主动拜访银监会普惠金融部、人民银行金融市场司等监管单位，及时掌握“三个不低于”“两权”抵押贷款等领域监管政策导向，研究本行工作推进措施。并制订下发小微“三个不低于”信贷计划，提出 10 条落实意见，以加强总分行统筹部署与部门条线间协调。二是制定支持小微企业发展的 23 条意见和缓解“融资难、融资贵”的 8 项具体措施，将任务目标落实到责任部门和具体经办人，明确工作时间，切实缓解小微“融资难、融资贵”。三是积极推进普惠金融事业部制改革。根据国务院及银监会的统一部署，并结合我行实际，完成普惠金融事业部挂牌工作。

（五）组织总行干部员工深入分行、基层、扶贫点等开展调研和各类座谈，加强宣导，推动各项业务发展

一是充分借助各类会议、调研和面谈的机会，和省直分行各级领导干部积极沟通，了解经营单位发展普惠金融的困难，推动解决，充分调动工作积极性。二是通过座谈，真实了解“小微”“双创”“扶贫”“三农”等群体的金融服务需求，研究对策，一步一个脚印地有序推进。

四、实施效果

部门成立两年以来，条线职能基本理顺，发展思路日益清晰。通过一系列措施，推动全行普惠金融有效扭转低谷徘徊局面，资产质量得到了有效控制，发展信心逐步增强，专业化经营基础全面加强。

第一，发展意愿增强，队伍基础逐步建立并日益壮大。目前，总分行均建立起专注发展小微普惠金融的小企业金融部，岗位及人员配置基本到位。调研显示，各省直分行发展普惠金融的意愿明显增强，部分分行“一把手”行长亲自抓小微普惠业务。例如，上海市分行反映，小企业金融部成立后，行领导建立的第一个工作微信群就用于指导分行发展小微普惠金融。

第二，绩效考核激励和专项资源支撑实现了层层有效传导，重视程度进一步提

高。总行层面，通过制定条线综合评价办法，有效对各省直分行实行了绩效考核激励；2017 年，专项规模和 FTP 专项补贴等均用于助力普惠金融发展，并采取“效益优先、先到先得”的配置方式，鼓励分行及早撬动业务发展，实现“做早做均做优”的目标。参照总行做法，多家省直分行也明显提高重视程度，对条线加大考核力度，进行专项资源倾斜。例如，湖南省、江苏省等分行对经营单位小微业务绩效考核权重均高于总行对分行的考核。又如，全员全产品计价方面，深圳分行对小微普惠金融的资源投入是对公业务的 5 倍，河北省分行也有 4 倍。

第三，业务实现恢复性发展，部分分行走出特色发展之路。近两年来，在实体经济疲软，普惠金融业务发展和风险管控双重压力不减的背景下，全行小微贷款余额连续两年较年初实现净增。不少分行逐渐理顺发展思路，因地制宜走出了自己的特色。

第四，圆满达成各项监管指标。2017 年半年，全行全面完成“三个不低于”及 MPA 小微考核指标；多家试点分行成功实现“两权”抵押贷款的发放带动扶贫脱贫效果明显。

【案例反思】

（一）领导力就是影响力

“我管理一支队伍”和“我领导一支队伍”，这两句，哪句听起来更生动？更有力 ？更大气？显然是后者。管理力是管理者站在一个高于被管理者的高度，俯瞰全局，通过制度化的执行提高效率。但在一个知识型员工比例大增的时代和工作环境中，传统管理方式的不足越来越明显，而符合人性、影响巨大的领导力的价值则越来越凸显。领导力就像美，你很难定义，却无法忽视，更无从拒绝。从某种意义上说，领导力就是影响力，它就像太阳一样，能够层层传导、层层影响，凝聚众人、发挥众才，带领大家创造条件，最终实现美好愿景。

（二）领导力的层次，应不断提升

《道德经》有言：“太上，不知有之；其次，亲而誉之；其次，畏之；其次，侮之。”领导力也是如此，它从低到高大致分为五个层次：职位硬权力、认同许可、生产成果、人才培养、众望所归。

这在本案例中也得到具体体现：一是改革体制、组建队伍等措施，都建立在职位硬权力的基础之上，是组织赋予的影响力；二是加强总行员工的思想建设，加强总分行之间的沟通，通过调研、面谈等方式了解基层经营单位发展普惠金融的困难和需求，并推动解决，则有利于增进各级领导员工的内心认同，影响更多人积极参与到这项事业之中；三是队伍日益壮大，信心增强，业务实现恢复性发展，圆满达成各项监管目标，更体现出领导力的巨大价值，能生产成果；四是借助领导力，培养发展普惠金融的各类专业人才，能为该项事业的长远发展打下基础。

真正的领导力，不在于拥有一个职位，或一个头衔，而是能影响团队，获得认同，成就事业，培养人才，不断奉献，使更多人因为这种具有艺术美感的能力而源源不断地受益！它是一种需要终身学习、终身修炼的能力！

【案例点评】

如何提升领导力？

“真正的领导力，不在于拥有一个职位，或一个头衔，而是能影响团队，获得认同，成就事业，培养人才，不断奉献，使更多人因为这种具有艺术美感的能力而源源不断地受益！”

从这个案例和这段话中，我们可以看出领导力的三个源泉。

第一，领导力来自“把人组织起来”。为了实现领导愿景、战略任务，领导者往往需要把人组织起来，形成组织系统。交通银行小企业金融部“在全国37家省直分行，同步将原先的零贷业务部更名为小企业金融部”，经过努力，全国“总分行均建立起专注发展小微普惠金融的小企业金融部，岗位及人员配置基本到位。”

第二，领导力来自“让员工认同起来”。领导者不仅要把人“组织”起来，而且要把人“凝聚”起来。一方面，充分利用部门宣讲、员工谈心的机会，激发大家干事创业的动力和情怀；另一方面，组织经理培训，由部总和高经带队，传导经营理念和思路，树立发展信心。

第三，领导力来自“让群众路线活起来”。群众路线是我们党的传家宝。坚持和创新群众路线，是新时代领导干部的真本领。党的十八届三中全会更将“普惠金融”写入党的决议，正式提出“发展普惠金融”。在市场经济条件下，人民群众转型升级成为“小”民“微”众，成为小微企业，领导者要善于把“小”民“微”众聚集起来，激发磅礴的领导力。

“领导力就像美，你很难定义，却无法忽视，更无从拒绝。”

胜任领导

胜任才是硬道理。

领导胜任力“冰山”理论，将人们关注视角从知识经验及技能的显露部分，拓展延伸到角色、认知、人格特点，以及动机、需要等潜藏的部分。

胜任领导，需要具有相应的知识技能，需要能够赢得追随者的信赖与支持，需要高度关注组织目标，需要很强的成就动机，需要有效激励，需要不断进行身心修炼。

本专题共五个案例，可以分为两组。

第一组，探讨提升领导胜任力课题。提升领导胜任力，关键是提升情商，提升胆商，提升灵商。《推动特困老国企走好重生之路》这个关乎生死的案例，展现了领导者的心路历程，让我们感悟到领导者是“多次诞生”的。《中核海外铀矿投资之路》这个案例，让我们与领导者共同经历心理转型，在挫折中成熟。《高盛的领导力培训》这个案例，回顾了领导者从理论培训到领导自觉的过程，记录了从领导自觉到自觉领导的体会。

第二组，探讨领导胜任力标准问题。成都凯天“一观四力”成长模型是德才兼备标准在大型国企中的独特体现。宁夏供销社领导者加强学习和调研，为宁夏空间规划改革试点提供对策研究，再次说明了领导胜任力的核心标准是超强学习力。

案例一

推动特困老国企走好重生之路

湖北省华舟重工应急装备股份有限公司　王长红

【案例描述】

一、相关背景

上海新中厂是生产中速柴油机和废气涡轮增压器的专业工厂，1925 年成立，是有着悠久历史、辉煌荣耀和曲折发展过程的企业，曾几易厂名，性质由“私企”到“公私合营”到“国企”。办公营区在闸北区共和新路。由于产品单一、技术落后、经营不善、资不抵债，1998 年 2 月，由同时隶属于中船集团的上海 711 研究所整体兼并。

2008 年，金融危机来临时，新中厂的体制机制、设备设施、发展资金、人力资源等方面的困难问题更加凸显。根据中船重工集团公司“315 工程”的统一部署，711 研究所在莘庄华宁路营区建设了中速柴油机生产基地，注册成立了上海第二分公司，并将新中厂中速柴油机和增压器业务整体划入中船重工股份公司。2009 年 6 月 25 日，上海第二分公司变更为子公司——发动机公司。同时，711 研究所成立事业部——制造部，委托管理新中厂和发动机公司两个实体。这时，新中厂在职职工 600 多人，离退休职工 1 500 多人，发动机公司刚成立，除了从新中厂借用的 30 人外，还没有正式员工。制造部的变革重组目标任务是：从 2009 年 7 月开始，用两年时间，以新中厂人员为主体，实现两个法人实体在两个营区协同运作，发动机公司实现达产目标，制造部扭亏为盈。

2009 年 6 月 30 日，原新中厂党委书记辞职，我被“火线”任命为新中厂党委书记、副厂长，兼制造部副总经理，兼发动机公司副总经理。

二、困难与挑战

（一）新中厂存在的问题

第一，投入限制问题。新中厂所在的共和新路营区已被上海市政府列为商住用地，厂区南面 30 亩地被政府征用开辟为灵石路并已建成，厂区也被列入市政规划范围，因此，无法在共和新路基地进行大规模投入。

第二，生产能力问题。新中厂原有生产设备设施老化、落后，产品成本高，交货期长，质量不稳定，无法满足批量生产需求，缺乏市场的整体竞争能力。在新中厂保留什么业务，维持什么能力，需要重新定位。

第三，员工转岗问题。受国家相关环保政策等的限制，新中厂铸造分厂没能再拿到续延生产许可证，于 2009 年 5 月停产，热处理分厂的生产许可证还有 1 年多到期。职工大多年龄偏大，技能单一，面临转岗困难。

（二）发动机公司存在的问题

第一，人岗不相适问题。按照“业务跟着条件走、人员跟着业务走”的工作原则，已划转到发动机公司的业务，随着加工设备和试验车间的验收，具备使用条件，但 50 公里的路程，新中厂的原有职工中，有多少愿意搬迁到莘庄营区工作，不知道；同时，公司的加工设备大多为数控设备，工厂绝大多数加工设备是普通设备，又有多少职工能胜任岗位或有潜力胜任岗位，也是未知数。

第二，达产目标问题。发动机公司作为上市子公司之一，除了两年达产目标，还面临三个自然年度的考核目标，即公司内部正常运营能力建设、招兵买马建设团队、文化重塑等的压力。

（三）制造部面临的问题

第一，维稳压力问题。制造部的变革重组期间，2010 年是上海承办举世瞩目的世博会之年，改革、发展、稳定需要三管齐下，稳定肯定是压倒一切的首要问题，变革时间表有推迟的隐患。

第二，党政领导体制问题。制造部、发动机公司及新中厂，三个不同的实体和建制有了，发动机公司招兵买马后，三者之间党政领导体制、运作机制什么关系，需要进一步理顺明确。

（四）共识达成度问题

新中厂面临的客观环境和问题，让全厂有这样的共识：现状维持不下去了，也不能等死，变革在所难免了。即使变革有痛苦，但变革了还有重生的希望。变革到底有多痛，会给多少人带来痛苦？怎么变，变成什么样子？员工的现实利益怎么保证，保证多少？职工人心浮动，领导还没来得及形成共识。

（五）我自己面临的挑战

一方面，我一直在711研究所的高学历团队从事科研技术管理、行政管理工作，并兼党支部书记，没有工厂管理经验，没有和以工人为主的团队打过交道，没有在效益不好而最终被兼并的老国企的从业任职经历，没有安置分流员工的经验；我服从组织安排，从最富的单位到最穷的单位，面临的是企业非常规化经营管理工作，而且是“变革重组＋经营管理”。另一方面，一直以来，我的父母亲在上海帮我带儿子，接送孩子上学，照顾小孩子的生活。就在我新任职的第一个周末，即2009年7月4日，父亲检查出来得了恶性肿瘤，我面临着特殊时期的家庭和新岗位工作的双重考验。

三、探索对策

（一）统一思想，形成推进变革共识

“火车跑得快，全靠车头带”。作为新中厂的党委书记和三个实体的副总，我积极协同总经理兼厂长迅速成立变革推进领导小组，经过调研、酝酿、多轮研究讨论，对标变革目标，认真细致地研判我们面临的问题、机遇，研判为什么要变，怎么变，分析现有人财物所有资源条件，理顺事业部、工厂和公司三者间的党政领导关系，明确了清晰的变革思路，形成了对变革的共识，即充分发挥莘庄和共和新路两个营区的综合优势，提升核心竞争能力，努力搭建良好的事业发展平台，实现员工和组织的双赢，为业务战略落到实处奠定了良好的思想基础。

（二）系统谋划，认真制订方案计划

事业部的变革转型是一项系统工程，涉及一个特困工厂剥离核心业务，要“瘦身”分流员工，一个全新公司人员要到位，运营体系要建立并启动运行，方方面面、各个环节都需要系统思考，整体谋划，统筹推进。首先，我组织沟通会，由兼任厂长的总经理向中层以上领导和骨干、党员代表专题阐述变革目标、任务和思路；其次，成立变革推进工作小组，以及五个专题工作小组，每个分管领导至少领衔一个专题，我负责管理和业务部门新基地启用推进工作，以及新中厂人员安置工作。经过上下多轮反复讨论、论证、征求意见，由领导小组研究决定，经三个实体班子同意，形成变革方案，确定了变革实施计划，按照三个自然年，划分三个阶段，分别明确阶段目标任务。

（三）广泛发动，最大限度争取支持认同

“唤起工农千百万，同心战”。对上，我协同总经理主动反映情况，积极争取711研究所的支持和所党政主要领导的指导、帮助，变革方案在711研究所最高决策会上汇报通过，并得到保证生产运营所需资金周转的援助政策；横向，向711研究所各兄弟部门征询相关岗位用人需求，为安置员工提供渠道和岗位；对下，作为工厂党委书记和副总，同时作为变革推进工作副组长，协助总经理（组长）积极推进和实施事业部整体变革，在党政班子、中层以上干部、职代会三个层面宣传发动，通报变革的目的和方案，让干部和职工理解变革的必要性和重要性，了解变革的指导原则、推进思路、具体内容和计划安排，对各级干部和党支部提出要求，“宣传发动、群策群力、共同推进”，对党员和职工代表提出要求：“从我做起、带动身边，了解理解、参与支持”。同时，我深入每一个车间、部门，分别组织座谈调研，了解并引导员工思想动态，为变革推进和人员安置做好深入细致的摸底工作。

（四）把握重点，分步实施且协同推进

人员合理安置是制造部变革重组工作平稳推进的重要基础，是重点，同时，也是难点。整合资源、组织保障是第二个重点。为了高效推进变革，我建议撤销工厂党委，在变革期内，三块牌子一套班子运行，成立三块牌子一套班子的党政组织。我的建议得到711研究所支持（2010年，我也成为85岁新中厂的末任党委书记）。分步实施+协同推进，是本次变革的突出特点。事业部是领导和协调的平台，公司和工厂的条件、规模都不同，一个做加法、一个做减法，一个开张、一个缩编，主要业务在两个主体间全覆盖、不间断平移，少量普通设备搬迁不能影响生产，新工艺试制阶段需要两个实体分工协同生产。

四、实施效果

经过两年的努力，制造部完成了改制变革三阶段过程，总体达成了变革目标，特困老企业获得重生。

第一，2009年下半年为第一阶段，实现了莘庄基地投入使用，完成公司组织架构和制度框架体系设计，事业部管理和业务部门基本到位。10月28日，入住搬迁、正式挂牌，实现柴油机、增压器业务在公司启动运营。事业部理顺了公司和新中厂之间的业务运作关系，以新中厂现有部门和人员为主体进行两地运作。事业部当年出产柴油机 84 台，创历史新高，实现年度工作目标。

第二，2010 年为第二阶段，完成了公司机加、总装车间资源的优化和配置，完成了发动机公司全员招聘，建立了运营管理体系，取得了柴油机生产专利许可和中国船级社民品质量体系证书等资质，已步入正常运行轨道，引进先进产品专利并完成工程化，年内基本形成年产 150 台柴油机、300 台增压器的生产能力。组建了三块牌子一套班子的党总支，完成了新中厂组织结构的缩编调整。年度考核目标实现。

第三，2011 年上半年为第三阶段。职代会 5 月 30 日表决通过了《新中厂人员安置方案》，设计了安置员工的六种途径，近 200 名员工一次性得到妥善安置，为年底公司形成生产纲领目标和事业部完成年度目标奠定了基础。

变革期间，制造部质量、安全生产、保密及综合治理等工作均达标。2011 年，合并报表实现了扭亏为盈，在岗职工收入和福利得到了改善和提高，职工队伍总体稳定，确保了一方平安。2011 年，制造部荣获 711 所“变革推进奖”，我个人也荣获了集团公司“优秀党务工作者”称号。

【案例反思】

已经过去 6 年了，这个工作案例，让我记忆犹新。这是一项企业经营中非常规的创新工作经历，也是我个人领导能力尤其是新领导力得到激发和提升的一个过程。有四点体会，在此分享。

（一）推动变革，达成目标，体现了战略决策基础上的影响力

“发动群众，才能形成动力；组织群众，才能形成合力。”变革的顺利推进，基础在于领导班子能够坚持战略目标导向作用，深入调研，善于把握大势；变革的思路确定为“实现员工和组织的双赢”主线，大大深化了领导影响力；专项工作组能够走群众路线，方案策划得比较周全；党政主要领导强化发展意识，强化搞好企业的责任感，通过示范和表率，带动班子成员和中层骨干群策群力、团结协作，以继承加创新的思路，务实的作风，努力达成改革、发展、稳定工作的综合成效。

（二）抓主抓重，时间换空间，展示了战略执行中的应变力

纲举才能目张。把人员分流安置这一难点确定为工作重点后，我倾注了更多的精力和智慧，向自己发出了挑战。在组织策划方案时，进行了风险评估和对策分析，考虑到被兼并企业的“文化压抑”，以及信访苗头隐患等维稳压力，避开 2010

年世博会举办年，果断将安置实施调整到了 2011 年上半年。

俗话说，“不怕没好事，就怕没好人。”我曾到市政府带回 3 批上访职工。经沟通，上海市对工厂调整安置实施时间和对暂时没岗位员工采取临时放假待岗的措施，给予肯定，对我们按程序接访、快速反应、积极应对、诚恳答复的化解信访工作给予赞同，并帮助我们与员工沟通，得到了员工的理解和认同。因势而变，借智而行，我们成功地用时间换得了空间。

（三）深入调研，沟通协调，发挥了女性领导的优势

员工安置方案中，我把安置工作设计在“为愿意工作的员工提供合适岗位，为尽心尽力努力工作的员工提供合理回报”的指导思想下开展，经过了多次修改完善，方案集中了基层愿望，凝聚了职工心声，呈现了增量岗位，反映了长效增长需求，考虑了工厂承受能力，是经济账和政治账的集合体。我将自己的心态放空，带领工作专班，从最坏处入手，最初就做好了两次、三次上会表决的准备；同时，向最好处努力，深入群众，且听且说，耐心细致、春风化雨，重在查实情，重在目标和方向引导、思想和情绪引导，画出了一条安置“标准线”，坦率而真诚地交给职工代表做主，职代会无记名投票表决高票通过人员安置方案，那条“标准线”成为合适的“平衡线”。

（四）防控风险，担当创新，彰显了治企有方的责任意识

正像老鹰为适应环境而蜕变一样，经历漫长的磨难，为的是飞得更高更远。在“思索”中进取，在“痛苦”中重生，在“发展”中翱翔，带给我们担当创新的启示。新中厂作为特困老国企，在制造部的平台上，变身、重生，以发动机公司的新姿态，承载了老企业的专业产品和业务，精干高效，轻装上阵；新中厂富余人员得到妥善安置，资产得到保值增值，保住壳，承担分流员工和退休员工管理，保留了老业务的窗口承接作用，挖潜老设备的配套加工能力。

作为国企党委书记，在推动变革中，我带领党委班子，履行“把方向、管大局、保落实”的职责要求，努力用战略思维能力，设计和优化新公司的组织设计、流程改造；建立和完善现代企业治理制度，构建“新三会”与“老三会”相协调的运行机制，使法人治理结构下的国企，发挥独特优势作用。同时，坚持合法合规、公正公开的原则，坚持保障职工利益、利于企业发展的原则，落实国家和上海市相关法律、法规。员工安置着力于企业内部消化，兼顾国家、企业、个人三者利益，按程序决策，规范实施，透明操作。勤于学习思考，充分相信和依靠党政工团各级组织；预测风险，安排防控措施，锲而不舍，经营好风险，是经营国企的责

任，也是运营管理的良方。

2011年5月30日，是我负责的人员安置方案表决通过的日子，也是推动特困老国企走在重生之路上看到曙光的日子，没想到，也成了我和父亲永别的日子。

“事求妥帖心常苦、人尽平安愿与非。”

2011年7月1日，在集团公司纪念建党90周年暨首次评选“两优一先”表彰会上，交流发言时，我说：“很遗憾，我没能兼顾好照顾家庭和投入工作；也很欣慰，我全身心投入工作，父亲为我感到自豪，算是对父亲最大的尽孝。”

重生的，不只有新中厂，还有我自己。今天记录它，也再次纪念我的父亲。

【案例点评】

如何提升领导胜任力？

提升领导胜任力，既要有“心”，也要有“力”，要提升领导心灵胜任力。

“正像老鹰为适应环境而蜕变一样，经历漫长的磨难，为的是飞得更高更远，在‘思索’中进取，在‘痛苦’中重生，在‘发展’中翱翔，带给我们担当创新的启示。”

在这篇关乎生死的文章之中，我们可以得到很多启示。

第一，领导者是“多次诞生”的。每个人在出生之后，还有很多次诞生。例如，加入政党，就有了政治生命；走上领导岗位，就有了领导生命。走上领导岗位，从科长到处长到局长到部长，需要多次历练，需要多次重生。在本案例中，从科研院所领导到老工厂企业，作者经历了严峻的“转型”考验。

第二，领导者是“提升灵商”的。“不怕没好事，就怕没好人。”新中厂的改革是为了“实现员工和组织的双赢”，“为愿意工作的员工提供合适岗位，为尽心尽力努力工作的员工提供合理回报”。正是这种“菩萨心怀”，感动了上级、同事和员工。然而，领导者在心灵成长过程中，往往也会留下遗憾：“事求妥帖心常苦，人尽平安愿与非”。

第三，老企业是“缓慢重生”的。国企改革，不是简单的“休克疗法”；人员安置，不是简单的“一次买断”。新中厂的重生，是柔而缓的“为期三年”的自然演进。考虑到世博会维持稳定的大局，考虑到工厂调整安置实施时间，对暂时没岗位员工采取临时放假待岗的措施，“以时间换空间”，在温柔细腻的工作中稳妥推进老企业的转型升级。

中核海外铀矿投资之路

中国核工业集团国际有限公司　王　英

【案例描述】

一、相关背景

当前国家经济发展进入新常态，“走出去”成为国家重要战略举措。在国民经济社会发展的全局中，核工业“走出去”事关我国的国际地位。国家领导人对核电寄予厚望，铸“国之重器”，为中国发展“强筋壮骨”。

铀资源是国家重要的战略性能源矿产资源，是核工业的“粮食”，在国民经济和国防建设中占有重要的地位。顺应国家“走出去”战略，集团公司海外铀资源开发也迎来新机遇。

2013 年年初，我从中国核工业集团公司（以下简称“中核集团”）规划发展部调入中国核工业集团国际有限公司（以下简称“中核国际”），从总部到了成员单位，从集团总体的计划和考核，到具体负责单项的海外铀资源开发业务。4 年里，我带领团队从规划编制入手，与行业内相关方保持良好联系，收集项目信息，筛选项目。在澳大利亚帕拉丁公司的纳米比亚兰格海因里奇项目（以下简称“LH 项目”）出现资金需求时，抓住时间窗口，完成参股项目的投资。该项目为中国企业走进非洲的典范之作，赢得多方好评。

二、困难与挑战

（一）团队人员有限，指导方针不明确

中核国际是香港红筹上市公司，由于之前战略定位是海外融资平台，队伍精练，鉴于将铀矿海外开发业务并入中核国际，原中核集团地矿事业部海外开发团队也与中核国际合署办公，除在蒙古和中国香港工作的员工外，在北京工作的员工共有 15 人。我梳理现有业务，划分为业务发展部、综合计划部、财务行政部、海外开发一部和二部。在团队内部创造积极向上的工作环境，同时注重团队文化建设，适时组织团队活动，使团队内部形成很好的学习、合作氛围，成为原地矿事业部公认的最有战斗力的团队之一，为项目开发打下了基础。

针对当时中核集团海外铀资源开发缺乏顶层规划和设计的情况，牵头编写了《中国核工业集团公司“十三五”海外铀资源开发战略规划》，全面分析了市场形势，梳理现有海外项目，结合核电发展情况，推算出铀资源发展的需求，提出具体的发展目标。“只有先抬头看路，才能更好地走路。”

（二）海外开发经验有限，各种流程有待梳理

中核国际海外开发经验有限，对一些国际惯例、通行规则和运行模式认知不够深入。中核国际也缺乏了解国际社会经济环境、精通国际市场规则、熟悉国际法与投资地法律的综合型人才。我根据团队内部人员各自的优势，明确分工，需要领导决策的问题总是给予积极迅速反馈。充分信任团队，定期总结经验，迅速培养了一支集技术、商务、财税、法律专才的海外开发团队。现在团队中大多数同志已成为中核集团相关领域的专家。

中核集团对于参股海外矿业项目没有一套现行的内部审批机制，也没有明确的内部审批流程和政府审批流程。我们根据项目实际操作，梳理了内部审批流程和政府审批流程，形成了专门的文件，作为中核集团之后海外开发项目的内部审批流程和政府审批流程的参考。

（三）海外项目困难重重，创新开创新局面

我常常喜欢引用这样的比喻，国内项目就好像一个运动员有助跑器、加速器，途中还有医疗救助等服务；而海外项目就是彻底的裸跑，还有可能被吹黑哨。人们都喜欢用项目最终的成败来论英雄，而我希望人们能够在更长的时间周期后再来评价矿业海外项目，也希望有更加多面的评价，因为每个海外项目背后都充满艰辛。

三、探索对策

在我和团队的努力下，2014 年 7 月，中核集团出资 1.9 亿美元，收购澳大利亚帕拉丁公司的纳米比亚铀矿（以下简称“LH 铀矿”）25% 的股权。该项目开创了中核集团参股海外项目的投资新模式。

（一）克服项目时间紧迫的困难

2013 年年初，中核国际参与帕拉丁公司出售其 LH 铀矿股权的公开招标。2013 年 3 月至 5 月，中核国际提交两轮报价；由于报价过低没有进入谈判。同年 8 月，受铀价变化影响，帕拉丁公司 LH 项目股权出售未能成功。10 月，帕拉丁公司再次与中核国际联系，希望能够重启 LH 项目股权出售谈判，但是要求在 2014 年年初确定该交易。

项目时间紧迫，所有内外部的协商沟通，项目净值调查和估值，交易文件的确定，中核集团内部和中国政府的审批，所有这些工作都需要在几个月内完成。中核国际这个团队能够在这么短的时间完成这个项目，靠的是苦干，巧干；靠的是领导的支持；靠的是不服输的精神。

（二）克服对外谈判难度大的困难

双方谈判的焦点是在估值问题上难以达成一致，具体到每个参数，如预期铀价、回收率及年产量等。为此，我们提出了多种方案，如对赌协议、补偿机制等。我方坚持以保守的铀价及年产量来进行项目估值，多次强调中核集团作为核电业主身份参股 LH 项目带来的无形影响和商业价值。

经过前一个多月多达十几轮的密集谈判，几次停满后再走回会议室的反复摸底，2014 年 1 月 1 日，我带领谈判团队前往中国香港，双方于 1 月 2 日又经过整整一天的艰苦谈判，终于就交易价格和协议主要条款达成一致。

望着灯火通明、还处于节日气氛中的中国香港，谈判组所有人都长长舒了一口气。阶段战暂时告一段落，大家终于可以先睡个踏实觉，再向后面涉及中国、澳大利亚、纳米比亚、毛里求斯几国，多达十几项的审批手续发起进攻了。

在项目谈判过程中，首先一个障碍就是语言。因为是国外项目，全程需要英语谈判，虽然团队英语基础较好，但是仍然对全英文的谈判感到吃力，有压力就有动力。在我的倡导下，公司的党员活动都采用全英语发言，公司形成了学英语、用英语的氛围，大家的英语水平有了迅速的提高，有的非英语专业同事通过了英语专业八级，还有两名同事熟练掌握英法两种外语。

（三）创新项目投资模式

中核集团之前的海外矿业项目，主要是采用中方控股并设计建设和运营方式。这种方式适用于海外开发经验丰富的公司，或者海外开发资金雄厚的公司。目前中核集团还需要进一步学习海外开发经验，资金方面也需要更多支持。

纳米比亚的 LH 铀矿，是世界第八大铀矿，是澳大利亚帕拉丁公司的旗舰项目。帕拉丁公司希望该资产能够继续为其上市公司贡献主营收入，同时，该项目也是帕拉丁公司最优质的资产，在全球低成本矿山中排名 19 名，因此，提出中核集团只能参股 12.5%。经过多次谈判，中核集团最终确定参股 25% 股权，项目的运营管理仍然由帕拉丁公司负责，中核集团将派董事参与项目管理，按照参股模式管理 LH 铀矿。该项目开拓了参股成熟优质矿山的新路径，既得到了项目的第一手资料，参与了项目的管理，又节约了人力，学习了海外开发的经验，为后续海外开发打下基础。

四、实施效果

第一，建立一支海外开发的专业团队。由于国际政治经济与市场环境的复杂性，海外开发需要国际化人才。通过海外开发项目与实践，培养了精通国际规则，具有国际化经营管理能力的人才。发挥项目的孵化器作用，建立了有效的人才培养机制，坚持在实践中锻炼培养和积累人才的原则，通过海外项目的实施为新的项目发现、培养人才，逐步形成人才发现、培养、使用的内部循环系统，形成自身的人才“造血”机能。

第二，理顺了海外开发政府审批流程。该项目严格按照海外开发管理的相关规定，进行政府审批，完成了国家发改委、商务部和国家外汇管理局的项目前期报告；国资委、发改委和商务部外管局的项目备案及核准，并完成了国资委境外国有资产产权登记。按期进行商务部的年检、统计。项目团队将政府审批流程形成文件，成为中核集团其他海外开发项目报批的模板。

第三，创新参股海外项目。参股海外项目有效促进海外开发工作的开展，参股的方式可以在短期内达到有效控制项目并获得产品的目的。因为项目公司与股东在经济责任上是完全独立的，因此，参股项目有利于海外开发风险管控。参股项目还可以设定进一步收购或退出机制，可以是进可攻退可守的海外投资策略。

第四，深入了解项目生产经营、管控情况，为后续项目评价和管理提供参考。矿业项目的生产成本是核心秘密，公开的信息报告是无法获取的。通过参股该项目，我们获得第一手的生产、运营管理信息，包括成本数据及其主要影响因素，运营管理中需要处理的各种问题，如政府法律变化、工会组织等对项目运营的影响。这些信息都是以后海外开发的宝贵参考。

第五，投资协议突出未来风险保障，有预见性。我方作为小股东，在协议签署条款上考虑保障我方权益的基础上，还针对该项目的特殊性，增加了如母公司发生债务危机，我方有收购该项目剩余股份的优先选择权等条款，极大地保护了我方利益。后来，项目在 2017 年年初触发了该条款，集团公司领导多次在不同场合表扬该协议签署得有预见性，使我方进退自如，很好地保障了我方的利益。

【案例反思】

领导者需要在生产经营实践的“炼丹炉”中，修炼领导力。

（一）创新是领导力最核心的本质

中核集团之前的海外矿业项目，主要是采用中方控股并设计建设和运营方式。这种方式适用于海外开发经验丰富的公司，或者海外开发资金雄厚的公司。针对中核国际缺乏海外开发经验、资金相对紧张的情况，我们设计了新的项目投资模式，LH 项目的运营管理仍然由帕拉丁公司负责，中核集团将派董事参与项目管理，按照参股模式管理 LH 铀矿。

该项目开拓了参股成熟优质矿山的新路径，既得到了项目的第一手资料，参与了项目的管理，又节约了人力，学习海外开发的经验，为后续海外开发打下基础。我深刻地认识到：企业不创新则亡，企业领导人不创新则企业衰。因为我们正面临着一个不断变化的崭新时代，“变则通，通则久”。

（二）在挫折中成长，是快速提升领导力的有效途径

回顾我在海外铀工作的 4 年 5 个月，感慨良多。我刚从事海外铀业务的时候，因大宗产品进入下行周期，2011 年福岛核事故影响日益显现，铀价从 2007 年高点的每磅 138 美元跌落到波谷时的每磅 17 美元，很多铀矿被迫停产。我的大部分时间也花在了处理历史遗留的集团老大难问题。但我感觉，这些充满挫折感的经历，又流汗又流泪，比一直顺风顺水更能让人成长，让人成熟。

处理历史遗留问题的经历，让我在 LH 项目的决策时，时时想着的是从最坏处着眼，避免最坏的结果发生，因而在协议文本的考虑上，优先选择权、随售权、一票否决权等保护性条款是集团有史以来谈得最成功的一次。

（三）拥有开阔的胸襟，不计得失，方能成就大事

曾国藩提出了立德、立功、立言，“三立”为曾国藩带来了“品格、胸怀、格

局、气度”的修养，成为塑造曾国藩领导力的核心途径，其中尤以立德为首。我从刚进入公司时的副总裁，因时任总裁因健康辞职而主持工作次年又任总裁。短短一年多时间里，从副职到正职，虽级别不变，但也是由协助分管到全面负责，让我更能换位思考、负责担当、上下沟通、左右协调。

2017 年 5 月以来，随着中核集团海外板块的调整，中核国际变成更大的平台，我的头衔从总裁变为副总经理，工作范围从铀矿到非洲区的综合开发和整个海外板块的规划发展管理，4 个月来，我也很好地完成角色转换。职务不能给人智慧，因此领导者要不断扩展自己的胸怀，提升自己的品质，才能称职胜任。

（四）定力、耐力和学习力，是形成领导力的坚固基石

在进入中核国际之前，我一直在北京市计委、科工委、能源局、中核集团总部工作，从事的均是偏宏观的工作，而在中核国际工作的 4 年多，做的都是具体而细微的工作，矛盾不能再回避，我就是最后一道防线；要求有较强的专业知识和技能，如矿业、英语、合同文本谈判；要求有可直接执行的而不是模棱两可的基层意见。

几年来的工作实践把我打造成身居一线的领导者，也意识到具体业务执行层面的领导者应该是：有胸怀、有业务知识、有文化底蕴、有人格魅力，不仅善于处理和领导的关系，还要善于激励和团结员工，要有定力、耐力和学习力，才能真正形成影响下属的能力。

人一生经历那么多工作岗位，给人留下的是什么？我认为是透过我们的言谈举止、音容笑貌所传递出的理想信念和价值观，而不是我们所拥有的头衔和物质上的东西。铀矿，这个男人们的传统领域，我想我在这里已经留下自己的品牌形象。今后的路还很长，我将矢志不渝，撸起袖子加油干，为实现“中国梦、中核梦”不懈努力。

【案例点评】

如何提升领导胜任力？

经过探索中核海外铀矿投资之路，中核国际有限公司领导者全面提升胜任力，成为更加成熟的卓越领导者。

第一，在不断学习中提升。学习是指阅读、观察、理解、探索、实验、实践的过程，是人们持续变化的修炼过程。既要提升诸如英语、谈判等新技能，提高智商，又要促进情感与社交能力，提升情商，还要促进价值观的改善和人生观的升

华，提高灵商。

第二，在超越挫折中提升。一般来说，从优秀领导者到卓越领导者，都会有一个独特的“超越过程”。真正优秀的领导者，直面挫折，调整心态，分析局势，创造条件，等待机会，摆脱困境，提高逆商。“这些充满挫折感的经历，流汗又流泪，比一直顺风顺水更能让人成长，让人成熟”。

第三，在团队修炼中提升。在工作中的学习，既要个人自学，又要在团队中学习。团队修炼是在团队中学习，通过共同努力达到共同目标，使学习效果最大化，能在共同努力中受益。

领导者成熟的标志是什么呢？德才兼备。“德”是领导者要有明确的道德自觉，“拥有开阔的胸襟，不计得失，方能成就大事”。“才”是领导者能够驾驭发展局面，“要有定力、耐力和学习力，才能真正形成影响下属的能力”。

每个成熟的领导者会都思考这个问题：一生走过经历多个工作岗位，给人留下的是什么？

高盛的领导力培训

中国投资有限责任公司资产配置部　范　华

【案例描述】

一、相关背景

高盛集团是一家国际领先的投资银行和证券公司，向全球提供广泛的投资、咨询和金融服务，拥有大量的多行业客户，包括私营公司、金融企业、政府机构及个人。我在美国投资银行高盛公司工作了 11 年，这期间高盛从 8 000 人发展到 3 万多人的大型公司；从华尔街最后一家合伙人制度的投资银行到标普 500 指数中具有代表性的上市公司，历经 1998 年新兴市场危机、2001 年高科技泡沫破裂、2008 年全球金融危机。我也从刚出校园的博士生，做到管理 20 多人团队的全球风险模型部的主管，亲身受益于高盛对于员工的领导力培训。离开高盛后加入中投公司和从事非营利的社会活动中，高盛的管理理念对于我的工作取得成效起到了至关重要的作用。

二、困难与挑战

高盛公司作为优秀的投资银行，一直对顶尖大学和商学院的学术有着致命的吸引力，公司内不乏教科书上的知名学者和专家及前政商要员。与这些优秀人才一起工作，压力可想而知，而且不同阶段面临着不同的挑战。刚出校园的新员工需要适应工作的挑战，在学习业务的同时，更需要学会与领导和同事相处；公司内有大量工作需要跨部门协调合作，很多工作是以项目为单位。作为项目经理而不一定是项目成员的直接领导，如何与公司内前、中、后台的员工配合完成任务也是问题。高盛在各个领域都有大量的业界一流的专才，但专才不一定是好的领导。对于新上任的管理者，作为团队领导，如何管理现有团队成员；作为组建新团队的负责人，如何招聘新员工，如何让他们尽快融入团队等，都是不容忽视的问题，高盛有来自世界不同国家和地区、不同文化、不同教育背景、不同工作经历的员工，不只是因为业务的全球化，也不是法律监管需求，而是管理层意识到多元化可以提供多个视角，让决策少犯错误。而多元化的员工也提出了管理上的挑战。作为女性，作为亚裔，如何被领导和领导他人，是我需要直接面对的问题。

高盛公司从小到大，从美国为主的投行发展到业务遍及全球，从合伙人制度到股东分散的上市公司，成长过程中如何将众多优秀人才凝聚在一起并有机结合、发光发热，领导力培训起到了良好的文化传承作用。

三、探索对策

根据员工不同的发展阶段，高盛为员工设计提供相应的培训课程，重点介绍几个印象深刻的培训。

（一）向上管理

加入公司不久，我在邮箱中收到了“向上管理”的领导力培训邀请，心中奇怪：自己刚进公司，不是应该老老实实被领导吗？在公司工作了几年的同事的极力推荐下，我抱着怀疑的态度报了名。课程有外聘专家讲授，让我茅塞顿开：领导力不是成为领导之后才需要具备的能力，任何人都有影响（领导）他人的需要。作为基层员工，管理“老板”是职业生涯向前发展的第一步。当时印象最深的理念是换位思考：要从老板的角度出发，了解他的沟通方式，适应他的需求。而老板也不是无所不知的或者一成不变的，可以开诚布公，让老板了解自己的特长与习惯，探讨适合双方的沟通方式。同学们在公司内的经验分享，更使我受益匪浅。我意识到自己的误区，不该像在校学习时等着老师布置作业，按时交作业，做对了就能取得好成绩。而是应该积极主动，要及时汇报进程，管理老板的预期，碰到解决不了的困难，请老板调配资源来解决。除了完成老板交代的工作外，可以主动要求新的工作或者提出对于团队有帮助的工作建议，得到老板认可后再去实施。

除了直接老板以外，要在公司内得到认可，还应该全方位地扩大影响力，包括客户、同事、老板的老板等。高盛每年的绩效考核是基于个人业绩和 360 度的打分来决定的。所以，每个员工是推销自己的第一责任人，应该尽可能地让大家了解自己的工作和贡献。

参加了这次培训以后，我的绩效有了显著提升。

（二）项目管理

很快，我有了管理项目的责任，需要协调其他团队的员工共同完成任务。“项目管理”的课程又及时地给我指点迷津。我了解到要完成一个项目，需要先明确相关方（stake holders），也就是对于这个项目有影响力的关键人：通常包括直接老板、老板的老板、客户、支持团队、执行成员等，分析每个关键人的立场并试图说服他们，争取到他们的支持和参与，商定项目的执行方案和时间计划并得到关键人的认可，推进项目，及时汇报项目进展及计划更新，遇到阻力时向上级汇报，争取解决方案，项目完成后让各关键人知晓，给予参与各方应有的认可。

这次培训更正了我的另外一个误区：原以为向领导求助是能力不足的表现，同事分享了一个例子说明领导希望听到及时汇报，因为可以及早发现问题、解决问题；同时，领导同样喜欢被需要的感觉。

（三）新经理培训

少数人天生具备领导才能，部分人经过多年的实践和摸索，可以悟出领导之道。高盛相信通过培训可以让多数新晋管理者尽快适应角色，少走弯路。

成功管理项目后，我被提升为纽约团队的负责人，直接管理 8 名员工。“新经理培训”拓宽了我的视野，让我认识到自己的优势在于以身作则、善于倾听，需要加强授权和反馈。作为管理者的主要任务不再是事事亲力亲为、追求完美，而更多的是吸引并团结优秀人才，激励大家发挥潜力，为团队解决问题、争取资源，带领团队取得成绩。管理者的最高境界不是自己忙得不可开交，而是让团队忙起来，自己去考虑更重要的事情。当团队能干了，自己闲下来的时候，就是为晋升上一级工作做好了准备。

提职是最能反映公司对员工的行为导向的措施。高盛在晋升制度上非常审慎。我印象深刻的是一位合伙人在课上的分享：“很多人会抱怨自己的业务能力出色却没有被及时提职，而忽略了提升自身的影响力。作为高层领导，提拔干部时要考虑你是否能够为大家解决问题是否有威信。如果你的影响力到了那个程度，晋升会自然而然、顺理成章，而那个时候晋升与否的区别已经不大了。”领导力不是别人可以任命的，而是自身努力得来的。

（四）招聘培训

成为团队负责人的另一个新任务是招聘，并需要招聘 5 名新员工，从校园招聘到社会招聘都有。虽然有高盛的金字招牌和优厚薪酬，招聘听起来应该非常容易，但是想招到优秀的并且能够融入团队的人才并不是那么轻而易举——我的前任就一直没能补上空编。我分析了团队的需要和员工的来源，把重点放在几所一流大学上，通过校友网络和专业团体网络有针对性地发布了招聘广告。

在关于招聘的培训中，我学习到：面试是雇主挑选员工的重要手段，不仅需要了解候选人的专业知识和技能等硬实力，还需要发现性格特点、价值观、职业发展计划等是否与我们能提供的岗位匹配。面试的时候可以允许因为没有研究回答不出某些问题，但简历上写的，或是宣称精通的内容如果答错则不能被接受。因为这反映的是诚信或者候选人的自我认知问题。容易忽视的是面试也是向潜在员工推销公司的窗口，专业的表现、公平公正的态度为之后吸引到顶尖的员工和树立公司形象都能起到潜移默化的作用。高盛的领导常常强调，“声誉”是公司或个人的重要资产，它需要很多努力才能建立，但一不小心就会毁于一旦。

除了面试，我们还会请候选人提供证人，多角度地了解候选人。调查时要注意区分事实和评价，事实部分通常可以验证候选人是否诚实，有没有夸大个人成绩，而评价要辩证看待，虽然我接触的证人鉴于自身声誉多数会提供客观公正的评价。

对于顶尖人才，华尔街常常出现多家机构争抢的现象。说服候选人加入可以从多方面入手，但切忌过度承诺。特别是承诺不能兑现的事，员工加入后发现与真相的落差会直接导致跳槽。站在候选人的角度上客观分析岗位的优缺点和职业发展路径，是最为明智的选择。

（五）女性领导力培训

多元化提高公司的决策力，提供更广的视角，少犯错误。高盛非常重视女性领导的培养，定期给不同层级开展领导力培训课程。这些课程帮助我了解了两性员工思维模式、行为模式的差异，有助于我在工作中扬长避短。学习后，我在工作中会更自信地发表意见，也更习惯于为团队、为自己推广工作成果，争取资源和利益。在与不同背景的员工沟通时，可以更快地认识到他们的特点，交流更为顺畅。

公司还设有女员工网络，经常组织联谊活动，邀请公司内外的女性领导者分享自身的职业发展经历，为年轻员工提供榜样。2015 年，我有幸受邀与高盛香港的董事、总经理一级的高管（MD）及员工进行了一次座谈。

除了以上提到的培训课程外，公司还提供新员工培训，让新入职的员工尽快了解公司组织架构和规章制度，进行有效沟通，加强沟通效率，避免误会。讲究谈判技巧，包括与交易对手、客户的谈判，也包括与领导和同事的沟通合作；开展“导师制”，为员工提供非业务岗位的老员工言传身教等。这些课程深受员工欢迎，是大家走上工作岗位后的继续学习，大大提升了员工的软实力。

四、实施效果

高盛公司作为一家历史悠久的投资银行，近 30 年来业绩蒸蒸日上。它不是华尔街人数最多的机构，不是营业额最多的银行，也常常不是最先尝试新业务、进入新地区的机构，但它是最赚钱的公司，人均利润、人均收入都是金融界最高的，有些年份几乎领先第二名两倍。

高盛为全球金融界乃至商界、政界输送了大量的领导人才。在其他机构，一位优秀领导对于公司的成败起着至关重要的作用，例如杰米·戴蒙德（Jamie Diamond）离开花旗银行，加入 JP 摩根（JP Morgan），造就了两家银行的此消彼长。高盛同样经历了多次领导人的更迭，但是华尔街银行分析师从不担心高盛后继无人，因为后备干部队伍强大，一位离开会有四五位候选人可以马上顶上。

加入中投公司后，我有幸在工作中接触了大量的各国政府领导、优秀资产管理公司管理层和组合经理、顶尖对冲基金/私募基金管理人、上市公司/投资银行高管，前高盛员工占比之高远胜于其他任何一家机构。一度有“高盛管理世界”的说法。

离开高盛后，在中投公司的工作中，我一直注重招聘、提拔女员工，为她们的成长发展提供帮助。我所在的部门女员工、女干部的比例是公司前台部门最高的，也是团队最稳定、长期业绩最优的。我带领的绝对收益团队在 2013 年、2014 年获得权威杂志《机构投资者》（*Institutional Investor*）评选的最佳主权财富基金对冲基金投资团队。

在公司外，我经常组织和参与活动，增进职业女性的交流，为年轻女员工出谋划策。2014 年，我被《亚洲投资者》（*Asian Investor*）杂志评为资产管理行业最有影响力的 25 位女性之一。2016 年，荣获对冲基金 100 女性（100 Women in Hedge Fund）授予的年度行业领导力奖。

【案例反思】

我的职业生涯伴随着高盛的发展，离开高盛后又成为高盛和其众多竞争者的客户，纵观高盛公司，深谙其管理的精髓在于以下三个方面。

第一，精英体制，追求卓越。高盛的晋升和薪酬体制是明确的业绩导向，优胜劣汰。虽然 1999 年成为上市公司，公司仍然保留着合伙人的头衔和利润分配制度。但是合伙人资格不是终身制，一旦业绩下降，会有巨大压力甚至退出。高盛的合伙人比例大致是员工总数的1%，这种有进有出的机制给予公司内的年轻有识之士努力奋斗的目标。在追求专业能力卓越的同时，公司通过领导力培训课程追求管理水平的卓越。

第二，团队意识，合作共赢。年度360度绩效评估和广泛征求意见的合伙人/MD评选制度给出了明确的团队合作导向，大家首先追求将公司的整体蛋糕做大，而不是内耗在部门间的相对份额上。

第三，长期公平，多元文化。高盛强调追求长期利益，这是相对于其他华尔街投行的竞争优势。提职和薪酬很难做到短期的公平，但长期公平是努力的方向。多元化的平台不断吸引着来自不同背景的优秀人才，让他们在这里发挥才能，不断成长；又不断地将大量领导人才输送到政界、商界，为社会的发展添砖加瓦。高盛人力资源部说过，"我们不需要付华尔街最高的工资，因为我们的平台可以提供最好的长期回报和职业发展。"

希望高盛的领导力培训和管理理念能够作为更多的机构学习借鉴的案例。

【案例点评】

如何提升领导胜任力？

从高盛公司的领导力培训这个案例来看，通过领导力培训促进自觉领导，可以有效提升领导胜任力。

第一，从理论培训到领导自觉。很多人认为，领导力是高层领导的专利。高盛的领导实践纠正了这个"迷思"：领导力不是成为领导之后才需要具备的能力，任何人都有影响（领导）他人的需要。基层员工要向上领导，学会换位思考，要从老板的角度出发，适应老板领导风格，积极支持老板；同时，向老板推荐自己，赢得重视，争取机会。高盛公司的领导力培训注重针对性和实用性，在恰当的时期推出项目管理、新经理培训、招聘培训和女性领导力培训等培训项目，及时告诉领导者如何开展领导工作。这种领导力培训，能够有效促进领导者在理论上"自觉"，克服错误思维。

第二，从领导自觉到自觉领导。经过培训之后，领导者可以在理论指导下进行"自觉"的领导。例如，作者不仅在公司内加强团队建设，选拔和培养下属，全面提高领导力，而且在公司外，经常组织和参与活动，增进职业女性的交流，为年轻女员工出谋划策，扩大影响力。自觉领导，不仅能够提升组织业绩，而且能够培养更多的组织领导干部，提升组织的适应力与影响力。

案例四

为宁夏空间规划改革试点
提供科学政策法规保障机制

宁夏回族自治区供销社　俞学虹

【案例描述】

一、相关背景

党的十八大以来，中央将空间规划改革作为推进生态文明建设的重要抓手。党的十八大报告提出“大力推进生态文明建设，优化国土空间开发格局”。党的十八届三中全会通过的《中共中央关于全面深化改革若干重大问题的决定》指出：“通过建立空间规划体系，划定生产、生活、生态空间开发管制界限，落实用途管制。”

习近平总书记在2013年12月召开的中央城镇化工作会议上指出“建立空间规划体系，推进规划体制改革，加快规划立法工作”。2014年中央经济工作会议提出“加快规划体制改革，健全空间规划体系，积极推进市县‘多规合一’”。

2015年4月25日《中共中央国务院〈关于加强推进生态文明建设的意见〉》“要坚定不移地实施主体功能区战略，健全空间规划体系，科学合理布局和整治生产空间、生活空间、生态空间。推进市县落实主体功能定位，推动经济社会发展、城乡、土地利用、生态环境保护等规划‘多规合一’，形成一个市县一本规划、一张蓝图。”

2015年9月21日《中共中央国务院关于印发〈生态文明体制改革总体方案〉

的通知》提出“构建以空间治理和空间结构优化为主要内容，全国统一、相互衔接、分级管理的空间规划体系。整合目前各部门分头编制的各类空间性规划，编制统一的空间规划，实现规划全覆盖”。

为贯彻中央精神，2013 年我区编制了《宁夏空间发展战略规划》，2014 年在全国第一个以省为单位开展“多规合一”工作。2015 年 5 月，中央认为“宁夏编制《宁夏空间发展战略规划》，开展‘多规合一’走在了全国前列，支持宁夏开展全国性试点。”8 月，自治区起草《宁夏回族自治区空间规划（多规合一）试点方案》。12 月，中央改革办要求“尽快将试点方案以书面形式报中央改革办，争取纳入国家改革试点大盘子”。2016 年 4 月，中央深改组第 23 次会议审议通过《中央全面深化改革领导小组办公室〈关于同意宁夏回族自治区开展省级空间规划（多规合一）试点〉的通知》，同意宁夏开展试点。5 月下旬，自治区人民政府第 65 次政府常务会议、自治区全面深化改革领导小组第 13 次全体会议审议通过了《宁夏回族自治区空间规划（多规合一）改革试点工作实施方案》；6 月 20 日，自治区党委办公厅、自治区政府办公厅印发《宁夏回族自治区空间规划（多规合一）改革试点工作实施方案》，自治区召开了推进大会，拉开了空间规划（多规合一）（以下简称“空间规划”）改革试点的大幕。

自治区党委、政府高度重视试点工作，成立了由自治区党政一把手任组长，党委、政府负责同志为成员的试点工作领导小组。领导小组下设办公室，自治区政府分管领导任办公室主任。办公室下设了发展战略组、规划编制组、信息平台组、行政审批组、政策法规组和综合协调组六个工作组。按照中央的要求，试点期限为一年。为了确保试点工作的顺利进行，各工作组都明确了职责任务，从部门抽调人员组成工作组开展工作。

2016 年，我在自治区党委政研室工作。组织上经过慎重考虑，让我担任政策法规组组长，我因此有幸参加此项工作并成为六个组长中唯一的女性组长。按照中央试点方案的要求，政策法规组的主要任务是为空间规划的实施提供科学政策法规保障机制：一是围绕建立生态补偿、差异化考核、问责追责和拆除违法违规建设四大机制制定出台四个政策性文件；二是制定《宁夏空间规划条例》；三是梳理与空间规划相关的法律法规并汇集成册；四是提出需要报请全国人大、国务院和国家有关部委调整的法律法规等。我虽然长期从事政研工作，在调查研究和重要文件起草方面有一点经验和积累，但面对综合性、战略性、宏观性和实践性都非常强的政策法规工作任务，我深深地感到责任重大，肩上的担子沉甸甸的。

二、困难与挑战

接受任务之后，我心里没底，精神压力很大。

第一，这是一个新课题。空间规划在一些发达国家比如德国、英国等历史悠久，而在我国则是近几年特别是党的十八届三中全会后作为一项改革任务逐步提上议事日程。从全国来看，从中央到地方在空间规划政策法规保障建设方面可供效仿参考的模式范例和学习借鉴的经验做法不多。近年来，宁夏在推进空间规划方面做了一些事情，但仅仅是一种基础性、轮廓性、低层次的探索。由于是新课题，社会各界的关注不够，许多同志对于空间规划的基本知识、理论基础、技术线路、推进路径等比较陌生。尤其是政策法规组的同志，大多是初次接触空间规划，空间规划究竟需要什么样的制度框架、政策措施和法律法规，大家了解不多，认识不深，思路不宽。

第二，中央要求高。对宁夏空间规划试点，中央深改组寄予了殷切的期望，提出了试点要“提供可复制、可推广的改革经验”。政策法规组的工作，是空间规划试点工作的重要组成部分，自治区领导指示我们要高起点、高标准、高质量做好工作，在提供可复制、可推广经验方面有大作为、大突破，切实制定出具有宁夏特色的空间规划政策法规保障机制。

第三，涉及领域多。宁夏空间规划整合了经济社会发展规划、土地利用总体规划、城乡建设规划、林业规划、水利规划、环境保护规划和交通运输规划七类规划。涉及发改、国土、住建、林业、水利、环保、交通和财政、税务、商务、编办、信建办、规划办等十几个部门。试点覆盖 5 个地级市，同时又选择了 5 个县。政策法规工作头绪多而杂，涉及领域宽而广，如果得不到地市、县和相关部门的积极配合和大力支持，工作任务就难以完成。

第四，力量比较弱。政策法规工作对人员的政策理论素养、法律法规知识、思考思维方式、文字表达水平和组织协调沟通能力等的要求比较高。而组员是临时抽调的，有 6 名。有的来自基层，有的来自区直部门；有的刚进入公务员队伍，有的长期从事具体工作；有的对业务工作认知多，对综合性的问题了解少。多数同志没有进行重大问题调查研究和重要文件起草的经历，普遍感到困难多、难度大，思想包袱比较重。

三、探索对策

（一）建立工作制度

鉴于试点和政策法规组的特殊性，我经过慎重考虑并征求了大家的意见，建立了学习制度、信息报送制度、会议记录制度、大事记录制度、文稿签发制度、文件传阅制度、资料保存制度、请销假制度等，并确定专人负责这些制度的执行；同时，对我们组的任务进行了认真梳理思考，着眼于统筹政策文件的出台和法律法规制度的制定，我把工作任务细化为 6 个专题，根据每人的特长、经历和从事的工作，将 6 个专题分工到人，实行从专题研究到文稿起草的全程负责。同时，提出按照开展调查研究，撰写调查报告，在调查报告的基础上归纳提炼政策文件和法律法规制度初稿，反复讨论并广泛征求意见，形成文稿提交自治区领导审定等规程推进工作的总体思路，并在每一个工作节点上都确定了时限要求，严格按时限要求一步一步推进工作。

（二）强化学习武装

多次组织学习《中共中央关于全面深化改革若干重大问题的决定》《关于加快生态文明建设的意见》《生态文明建设目标评论评价考核办法》和习近平总书记关于生态文明建设的科学论述；召开专门会议深入讨论《宁夏推进空间规划试点方案》和自治区领导推进空间规划试点的讲话精神，学习空间规划的理论知识；通过查阅有关资料、向有关研究机构和研究人员学习请教等方式，将我们掌握了解的关于空间规划方面的基本理论知识编写了研究学习资料；积极协调中央深改办收集整理了海南省、厦门市、浙江省开化县等推进多规合一的经验交流材料，一方面供组里的同志研究探讨，另一方面也为其他 5 个组提供了宝贵的学习资料。通过学习，深化了对中央和自治区加强生态文明建设和推进空间规划的理解，掌握了空间规划基础理论知识，统一了思想，提高了认识。

（三）开展调查研究

没有调查就没有发言权，更没有决策权。调查研究是谋事之基，成事之道。政策文件的制定和法律法规制度的出台，都必须要建立在调查研究的基础上。为了确保工作质量，我两次亲自带队先后到自治区 5 个地市和 5 个试点县围绕政策法规机制建设进行了为期一个多月的调查研究，深入基层了解情况，发现问题，听取意见建议，掌握第一手资料；两次亲自带队分赴浙江省、贵州省、四川省、厦门市等进行了为期半个月的学习考察调研，学习好经验好做法，努力拓宽视野，拓展思路；亲自主持召开由发改、国土、住建、林业、水利、环保和交通等部门参加的工作座谈会 6 次，共同讨论交流，积极探寻良方妙策。

（四）广泛征求意见

始终把征求意见的过程作为一次学习的过程，一次交流沟通思想、认识和看法的过程，一次完善思路的过程，一次提高工作质量和工作水平的过程。认真听取本组同志的意见，将在调查报告的基础上归纳提炼出的政策文件和法律法规制度先在组内认真讨论，反复研究，不断修改；认真听取其他5个工作组的意见，组织召开文稿征求意见会议，虚心学习求教；认真听取发改、国土、住建、林业、水利、环保、交通和财政、税务、商务、规划办、编办、信建办等相关部门意见。对征求到的意见，认真分析研究，充分吸收采纳，给予我们以新的启发、新的收获、新的进步。

在整体工作推进中，我注重解决好一些实际问题。一是在紧张的工作中专门挤出一定的时间加强政策法律基本理论知识和业务知识的学习，通过各种渠道收集了国内外、区内外关于空间规划和法律法规等方面的资料深入研读，认真分析研究与空间规划相关的58部法律法规规章文件等，寻找规律性的东西，与负责法规专题研究的同志对梳理整理出的近900条法条规定等进行了逐条的归纳提炼。二是定期召开情况通报会，通报近期工作进展情况，安排好下一阶段的工作。三是组织召开工作座谈会、征求意见会、文稿讨论修改会，协调自治区相关部门配合支持组里的各项工作。四是对组里形成的每篇调查报告、考察报告、学习报告等都严格要求，认真提出修改意见、讲解要领，帮助厘清思路，有的调研报告数易其稿；对于起草的政策文件和规章制度等，我主要是议定类型、谋划架构、清晰脉络、确立内容。文稿基本成熟后，我亲自把关，逐字逐句逐条分析研究推敲，一个标点都不放过，反反复复修改完善，不敢有丝毫的懈怠，力求做到尽善尽美、精益求精。

四、实施效果

在中央深改组的精心指导下，在自治区党委、政府的坚强领导下，在领导小组办公室的组织推动下，在各个工作小组和自治区有关部门的积极配合支持下，经过全组同志半年多的共同努力，到2017年2月中旬，工作取得了实质性成果。

第一，编辑出版了《空间规划（多规合一）试点相关法律法规摘编》。该书整理收集了与经济社会发展规划、土地利用总体规划、城乡规划、林业规划、水利规划、环境保护规划和交通等基础设施7类规划相关的法律法规58部、国务院规范性文件1份，梳理相关法条868条、文件规定13条。在梳理的基础上围绕规划分类、与其他规划的关系、规划期限、规划编制、规划审批、规划实施、规划修改、规划监督、法律责任9大基本要素，从相关法条（规定）中摘录要素法条，提炼要素内容，还收录了与空间规划相关的名词解释30多个。中央深改办、自治区领导对该书给予了很高的评价。

第二，形成了7篇调研报告。分别是《关于建立空间规划差异化考核机制的思考》《优化产业布局，建立生态补偿机制的调研报告》《关于空间规划问责机制的调研报告》《拆除违法违规建设，确保空间规划实施》《空间规划怎么“合”》《空间规划需要把握好的几个问题》《赴浙江、贵州、四川和厦门四省市学习考察报告》。注重研究成果的宣传转化，先后在《宁夏工作研究》等刊物发表调研文章10多篇。

第三，报送了3份政策文件。《关于拆除违法违规建设的指导意见》报送领导小组办公室，自治区领导批转住建等部门推动落实；《关于空间规划差异化考核实施意见》，自治区领导批转规划办组织实施。经与自治区效能目标考核办多次协调沟通，空间规划差异化考核纳入自治区效能目标考核体系；《建立生态补偿机制的意见》是政策文件中分量最重的，文稿多次讨论后，针对个性化问题，又用了一周多的时间到自治区10多个部门和部分地市、县再次征求意见，经修改完善后报送自治区领导；《空间规划问责办法》，已经形成了文件初稿，但由于中央和自治区出台的生态文明建设考核问责办法中涉及空间规划的问责，经我们与自治区纪委、组织部等协调沟通后，报自治区领导同意，暂不出台问责办法。

第四，形成了《宁夏空间规划条例》（审议稿）。针对《宁夏空间规划条例》（审议稿），先后召开各种征求意见会近10次，形成了审议稿，待自治区政府常务会议通过后报送自治区人大。后期将与自治区人大法工委、法制办等部门通力合作，协同完成；需要全国人大、国务院和自治区调整的法律法规规章等，也按相关规定和程序有条不紊推进。

第五，能力水平得到了提升。半年多来，组里的6位同志围绕着确定的专题开展不间断的学习研究，完成了承担的工作任务。半年多的“急行军”和工作能力的“硬提高”，使每位同志都经受住了考验，战胜了挑战，顶住了压力，思维方式、工作方法、认识水平、敬业精神有了新的提升，都获得了一份沉甸甸的成绩报告单，为在新的起点上发展进步打下了坚实的基础。

【案例反思】

2017年2月下旬，组织任命我到自治区供销社工作。8月29日，中央深改组第三十二次会议指出，党中央授权宁夏回族自治区开展“多规合一”试点以来，探索了一批可复制可推广的经验做法。我虽然没有全程参与改革试点，但半年多工作实践，给我留下了深刻的印象，给予了我几许的感悟、认识和体会。

（一）要勇于把握大势

时代在发展，环境在变化，使命在召唤。作为党员领导干部，要心中有党，心中有责，善于把自身的工作放在党中央治国理政新理念新思想新战略的大格局中去思考、去谋划、去推进、去实践，围绕中心，服务大局。空间规划试点，是中央深改组交给宁夏的一项重要的改革任务，也是一项重大的政治任务。作为一名领导干部要有政治意识、大局意识，要善于研究解决新形势下改革发展中出现的新情况新问题，积极进取，主动作为，完成使命。

（二）要敢于担当重任

作为一名女性领导干部，要时刻铭记在心，努力做一名勇于担当、善于担当、能够担当的女性领导干部。要敢于承担重任，敢于直面矛盾问题，不畏惧风险。要大胆履职，科学尽责，对于组织交给的工作任务，不管困难有多大，压力有多重，再苦再累再难，都要义无反顾，勇往直前。政策法规组的工作，如果缺少了担当的精神，缺少了责任感，就会失去一次在完成急难险重任务方面的锤炼，就会错过一次提升领导能力和领导水平的大好机遇。

（三）要善于科学决策

决策是领导力的核心和基础，是领导行为的关键。科学决策是事业成功的重要前提，只有决策正确才能做到目标明确、方法得当、措施有力、事半功倍。工作中，碰到了许多复杂问题和重大事项，没有简单地“拍脑袋”，搞“主观臆断”和“个人说了算”，而是吃透上情，摸清下情，广开言路，集思广益，找准问题的关键，努力把中央精神和自治区实际结合起来，把群众的智慧、意愿和力量凝聚起来，体现在政策法规保障机制的制定中。科学决策使我们少走了许多弯路，减少了不必要的付出，也赢得了宝贵的工作时间，确保了工作始终向着既定的目标奋进，确保了制定的政策规章制度符合中央的精神，符合改革的需要，符合人民的意愿。

（四）要勤于学习提高

打铁还需自身硬。作为一名女性领导干部一定要牢固树立终身学习的理念，活到老、学到老。只有勤于学习，才能赶上时代发展的要求，才能顺应社会发展的大势，才能提高工作的主动性、预见性和科学性；只有勤于学习，胸襟才能更宽广，视野才能更开阔，境界才能更高远，才能避免能力不足、本领恐慌、素质下降，才能持续不断提高领导力，为党和人民做更多更好的事情。

【案例点评】

如何提升领导胜任力?

在信息社会，领导胜任力的核心是学习力。提升学习力，才能不断提升领导胜任力。

第一，向上级学，学习党和国家大政方针，学习中央文件、理解中央精神是最重要的学习任务。经过改革开放以来的长期努力，我国形成了完备的公共政策制定的体制机制。一般来说，党中央、国务院制定的政策和下发的文件，都是多次实验、反复酝酿、比较成熟的。领导干部制定战略和政策，首先要认真学习和领会中央精神。例如，在制定《宁夏空间规划条例》的过程中，深入学习中央《中共中央关于全面深化改革若干重大问题的决定》《关于加快生态文明建设的意见》《生态文明建设目标评论评价考核办法》和习近平总书记关于生态文明建设的科学论述。

第二，向下级学，深入基层，加强调查研究。调查研究是最为基本的学习能力。没有调查就没有发言权，更没有决策权。调查研究是谋事之基，成事之道。只有深入基层了解情况，发现问题，听取意见建议，掌握第一手资料，才能制定出“接地气”的公共政策。

案例五

探索高技能人才“一观四力”成长模型

中航工业成都凯天电子股份有限公司　陈铁燕

【案例描述】

一、相关背景

成都凯天电子股份有限公司是中国航空工业集团所属成员单位（以下简称“航空工业凯天”），是我国研究和生产飞机用大气数据系统、飞行集成数据系统、起落架收放控制系统等航空电子设备的专业公司，以为国防现代化建设提供优质产品为首要任务。

因此，培养高素质的人才队伍以满足保军强军的发展需要，是公司党委的首要任务，是公司党建工作的重要抓手，也是检验公司党建和思想政治工作成效的重要工作。面对繁重的型号研制生产任务，面对企业转型升级对优秀人才的需要，公司必须加强“技术、技能、管理”三支人才队伍建设。

我从2005年开始主管公司人力资源工作，2012年任公司党委书记后仍然分管此项工作。10年来指导和推动了公司的人才队伍建设工作，特别是针对高技能人才队伍的建设，培养“大国工匠”，在创新体制机制做了一些探索，取得了一些成绩。

第一，企业顺势而为与自身发展现实需求的有效结合。高技能人才是企业人才队伍的重要组成部分，在提高企业竞争力、推动企业技术创新和科技成果转化等方面具有不可替代的重要作用。高技能人才包括身怀绝技、技艺精湛的能工巧匠，包括技术技能型、复合技能型人才，是技能人才队伍的核心骨干。按职业技能等级划分，高技能人才就是有高级工程师和高级技师资格的技术能手。

第二，贯彻落实“人才强国”战略的具体体现。技能人才是人才队伍的重要组成部分。中央组织部、人力资源社会保障部发布《高技能人才队伍建设中长期规划（2010—2020 年）》，这是中国第一个高技能人才队伍建设中长期规划，为高技能人才的成长谋划了更为广阔的空间。加强技能人才队伍建设，是贯彻落实“人才强国”战略的具体体现。以提升职业素质和职业技能为核心，以技师和高级技师为重点，打造一支门类齐全、技艺精湛的高技能人才队伍。这是增强我国核心竞争力和自主创新能力、建设创新型国家的重要举措。我国要从“制造大国”转向“制造强国”，离不开一支数量庞大、技艺高超的技能人才队伍。航空工业凯天隶属关系国防安全的战略型中央企业，打造优秀的技能人才队伍是自身义不容辞的责任和义务。

第三，贯彻落实航空工业集团发展战略的必然要求。航空工业是国家的战略性产业。航空工业集团承担着国家重点型号武器装备研制生产任务，“高级管理人才、尖端科技人才、高技能人才”是航空工业承载国家任务的重要人力资源保证，而其中之一的“高级技能人才”，这支队伍的素质直接关系着产品的质量和服务。要以提升职业素养和职业技能为核心，加强技能人才梯队建设和岗位实践培训，培养一支高素质的“大国工匠”。加强技能人才队伍建设，是航空工业凯天贯彻落实中航工业集团公司发展战略的必然要求。这 10 年是航空工业发展的重要战略机遇期，重点型号研制任务繁重，产品生产技术难度大，“新材料、新设备、新工艺、新方法”应用广泛，对技能人才的综合素质、技能水平和整体能力都提出了新的、更高的要求。高技能人才是技能人员队伍中的核心骨干，其素质的不断提高、数量的迅速增长、作用的充分发挥，必将影响和带动技能人才整体素质的提升。因此，培养起一批领军型的技能专家和生产一线的高技能人才，发挥其引领和支撑作用，是一项十分重要的任务。

第四，企业实现转型升级跨越发展的迫切需要。加强技能人才队伍建设，是航空工业凯天实现转型升级跨越发展的迫切需要。航空工业被喻为“工业之花”，制造技术有“高、精、尖”的特点，不仅需要掌握核心技术的科研设计人员，还迫切需要一支掌握现代生产制造技术和具有航空特色的技能人才队伍。无论是科技成果转化，还是核心竞争力提升，没有这支队伍，再先进的科学技术和机器设备也很难转化为现实的优良产品。

二、探索对策

（一）高技能人才“一观四力”成长模型的基本内涵

在 2005 年，航空工业凯天立足于夯实公司核心能力，全面提升技能人员的综合素质，在对现有技能人员现状进行统计分析的基础上，制定了技能人才培养规划，并排除一切阻力大力推进。逐步形成了基于价值观的“一观四力”成长模型高技能人才培养模式。

成长模型建立在价值观的基础上，通过牵引力、内生力、加速力、创造力，相互协同，成就高技能人才队伍建设。

第一，价值观认同是建队伍的核心。“保军强军”是军工属性的航空工业首要的政治任务，提供优良的武器装备是“军工人”的天职。航空企业就是用航空产业报国，“航空报国，强军富民”是所有航空人的使命，是航空人的基本价值观。神圣的使命、共同的追求、光荣的职责、深厚的航空文化、强烈的文化认同将航空人紧密联系在一起，这是人才建设的基础。

因此，要建队伍，首先要塑造文化。航空工业凯天坚持开展学习型企业创建活动，通过自我超越、改善心智模式、建立共同愿景、团队学习和系统思考的“五项修炼”，打造学习型组织，增强企业的学习能力、创新能力，从而增强企业核心竞争力。每年举行 2 次全体员工（2 000 人）参加的升旗仪式，举行“爱国、爱党、爱岗”教育，并表彰公司的优秀团队和个人。举行“航空年”活动，围绕公司的中心工作，结合创新发展实际，大力弘扬企业核心价值观。公司开展了“忆六十载航空奋斗史　谱新时代蓝天腾飞曲”主题教育活动，通过开展国际国内形势报告、航空史专题讲座、主题征文、专刊专栏、老照片征集展示，观看《当代中国航空工业》《歼 10 出击》《吴大观》等影视片和专题报告等丰富多彩的活动，宣传和展示新中国航空工业发展取得的成就，进一步激发了各级领导和广大员工投身航空事业的激情和干劲。

第二，发挥组织的牵引力。企业作为高技能人才成长的基本场所，在高技能人才的培养中起着决定性的作用。企业文化、规章制度、薪酬体系、激励措施等企业的方方面面，都从不同角度、不同程度影响着高技能人才的成长。一是创新培训机制，加强内外结合、上下联动，注重理论提升，突出专业技能、复合交叉迭代，基本实现了 1 年打基础，3 年见成效，6 年上台阶的目标。二是大力推进职业鉴定机制，按照目标明晰、分级管理的工作思路，强化职业鉴定工作，促进高技能人才素质提升。三是完善薪酬机制，考核透明，等级挂钩，岗位激励，动态管理，充分调动技能人员学技术、练技能的热情。四是优化招聘机制，立足当前，兼顾长远，严把入口，择优录用，确保整体素质加速升级。

第三，挖掘个人的内生力。影响事物变化的一是外因，二是内因，内因起着根本性的作用。个人的积极性和主动性是高技能人才成长的内因。因此，没有个体的自觉和努力，技能的传承和提高、技能人才队伍规模和结构的改善将无从谈起。航空工业凯天通过强有力的思想政治工作和有效管理创新工作等相关的各种措施，使技能学习、技能成长从“要我做”转变为“我要做”，激发了员工个人成长的动力。

第四，用好团队的加速力，挖掘个人的内生力。有了组织的牵引力，个人也有了愿意成长的主动性，但如何加速高技能人才的成长呢？和谐团队、专业培训、技能练兵与竞赛等均是高技能人才进步的催化剂，加速着其成长。航空工业凯天通过强化措施，加速健全人才成长机制，以培训打基础，以竞赛增见识，以岗位强技能，以专业促融合，推动了高技能复合型人才团队的发展壮大。

第五，激发个人的创造力。在正确的价值观引领下，牵引力、内生力、加速力三力共同作用，激发出了个人的创造力。有创造才能发展，有创造才能进步，个人的能力显示其创造力，个人的创造力限制着其成长的空间大小，预示着其取得成绩的好与坏、多与少。

近年来，航空工业凯天不断强化优化内部管理激励机制，通过内化于心、外化于行、固化于制，开展多层次的职业技能竞赛活动，积极疏通高技能人才成长通道，掀起了浓厚的技术革新、合理化建议活动热潮，通过标杆引路，带出队伍，形成合力，比学赶帮，大力打造技能带头人队伍，培养和选拔了一大批优秀技能人才，涌现了一批领军型的技能专家和生产一线的高技能人才，发挥其引领和支撑作用，在行业内外产生了良好影响。

（二）高技能人才“一观四力”成长模型的推行路径

第一，构建有吸引力的薪酬体系，调动技能人员学技术、练技能的热情。一是工资收入与技能等级直接挂钩。公司通过岗位测评，技能岗位按照价值度从一岗到六岗分为 6 个岗等，每个岗等又按照技能人员能力分为初级工、中级工、高级工、技师和高级技师 5 个职级，分别对应职业资格相应等级。技能人员可以通过提升技能等级，直接对应提升岗位职级，实现岗位工资的晋升，达到自我调节的目的。该政策一出台就得到广大技能人员的高度拥护，极大地调动了技能人员参加职业技能鉴定的热情，同时也解决了新老员工之间同工不同酬问题。二是引入竞争，能者入高岗。为保证员工的收入更加科学合理，更加有效地激发员工的工作热情，公司研究决定进行同工种分层定岗试点，将现操作工岗位分为四岗、五岗、六岗 3 个岗等，采用分层定岗考试的方式评价技能水平，竞争上岗，能者上，庸者下，解决多年积压下来的能力、贡献与收入不相匹配问题。

第二，完善技能人才评价机制，进一步加强职业技能鉴定和鉴定质量管理。一是加强职业技能鉴定，科学评价和全面提升技能人才的技能水平。薪酬体制改革将技能人员的技能等级与收入直接挂钩后，技能人员参加技能鉴定的热情空前高涨。在新政策出台前，年均报考人数不到60人，而新政策出台的第一年，报名人数就达到296人。报考人员的大幅度增加给公司一个强有力的信号，“我要学”的思想已在技能人员中形成。公司抓住机会，以职业技能鉴定与培训相结合的方式，开展大规模的培训和考核评价，技能人才成长速度显著提高。2005年至2015年共组织鉴定中级工、高级工、技师和高级技师4个等级1 200余人次，技能人员的80%参加了鉴定，鉴定工种42个，占公司工种的85%，职业技能鉴定已成为公司技能人才评价的主要方式和高技能人才培养平台。二是提高岗证匹配率，正确评价技能人才的综合能力。企业的转型升级和业务构成的变化都会带来技能人员的流动，从而造成原技能等级与实际工作的技能水平不相匹配。公司制定了转岗人员职级确定办法，提高岗证匹配率。三是严格鉴定质量管理，确保职业技能鉴定持续健康开展。公司将职业技能鉴定等级与工资挂钩的依据就是通过鉴定能真实评价技能人员的水平，如果缺乏质量的保证一切都成为空谈。公司拥有行业和地方的职业技能鉴定所（站），在职业技能鉴定过程管理中严把质量关，坚持质量第一的方针，通过严格鉴定申报条件、规范工作流程、加强考务管理、严格考场纪律来确保鉴定质量，使职业资格证书的公信力和含金量得到充分保证。

第三，疏通高技能人才成长通道，打造技能带头人队伍。解除技师、高级技师鉴定限制，畅通高技能人才通道。公司制定了《技师、高级技师聘任管理办法》。该办法提出技师、高级技师鉴定考评与岗位聘任分离，明确只要符合职业技能鉴定报名条件，自愿申报就可参加技师、高级技师职业技能等级鉴定。政策的出台敞开了技师以上高技能人才成长通道，为公司培养、选拔和建立技能带头人队伍奠定了基础。

第四，调整技能人员招聘对象，提高技能人才入口素质。为了满足公司转型升级发展需要，严把人才入口关，操作人员招聘定位在航空类大专院校相关专业。这类院校的大专生有系统的理论教学和基础操作训练，理论基础相对扎实，招录后在工作中经过培训、实践、再培训、再实践的过程，技能水平提高较快，呈现出上手较慢但后劲足的特点，不仅适应公司技术技能型人才培养的需求，员工个人的职业发展也相对较快。

第五，加大培训力度，开辟高技能人才培养途径。一是加强入职教育，培养高技能人才队伍的后备军。公司原采用一对一师带徒模式进行培养，师傅技能的局限性、单一工种的局限性、相对单一的工作对象的局限性造成了新员工的先天不足，培养出来的大多属于单一技能型技能人才，缺乏知识和技能的宽度、广度。为解决以上问题，公司对原培养模式进行调整，设计多师傅和多岗位培养方式，编制详细的多岗位培训计划，在每个岗位都指定师傅并签订师徒合同明确身份和责任，辅以过程管理与考核，新员工得到快速全面成长。二是加强校企合作，大幅提升高技能人才队伍的学历层次。与四川大学、电子科大等高校联合开办“机械设计制造及其自动化”本科班，60多名大专毕业操作人员取得本科毕业证，为高技能人才甚至技能领军人物打下坚实的理论基础。三是充分利用集团技能培训基地，进一步强化高技能人才的培养。近年来，依托集团公司培训基地大量选送各工种高技能人才参加专业培训和综合培训，通过学习交流提高专业技能，开阔工种视野，为各技能工种培养能独当一面的技术能手。

第六，健全和完善技能人才考核制度，促进高技能人才队伍良性发展。一是立足全员考核，建立考核与分配相结合的激励机制。公司制定了《员工绩效考核管理办法》，员工签订年度绩效目标责任书，其中技能人员年度考核采用业绩考核和工作态度行为考核相结合的方法。二是创新高技能人才考核，充分发掘技师、高级技师的作用。公司制定了《技师、高级技师聘任管理办法》和《技师、高级技师聘任考核细则》，对技师、高级技师实现动态管理，从素质与能力、知识贡献、学习与成长、荣誉表彰四个方面进行考核，为科学合理的量化考核技师、高级技师探索了途径。

第七，搭建职业技能竞赛平台，拓宽技能人才成长通道。职业技能竞赛作为技能人才评价的补充不受年龄和等级限制，是高技能人才成长的捷径，因此职业技能竞赛更能激发广大技能人员学技术、钻业务、练技能的热情，大大挖掘技能人才的潜力。公司高度重视职业技能竞赛对高技能人才队伍建设的促进作用，通过各种途径抓好职业技能竞赛工作。

一方面，内部组织部门级、公司级技能竞赛和技术比武活动，培养、发掘和选拔优秀技能人才，选派参加成都市、四川省、集团公司、中央企业和全国总工会组织的各级各类职业技能竞赛。另一方面，改变备赛方式，将以前一人备赛改为团体备赛，由专人拟定训练方案和培训计划，聘请理论和操作指导老师，组织训练设备，解决选手工训矛盾，采用脱产集训方式备赛，让选手达到最佳竞技状态参赛。经充分准备，一大批理论精通、技术过硬、善于创新的高素质技能人才在竞赛中脱颖而出。

三、实施效果

第一，提升了技能。与2005年相比，高技能人才达到技能人员总数的

72.0%，技师以上达到 14.1%。技能人员收入得到大幅提高。技能人员的学历层次结构得到大的改善。其中大专及以上学历的技能人员占技能人员总数的 42.5%，其中本科学历 60 人。公司主要工种岗证匹配率大幅提高，岗证匹配率达到 90%。

第二，赢得了竞赛。近几年公司有 16 名技能人员参加成都市百万职工大赛取得前八名的优异成绩，并破格晋升为技师；其中有 5 人参加四川省职工职业技能大赛取得第一名、第二名、第四名，破格晋升为高级技师，并授予“四川省技术能手”称号，“四川省五一劳动奖章”称号；1 人参加中央企业职工职业技能大赛数控车工决赛获得铜奖，被授予“中央企业技术能手”称号；2 人分别获 IPC2011 年、IPC2012 年“OK 国际杯”手工焊接竞赛西南赛区冠军；2 人在第 42 届世界技能大赛全国选拔赛中进入单项前三名，并入选制造团队挑战赛项目国家代表队集训名单。9 人获集团（国家级）各工种竞赛奖励。3 人享受国务院政府津贴，3 人获“全国技术能手”称号，5 人获“中央企业技术能手”称号。

第三，建立了标杆。2001 年，航空工业集团公司启动了“中航工业首席技能专家”的评选。这是集团公司培养和造就素质精良、技能高超、勇于创新的航空技能带头人队伍的具体举措。全集团从 16 万技能人员中评选出 66 名首席技能专家，其中凯天公司有 3 名高技能人才获评。3 名首席技能专家的培养成果是对凯天多年来重视和培养高技能人才的肯定，对公司进一步推进高技能人才队伍建设起到积极作用，同时也为广大高技能人才树立了标杆。2012 年 7 月，以 3 名首席技能专家领衔，凯天公司组建了首批航空技能专家团队，这是凯天在高技能人才培养中落实“亮出旗帜，带出队伍，形成合力，做出成绩”工作思路的一项举措。

【案例反思】

第一，用好群众工作法。用“从群众中来到群众中去”的群众工作方法指导我们的工作。但凡涉及人员的改革，都是利益的调整，是十分敏感的，可以讲是“牵一发动全身”的。这就需要做大量的基础工作，耐心地与员工沟通，了解并掌握员工的思想和诉求，在此基础上把公司的发展需要与员工的成长需要结合起来设计公司的改革方案。

第二，用好人力资源管理工具。在人才队伍建设方案的设计上，注重用专业的人力资源管理工具，对员工的能力素质进行定量测评，并用工具进行理性分析，根据分析结果对人员分类分层进行培训，取得好的效果。

第三，变革要有定力。在公司战略的引领下，人才队伍建设是持续提升公司核心竞争力的重要抓手，但“十年树木，百年树人”，人员的培养是见效很慢的工作。这就要求我们抓工作要有“功成不必在我，攻坚必须有我”的定力，持续不断推进，久久为功。

【案例点评】

如何培养出大国工匠？大国工匠的胜任标准是什么？

近10年来，成都凯天电子股份有限公司注重培养高技能人才队伍，培养出多位“全国技术能手”和“中央企业技术能手”，积累了丰富的经验，值得借鉴和学习。

第一，要明确高技能人才的德才标准。“一观四力”成长模型建立在正确的“价值观”基础上，通过组织的“牵引力”、团队的“加速力”来挖掘个人的“内生力”，激发个人的“创造力”。德才兼备的核心是“德”——正确的价值观，是“神圣的使命”。

第二，要按照高标准培养高技能人才。有了高技能人才标准，有了成为高技能人才的内在动力，还需要培养高技能人才的制度支持。成都凯天一方面，建立了有吸引力的薪酬体系，完善了技能人才评价机制，疏通了高技能人才成长通道；另一方面，积极招聘优秀技能人才，加大培训力度，加强考核制度，搭建职业技能竞赛平台，让优秀人才脱颖而出。

“十年树木，百年树人。”有了正确的人才胜任标准，有了正确的人才成长路径，人才“森林”会慢慢繁荣起来！

制度领导

邓小平在《党和国家领导制度的改革》中提出了一个意义深远的新命题——制度领导。在这里，“制”就是制止，“度”就是度量。通过制度设计，让监督力量更强大更主动，敢监督、能监督、善监督，让监督对象更弱小更被动，不敢腐、不能腐、不愿腐，从而实现治病救人、导人向善的目的。

第一，加强制度领导，要先“度”后“制”。华电国际进行的“咬耳扯袖”是未病先防，“红脸出汗”是既病防变，其智慧在于先精准度量、研判，然后制止错误行为，及时保护干部。

第二，加强制度领导，要多“度”少“制”。中共湖北省孝感市委建立容错纠错机制，其制度设计的智慧在于既约束“坏人”，让“坏人”变“好人”，更要激励“好人”，要让“好人”更“精神”。

第三，加强制度领导，重点在“度”。中船重工武汉船舶工业公司创新适应企业特点的纪检派驻制度，扭转了廉政工作的被动局面，有效提升了廉政建设效果。

第四，加强制度领导，难点在“制”。中船重工武汉船舶创新适应企业特点的纪检派驻制度，中共辽宁省本溪市委以担当精神推进派驻全覆盖改革，都是强化制度之“制”。反腐倡廉制度之“制”，是刀制，是以上制下、以大制小、以强制弱，是实现制度设计的目的。

案例一

让“咬耳扯袖、红脸出汗”成为常态

华电国际电力股份有限公司 袁亚男

【案例描述】

一、相关背景

2016 年 7 月，根据组织安排，我从中国华电集团公司财务与风险管理部调任华电国际电力股份有限公司纪委书记、工会主席。从资产资本管理到纪检监察工会，管理的领域截然不同，工作的跨度很大。这既是组织对我的信任和激励，也是自己面临的一个新挑战。

华电国际电力股份有限公司自 1994 年成立以来，经历了集中精力上市融资、稳固山东发展、全国性拓展三个具有明显特征的发展阶段。目前，总股本为 98.63 亿股，其中 A 股 81.46 亿股（占 82.59%），H 股 17.17 亿股（占 17.41%），中国华电集团公司作为最大股东，持有 46.2 亿股，占总股本的 46.84%，已发展成为华电集团的核心企业、主要的融资窗口、发展电源项目的主要机构和主力发电企业，先后成立了山东、四川、宁夏、安徽、浙江等 10 个分公司。共拥有 47 家火电企业、43 家水电和风光电企业、8 家煤矿企业，资产总额超过 2 100 亿元。

作为一名纪检战线的新兵，如何准确把握越往后执纪越严的新要求，推动全面从严治党向基层延伸，以良好的政治生态引领健康的发展生态，努力营造风清气正的政治环境，让干净的人有更多干事的机会，让干事的人有更干净的环境，让那些既干净又干事的人能够心无旁骛施展才华、脱颖而出，实现企业和干部的“两个科学发展”；如何让“咬耳扯袖、红脸出汗”成为常态，如何让惩前毖后、治病救人方针落到实处，如何让“严管就是厚爱”得到彰显，这是对我也是新形势下对纪检干部提出的崭新课题。

分析近年来信访举报情况，总体呈现“四高一广”的特点：违反招投标和廉洁纪律的占比高，副处级以上人员占比高，经初核查证不属实的占比高，反映所在单位和人员分布区域广。

二、困难与挑战

让“咬耳扯袖、红脸出汗”成为常态，在情感认同、规范推进、考核评价等方面都存在一定的问题和困难。

2016 年 8 月至 11 月，我利用工作调研的机会，带着问题和思考前往所属宁夏、山东、安徽、广东分公司进行了工作调研。通过调研，我认为主要存在以下三个方面的问题。

第一，在情感认同上，有的纪检干部对“第一种形态”的科学内涵认识上有偏差，情感上认同度不够，觉得都是“老同事”“身边人”，抹不开面子；有的干部职工也觉得又没有多大的事，不好意思“咬耳扯袖、红脸出汗”，对“第一种形态”落小落细落实认识上存在偏差，觉得纪检干部就是“小题大做”，甚至还有的存在“就是找茬、找个人麻烦”的错误认识。

第二，在规范推进上，有的纪检干部觉得这是一个新命题，政策依据、制度依据都没有问题，但是在工作推进上觉得“无从下手”，存在“不会用”。“咬耳扯袖、红脸出汗”的制度体系、工作标准、操作标准零星分散在民主生活会、廉洁谈话等制度中，没有现成体系化制度可以直接拿来运用和实施。

第三，在考核评价上，在工作开展评价上，着力点不清晰，主体责任和监督责任的考核比重无章可循；在考核评价指标的设置上，以谈话开展次数的多少来评价，谈话的效果通过哪些指标来体现，没有规范标准；在考核评价的结果运用上，党风廉政责任制考核结果在评优评先、干部选拔使用诸多领域如何运用没有范例。

通过分析深层次原因，逐步梳理出要把握和认清以下三个方面。

（一）科学把握“第一种形态”的深刻内涵，在转变观念中切实增强情感认同

当纪检监察干部对“第一种形态”认识上有偏差、情感上不认同时，运用的主动性和积极性自然会打折扣。让“咬耳扯袖、红脸出汗”成为常态，强调的是“治未病”，重在防病于未萌、治病于初起。必须深刻地认识到，只有在最大限度上普遍实现了“第一种形态”的“常态”，才会有效地阻止向“极极少数”的蔓

延，既回归了党内关系正常化，又为“惩前毖后、治病救人”探索了新路径，为“不想腐”增创了新举措，体现了对党员干部的爱护、关心、关爱，在管党治党过程中更具基础性和关键性。要努力实现批评和自我批评经常化，真诚坦荡地咬耳扯袖，不断加强自我教育，增强情感认同，努力改变不想用、不敢用、不会用等现状。

（二）科学规范“第一种形态”开展模式，在落小落细落实中促进工作转型

要建立规范性制度体系，研究制定“四种形态”特别是运用“第一种形态”的规范性文件应为首要任务，提出明确具体、可操作性强的工作规范，从小节和细微处切入，把批评教育、提醒、约谈、函询、信访谈话、召开专题民主生活会、通报批评、诫勉谈话等进行程序化和具体化，便于党委主体责任、纪委监督责任履行起来有成熟的模式可套用，有严格的标准可对照。同时，加强培训引导，结合部门党政一把手、分管领导、纪检监察干部的工作特点，有针对性地开展培训，学会找准“对象”、摸清实情，有效“咬耳扯袖、红脸出汗”。

（三）科学制定“第一种形态”推进举措，在检查督促中强化结果运用

首先，要定期研判工作开展情况，探索建立完善监督执纪信息上报制度，及时收集和研判各级党委谈心谈话、批评与自我批评、述职述廉述责等相关信息，实时、准确掌握各部门工作开展、问题发现、整改落实情况等动态信息，指出不足，找准问题，提出建议。其次，要适时监督检查，强化结果运用，实行交叉监督检查，做到定时与不定时检查、明察与暗访有机结合，将“咬耳扯袖、红脸出汗”开展情况纳入党风廉政建设责任制考核，作为评先评优的依据，对工作落实有力者推荐交流、提拔重用；对考核排位靠后者给予诫勉谈话、调离岗位等处理。同时将工作开展情况作为“一案双查”的依据，把落实“咬耳扯袖、红脸出汗”情况，作为是否追究党委主体责任和纪委监督责任的重要依据之一，倒逼各单位抓好落实好“第一种形态”。

三、探索对策

把握运用好“第一种形态”，必须制度先行，从制度层面对谈话提醒的启动条件、程序、谁来谈、谈什么、如何规范记录、如何运用谈话结果等进行规范，为运用“第一种形态”提供明确制度依据。

（一）明确要求，推动谈话提醒制度化

一是制订“谈话计划”。从制度的层面要求各单位每年制订廉政谈话计划，明确各级党委（党组）主要负责人、班子成员按要求开展谈话提醒的计划。二是实行“谈话备案”制度。建立情况报告制度，要求各级在实施谈话提醒后规定工作日内，按照实施谈话提醒方式，向上级纪检监察机关报送谈话记录。三是区分谈话方式。将谈话提醒方式分为提醒谈话、党风廉政建设责任制约谈和诫勉谈话，并将党风廉政建设责任制约谈又分为日常廉洁从业约谈、任前廉洁谈话和廉洁警示约谈。四是落实“四个必谈”。做到任前和退休前必谈，发现苗头性、倾向性问题必谈，群众有不良反映必谈，发生轻违纪问题时必谈，并明确凡对所属党员、干部疏于教育、管理和监督，发现违纪苗头不及时进行谈话提醒，导致发生违纪违法，造成严重后果的，在惩处违纪违法者本人的同时，按照有关处理失职类错误的规定，追究有关党员领导干部的责任。五是完善“谈话记录”。按照开展谈话提醒的不同情形，对提醒谈话、日常廉洁从业谈话、任前廉洁谈话、廉洁警示约谈、诫勉谈话记录进行规范，详细记录每次约谈时间、地点、约谈人、约谈对象和约谈内容等，确保谈话活动有迹可查。

（二）细化标准，确保谈话提醒规范化

一是明确谈话提醒对象。坚持把管人、管钱、管物的重点部门和重要岗位的领导干部及工作人员，作为谈话提醒的重点对象。二是制定负面清单。按照提醒谈话、廉政警示约谈、诫勉谈话三种方式，瞄准“高线”要求，围绕解决一些习以为常、不以为然的作风问题，以及落实上级重大决策不力、不作为、慢作为和轻度违纪等问题，作为启动谈话提醒的情形，使实施谈话提醒有章可循。三是规范谈话提醒内容。区别不同情形，对实施谈话前应了解谈话对象哪些情况、应该谈什么内容、谈话后的要求等内容进行明确，防止谈话提醒流于形式。四是探索界定“咬耳扯袖”“红脸出汗”使用范围。按照“咬耳扯袖”和“红脸出汗”两种类型，将提醒谈话、任前廉政谈话、日常廉政谈话等以提醒、提示为主的一般性谈话列入“咬耳扯袖”范畴；将廉政警示约谈、诫勉谈话等涉及违反规矩和有关规定或者具有轻微违纪情形的问题的谈话列入“红脸出汗”范畴。

（三）把握政策，确保谈话提醒程序化

一是规范谈话提醒提出程序。比如，按照干部管理权限，明确对“一把手”实施提醒谈话和廉政警示约谈时，通常由上级纪检监察机关或组织人事部门提出，也可以由谈话人根据工作需要直接提出。对直接管理党员领导干部进行诫勉时，由纪检监察机关或组织人事部门提出，报同级党委（党组）批准后实施。对直接管理以下人员进行谈话提醒时，通常由本单位党委（党组）提出。同时明确，纪检监察机关和组织人事部门均有权按干部管理权限，对所有监督管理对象提出提醒谈话，并按规定程序审批后实施。二是规范谈话提醒的组织程序。明确要求实施谈话提醒时，必须两人以上组织实施，并按照“一把手”、班子成员、单位（部门）科（室）负责人、一般人员四个层次，对谈话人进行规范。三是规范结果运用。要求各级切实履行全面从严治党主体责任，加强对谈话对象的跟踪问效和监督检查，定期或不定期对谈话对象整改情况进行监督检查。凡被实施提醒谈话、廉政警示约谈和诫勉谈话的，都要在民主生活会进行对照检查，要求各单位党委（党组）要加强对谈话提醒制度执行情况的监督检查，明确凡对所属党员、干部疏于教育、管理和监督，发现违纪苗头不及时进行谈话提醒，导致发生违纪违法，造成严重后果的，在惩处违纪违法者本人的同时，要按照有关处理失职类错误的规定，追究有关党员领导干部的责任。

四、实施效果

总体上看，通过推进实施让“咬耳扯袖、红脸出汗”成为常态，信访数量逐年下降，企业政治生态持续向好。从 2015 年至 2017 年信访举报和问题线索数量来看，呈逐年下降趋势，2015 年为 30 件，2016 年为 12 件，2017 年至今为 4 件。

据不完全统计，谈话开展情况做到了四个 100%，一是常规廉洁谈话任务落实率 100%；二是受到信访举报人员廉洁谈话率 100%；三是重点岗位人员廉洁谈话率 100%；三是岗位提拔重用人员廉洁谈话率 100%。

【案例反思】

让“咬耳扯袖、红脸出汗”成为常态，是运用监督执纪“第一种形态”推进全面从严治党的有效举措和重要抓手。

（一）逐级传导，使之成为落实责任的“加压器”

为着力践行监督执纪“四种形态”，特别是运用好“第一种形态”，华电国际公司建立了约谈制度，各级党委都将其作为落实全面从严治党主体责任的重要内容，通过上级对下一级领导干部进行约谈，层层传导压力，层层压实责任，推动形成了党委主抓、纪委具体负责，共同严明纪律的工作格局。

（二）及早提醒，使之成为防患于未然的“防火墙”

注重抓早抓小，监督关口前移。违法必先破纪，破纪又往往从违规开始。我们在实践“四种形态”的过程中，立足早发现、早提醒，针对党员干部工作、生活作风方面的一般性问题，违反廉洁自律规定方面的轻微问题，一定时期和范围内出现的苗头性、倾向性问题，有针对性开展谈话、函询，及时教育警示，通过“咬耳”“扯袖”防止小错酿成大祸。

（三）用心爱护，使之成为及时敲响的“警示钟”

我们在教育中始终注重贯彻两个理念，一是把温度贯穿教育的始终，二是把唤醒贯穿教育始终。公司系统各级党组织和纪检监察机关在谈话中，注重让干部感受到组织的关心关爱和温暖，使干部从内心接受组织的提醒和帮助，在执纪审查中，注意把唤醒贯穿始终，帮助干部认识错误、改正错误。

（四）强化监督，使之成为改进工作的“助推器”

通过“咬耳扯袖、红脸出汗”，及时提醒干部，在从严治党、依法治国的大背景下，要持续纪律意识、法治意识，学会在利益多元、矛盾复杂的环境中开展工作，更加注重各方面细节，更加注重工作方式方法，更加注重合规合法，让自身工作无可挑剔，更好地推动工作。

（五）学会转型，使之成为纪检干部的“新技能”

运用好“四种形态”特别是“第一种形态”，是纪律审查工作理念和实践上的重大转型。“四种形态”是一个逻辑上的有机整体，第一种形态是基础，运用好“第一种形态”，纪检监察部门肩上的责任不是轻了而是更重了，执纪的力度不是小了而是更大了。“‘四种形态’中，最难的是‘第一种形态’，最关键的也是‘第一种形态’。”

【案例点评】

上医治国，奥妙在于善“度”善“制”。

“度”就是“度量”，“制”就是“制止”。在未病或者小病的时候，及时发现，及时“制止”。

“上医治未病”源于《黄帝内经》。《黄帝内经》中指出：“是故圣人不治已病治未病，不治已乱治未乱，此之谓也。夫病已成而后药之，乱已成而后治之，譬犹渴而穿井，斗而铸锥，不亦晚乎？”

据记载，魏文侯问扁鹊：“你们弟兄三人，谁的医术最高?”扁鹊脱口而出：“大哥最高，二哥次之，我最差。”

魏文侯惊讶地问：“为什么你名动天下，他们一点名气都没有?”扁鹊解释说：“大哥治病，在病情发作之前用药，在病人自己还没有感觉时已经铲除病根。因此，他的医术难以被人认可。因为他治未病，虽然在外面没有名气，但是在我们家地位最高。二哥在病初起之时就能药到病除，以至于人们认为二哥只是治小病。只有在病人病情十分严重之时，我才能够发现病情，在经脉上穿刺放血，在患处敷药，或动大手术直指病灶。虽然我名闻天下，但是我的医术最低。”

“治未病”，主要未病先防，就是既病防变，及早发现病情，及早制止病情的发展。

未病先防，就是“咬耳扯袖”；既病防变，就是“红脸出汗”。

让“第一种形态”成为常态，其秘诀在于防微杜渐，“轻而易举”。

建立容错纠错机制

中共湖北省孝感市纪委　陈　剑

【案例描述】

一、相关背景

2016 年 6 月，我从中共湖北省纪委预防腐败办公室室主任调任中共湖北省孝感市委常委、市纪委书记。身处正风反腐最前沿，我体会到：基层改革攻坚任务繁重，既需要领导干部忠于职守，履职尽责，又需要他们大胆创新、干事创业。前者需要问责追责制来保障，后者需要容错纠错机制来激励。

有改革，就有可能出现失误。实际工作中，一些敢于担当、干事创业的干部因工作中出现了一些失误，被给予纪律处分或组织处理，干事创业的积极性受挫，有的甚至走向“为官不为”。

基层不少党员领导干部呼吁“建立健全容错纠错机制，给改革创新者撑腰鼓劲”。因此，探索建立一套完善的容错纠错机制，旗帜鲜明地为敢于担当的干部担当、为敢于负责的干部负责，意义重大，影响全局。

二、困难与挑战

探索建立容错纠错机制，事关改革发展大局、事关党员干部切身利益，社会关注度很高，政治性、政策性强，错怎么容、怎么纠，机制怎么建、怎么规范操作等，都需要深入探索研究。

（一）思想认识上有偏差

当前社会上存在以下几种论调。一是矛盾论。有的干部群众对于容错纠错机制的科学性、合理性依然存在不少疑问，认为容错纠错与从严治党存在逻辑矛盾，甚至认为反腐败力度转向减弱。二是保护论。有的干部反映安全生产、信访维稳、环境保护等领域突发性问题较多，管理难度大，责任追究力度也大，担心“百密一疏”，期待出台容错纠错机制“留后路”。三是观望论。有的认为容错纠错机制是一个庞杂的系统，难以细化、难以操作、难以实施，单凭地市级党委很难制定出一个完善的制度体系，不敢先行先试。

（二）范围确定上有难点

主要是，究竟哪些错能容、哪些错不能容，不好把握。如果容错纠错边界过窄、尺度过严，可能扼杀改革创新者的积极性，边界过宽、尺度过松，又有可能纵容犯错，成为犯错者的挡箭牌。

同时，虽然《党政领导干部纪律处分条例》第三章第十六条规定了从轻减轻处分的情形，但该条款与容错纠错机制对过错免责是完全不同的两个概念，而第二章第六条规定“党组织和党员违反党章和其他党内法规……都必须受到追究”，“必须受到追究”就意味着有责必追，追责必严，这刚好同容错纠错机制相冲突，怎样处理好容错纠错机制与纪、法的关系，还是一个难点。

（三）工作主体上有交叉

当前，多地以同级纪检监察机关、组织人事部门作为主要的认定主体。但具体判断一项情形能否减责、免责，需综合判断行为人的主观动机、实施行为的具体背景、客观条件、过程、结果等因素，这需要一定的科学性、精准性甚至是专业性，需要多方进行认定。一旦在容错纠错条件、情形不完善的情况下，存在较大的不确定性，容易导致都管或都不管的情况。另外，如果容错实施程序环节多、耗时长，容易使“犯错”干部在申请容错后不能马上得到解决、不能马上放下包袱投入工作，一定程度上影响了容错纠错的实际效果。

（四）保障措施上有差距

社会对因改革出现的失误缺乏足够的理解和包容，一旦出现失误，社会舆论很可能会影响到对容错的认定。即使认定了，也会对后期个人的某些方面造成不良影响，特别是在干部的年度考核、评先评优、提拔任用方面或多或少都会有影响。另外，当前虽然出台了一些容错纠错的规范性文件，但监督机制、申辩机制、评估机制、公开公示制度等配套制度还不健全，容易导致一些人钻制度的漏洞，将容错纠错演变成个别人独断专行、谋求私利的工具。

三、探索对策

探索容错纠错机制是一项系统工程，具有很强的政治性、政策性。我们坚决落实习近平总书记“三个区分开来”的要求，紧紧围绕怎么谋划机制、怎么建好机制、怎么用活机制、怎么深化机制做文章，着力破解有关难点问题，打造具有孝感特色的容错纠错机制。

（一）主动担当，谋划机制

第一，从研学理论入手。重温毛泽东、邓小平关于正确对待犯错误同志、宽容对待犯错误同志等方面的有关论述，全面收集党的十八大以来中央和省委关于容错纠错机制建设的一系列政策规定，特别是习近平总书记“三个区分开来”的重要指示精神，强化学思践悟，深刻领会精神。同时，围绕什么是“容错”，什么是“纠错”，“容”与“纠”二者有何关系等内容，开展集中学习、研讨，把握正确方向，筑牢思想基础。

第二，从调查研究发力。2017 年年初，市委将“建立健全容错纠错机制”作为我牵头负责的重点调研课题，积极探索出台容错纠错实施办法。今年 3 月，带领市委主责办、市纪委机关、市委组织部相关负责人分别到宜昌市、荆州市专程考察容错纠错机制建立和运行情况，学习外地经验做法；4 次召开纪委委员、县市区党政负责人、市直重点部门负责人等不同层面参加的座谈会，全面了解、掌握各方面情况，广泛听取意见建议，筑牢实践基础。

第三，从创优环境抓起。充分利用不同方式、多种渠道反复强调探索建立容错纠错机制的重大意义，形成鲜明政治导向，营造建立容错纠错良好氛围。年初市纪委六届二次全会、半年全市纪检监察工作座谈会等会议，多次强调要落实好习近平总书记提出的“三个区分开来”要求，旗帜鲜明地宽容干部在工作中特别是改革创新中的失误，努力营造干事创业的良好环境。同时，提请市委将健全容错纠错机制作为学习贯彻党的十八届六中全会精神、深入推进全面从严治党的有关意见和今年重大改革项目计划之中。

（二）积极探索，创建机制

第一，出台规范。2017 年 6 月，以习近平总书记“三个区分开来”重要指示精神、《党章》、《党政领导干部纪律处分条例》等有关党内法规和国家法律法规为依据，结合本地实际，制定《孝感市容错纠错实施办法（试行）》，共 6 章 19 条，

3 200 余字，重点明确了容错纠错的含义、实施主体和认定机关、容错纠错应该遵循的原则，以及容错和不予容错情形、容错程序和结果运用、防错纠错要求等内容，初步实现容错纠错制度化、规范化、科学化。

第二，细化规定。以“三个区分开来”为基本尺度，明确 8 项可以容错的情形，主要涉及推进改革和体制机制创新，重大项目建设，产业发展，招商引资，化解突出矛盾，解决历史遗留，处理涉及保护自然资源、生态环境问题，处置应急抢险、信访维稳、突发事件、执行急难险重任务等。容错条件主要界定为因缺乏经验、因着眼于提高效率、因投资风险或市场变化及其他不可预见因素、因勇于破除障碍、情势紧迫等。同时，细化不能容错的 4 项负面清单。比如，以改革之名为自己、他人或组织谋取不正当利益等。

第三，丰富特色。坚持适当扩大容错纠错认定主体，明确将实施主体和容错纠错认定机关界定为县级以上党组织和纪检监察机关。坚持引入第三方评估制度，对于涉及重大公共利益、群众关心关注的失误问题，或一些具有较强专业性质的重大失误的评估，引入相关领域专家、相关单位力量、上级机关领导参与评判，综合考虑是否应当容错、该怎么容错。坚持科学设置程序，明确提出申请、调查核实、认定反馈、呈报备案、跟踪回访五项程序，切实保障容错纠错工作规范有序。

（三）强化实践，用好机制

第一，宽严相济，该容的错误坚决容到位。坚持容错纠错与执纪审查相结合，准确把握和灵活运用执纪监督“四种形态”，坚持宽严相济。2016 年 10 月，对群众反映某县开发区副书记杨某在县法院查封开发区某冷饮厂生产设施和货物遇到阻力时，恐吓厂方、违反群众纪律的问题，后经核实他虽工作方法欠妥，言语有些过激，但不存在恐吓的问题。鉴于他敢于担当，主动协助司法机关执法，该县纪委对该信访件予以了结处理，后举报人表示接受。

第二，惩防结合，该给的保护坚决给到位。把讲求事实、尊重事实、实事求是、客观公正、依纪依规的理念融入执纪审查、容错纠错全过程，对涉及党员干部改革创新的信访举报，认真分析、慎重处理，对查无实据或轻微违纪免于追责的，及时澄清事实，消除负面影响；对制造谣言、诬告陷害的行为和干扰改革创新或持续无理上访造成恶劣影响的行为及时查处、打击。2017 年 6 月，市纪委派驻纪检组公开澄清对教师李某的反映不实问题，让其放下多年的思想包袱。李某十分感激，认为纪委执纪有温情。

第三，突出结果，该除的影响坚决除到位。探索实行对于容错纠错干部，在干部提拔任用考察中免于“一票否决”机制，结合容错单位或个人的实际表现，对一贯工作表现优异者，参照有关规定和程序，该提拔的提拔，该重用的重用，确保其不受容错影响。例如，丁某担任市某二级局局长时因经济责任审计中出现的问题受到诫勉谈话处理，但未影响其被列为重用对象，被任命为市某局党组副书记、副局长，主持该局全面工作。

（四）注重长效，深化机制

第一，错前抓预防。坚持抓早抓小、防微杜渐，对反映党员干部的苗头性、倾向性问题，及时谈话提醒、诫勉、函询、教育；对偏离预期目标和方向、违反法定程序做出决策、决策后发现可能造成不良后果等 5 类情形，及时提醒纠正或责令停止有关工作，防止小错酿成大错。同时，强化主管机关或部门日常监督管理责任，督促及时掌握相关单位或个人出现的失误或者错误，有针对性地研究、分析、总结失误或者错误产生的原因，采取各种措施予以警示提醒，防止类似失误或错误再次发生。

第二，错中促纠改。本着“惩前毖后、治病救人”的原则，对认定存在过错的相关单位和个人，督促其及时纠错，严格整改，坚决防止错误“一容了之”。2017 年 8 月，市纪委对某县年度扶贫项目未拨付使用问题线索调查核实后，考虑到问题发生既有特大自然灾害等方面客观原因，又有该县作为全省统筹使用财政涉农资金试点实践摸索产生的问题，最终做出容错免责处理，建议由市政府、市扶贫办进行工作约谈，督促限期整改。

第三，错后严教育。组织开展对党的十八大以来受约谈、函询、诫勉和纪律处分的市管干部的上门走访、组织关怀工作，引导其放下包袱、干事创业。2017 年，某县针对一村支部书记黄某将本应赔付给群众的水稻保险金挪用到村级水利工程修复上的问题，给予其党内严重警告处分。纪委多次与其谈心，鼓励其放下思想包袱。3 个月后纪委再次对其回访，发现黄某更加珍惜自己的岗位，并表示感谢纪委及时处理，自己若不止步，会犯更大错误。

四、实施效果

容错纠错机制建设实践，极大更新了我们思想观念、丰富了我们工作思维，给纪检监察工作带来了全新局面，给地方政治生态注入了新鲜空气。主要成效体现在以下几方面。

（一）形成了一套完整机制

此前，我市容错纠错各项要求均散见于相关文件之中，更多属于原则性要求，缺少细化内容、细节规定，究竟容哪些错、怎么容错、容错后怎么办等问题比较模糊。2017 年制定容错纠错实施办法，较好解决了一些困扰工作实践的思想认识问题、方法路径问题，形成了一套全面、系统的容错纠错工作制度，推动容错纠错从理论走向实践。

（二）树立了一种正确导向

建立健全容错纠错机制、深入落实容错纠错工作，释放出一种强烈信号，即为担当者担当，为负责者负责，最大限度地保护党员干部干事创业的积极性、主动性、创造性。这一立场，既强化了各级领导干部为担当者担当的责任，又强化了广大党员干部守土有责的意识，激发了各方工作活力，形成了强大正能量。

（三）铲除了一些思想误区

以往，少数干部持“做的事多、出的错多，少做少错、不做不错”的观念有之，持“能容错，就敢犯错”的观念有之，持“保护干部、凡错都容”的观念也有之。我们探索建立容错纠错机制，进一步规范容错纠错内容、条件、程序等，有效铲除了一些党员干部的一些错误认识和消极做法，确保了中央和省委关于容错纠错政策精神落实不走样。

（四）激活了一方发展活力

通过容错纠错机制建设，不少干事创业、改革发展的“干将”“闯将”放下顾虑，甩开膀子；不少查无实据或轻微违纪免于追责的委屈者卸掉包袱，轻装上阵；不少徘徊者、观望者、消极怠工者开始振奋精神、燃烧激情，主动担当、用心干事，全市广大党员干部的作风进一步好转，地方良好政治生态进一步形成。7 月 27 日，《湖北日报》以《从“车头效应”到“动车效应”》为题，对孝感改革发展促实干的做法予以了报道。

【案例反思】

实践出真知，行是知之始。回看我市容错纠错机制建设生动实践，从中得到一系列深刻启示，成为引领当前和今后一个时期纪检监察工作的重要方法论。

（一）问题导向是做好一切工作的逻辑起点

问题是时代的声音。认知世界的过程、实践发展的过程、推进事业的过程，其实就是一个不断发现问题、不断解决问题的过程。这就要求我们，抓改革、谋发展、干工作，要始终把发现问题、解决问题作为第一逻辑起点，牢固树立问题导向，学会带着问题干工作，敢于正视问题、善于发现问题、勇于解决问题。一个一个问题解决，推动着我们工作不断向前迈进。

（二）调查研究是做好一切工作的重要方法

调查研究是谋事之基、成事之道。没有调研，就没有发言权。这就要求我们，推进任何工作、解决任何难题、制定任何措施，都要始终把调查研究摆在首位，认真吃透上情，深入了解外情，及时把握下情，全面掌握各方面情况，坚持一切从实际出发，一切从调查研究中来，保障各项思路、决策符合发展规律，符合客观实际，符合基层实际。

（三）顺势而为是做好一切工作的基本要求

矛盾，无时无刻不在。对于一名党员领导干部，能否准确发现和正确解决前进道路上的各种矛盾，是检验其理论思维水平和工作能力的重要标准。这就要求我们，要紧紧围绕一个时期、一个阶段的重大课题和主要矛盾来思考谋划工作，哪一个矛盾主要，哪一个矛盾突出，就集中解决哪一个矛盾，不断顺应形势要求，回应各方关切，推动工作紧扣时代、紧扣热点、紧扣矛盾。

（四）服务大局是做好一切工作的根本落脚

改革开放以来，党要求各项工作都要围绕中心、服务大局，纪检监察工作也不例外。这就要求我们，各项工作要始终服从和服务于经济社会发展，充分发挥纪检监察职能作用，广泛调动各方面积极因素，深入找准正风反腐与改革发展的结合点，努力消除影响发展的障碍，切实营造良好的政治生态，以服务发展的良好实绩赢得党委、政府的信赖和支持。

（五）群众满意是做好一切工作的首要基准

纪检监察工作是一项群众性很强的工作，一刻也离不开群众的广泛参与支持。这就要求我们，要牢固树立群众观点，及时倾听群众的呼声，了解群众的意愿，急群众之所急，想群众之所想，忧群众之所忧，切实把纪检监察工作根植于人民群众，从群众中来、到群众中去，始终走好群众路线，真正赢得群众的理解、信任和支持，带领群众把事业不断推向前进。

【案例点评】

为什么进行制度设计？如何衡量制度设计的效果？

中共湖北省孝感市委建立容错纠错机制，不仅惩罚和转化“恶人”，还保护和激励“好人”，是比较典型的案例。

第一，制度设计既要约束“坏人”，更要激励“好人”。制度需要发挥惩罚和约束作用，不能指望人们靠自我的道德约束。但是，制度设计要明确底线和上线，不可含混不清无法实行。制度设计的奥妙，在于激发人们的良知、培养人们的美德，鼓励人们的善行。中共湖北省孝感市制定容错纠错机制，就是“为担当者担当，为负责者负责”，最大限度地保护党员干部干事创业的积极性、主动性、创造性。

第二，制度设计既要事先调查研究，又要事后反馈修正。制度设计是非常复杂的，需要进行充分的调查研究，认真吃透上情，及时把握外情，深入了解下情，全面掌握各方面情况，保障决策符合发展规律、符合客观实际、符合基层实际。然而，把握事物本质、认识事物发展规律并非易事，需要在制度试行之后及时反馈，进一步完善决策。

第三，制度设计既要让“坏人”变“好人”，又要让“好人”更“精神”。制度设计，需要建立信誉积分制度，让遵守制度的人变得更有信心，更有信誉。因此，制度设计的关键是信息公开，让公众参与，让专家发言。

案例三

创新适应企业特点的纪检派驻制度

中国船舶重工集团武汉船舶工业公司　王　玲

【案例描述】

一、相关背景

党的十八大以来，中央高度重视党风廉政建设和反腐败工作，坚定不移抓党风、坚定不移反腐败，并把健全完善党内监督作为党要管党、从严治党的重要抓手。党的十八届三中全会做出了“改革党的纪律检查体制，健全反腐败领导体制和工作机制”和“全面落实中央纪委向中央一级党和国家机关派驻纪检机构”的重大决策部署。

2015 年年初，中纪委设置 47 家派驻机构，实现对 139 家中央一级党和国家机关派驻纪检机构全覆盖。2016 年至今，省级、地市级纪委向同级党和国家机关派驻纪检组全覆盖工作基本完成，确保党内监督无盲区。2016 年 4 月，中国船舶重工集团公司开展了由重庆船舶工业公司向重庆地区成员单位派驻纪检组试点工作。2016 年 8 月，在以上试点工作的基础上，进一步扩大了派驻纪检组的试点工作，武汉船舶工业公司纪委向所属的 461 厂、446 厂派驻了纪检组，明确了派驻纪检组的领导体制、主要职责、管理方式、组织实施等事项。

实现全面派驻纪检机构，是中央深化纪律检查体制改革的重要成果。目前，中央、省级、地市级纪委派驻纪检组全覆盖工作基本完成，中央企业和地方国有企业纪委派驻工作也在积极准备和试点过程中。在新的形势和新的要求下，建立并实施适应企业特点的纪检派驻制度，充分发挥派驻机构的执纪监督问责职能作用，事关中央纪检体制改革重大决策部署的落实，事关企业和党员干部安全发展，需要深入探讨和不断实践。

二、困难与挑战

党的十八大以来，中央强调全党要更加清醒地认识反腐败斗争长期性、复杂性、艰巨性，把思想和行动统一到党中央对形势的判断和任务部署上来。中央加大了惩治腐败的力度，坚持"老虎""苍蝇"一起打，坚持有腐必惩、有贪必肃，党风廉政建设和反腐败斗争取得新进展，增强了全党全社会对党风廉政建设和反腐败斗争的信心。中央对加强党风廉政建设和反腐败工作提出了很多新精神、新要求，提出要改革党的纪律检查体制，完善反腐败体制机制，落实党委的主体责任和纪委的监督责任。目前，企业纪检部门履行职能还面临许多困难、问题和挑战，要通过改革党的纪律检查体制加以解决。

（一）双重领导体制不利于纪检部门发挥职能

我们党的地方各级纪委和基层纪委在同级党委和上级纪委的双重领导下进行工作。这一规定，既能把党的各级纪委置于同级党委的领导下，党委可以根据实际情况，研究、指导、关心纪委的工作，又有利于上级纪委领导支持和监督、检查下级纪委的工作。但在实践中，这一体制也暴露出一些问题，在各级国有企业中，纪委实际上以横向的同级党委领导为主，以纵向的上级纪委的业务指导为辅。这导致纪委对同级党委是同体监督，从而导致监督乏力，纪委受同级党委领导，监督职能受到限制，基本处于不能监督、不敢监督的尴尬局面，监督作用得不到充分发挥。

（二）纪委职能定位不准不利于发挥职能作用

党章规定，党的纪律检查委员会与党的委员会一样，是由党的代表大会选举产生，是党的一级组织，是执行党的纪律检查的领导机关。但在日常工作中，企业纪委实际上被同级党委当成党群工作部门使用，成为党委的内设机构，党委履行主体责任意识不强，经常把与党风廉政建设和反腐倡廉有关的工作名正言顺地交给纪委办理，纪委还要经常承担起草党委报告材料、起草文件等工作，组织反腐倡廉宣传教育，参加人员招聘考试、职称评定、精神文明建设等与自身主职主责无关的工作，纪委"忙了别人的活，荒了自家的田"，导致监督职能浮在表面，流于形式。

（三）对纪委作用和地位重视不够，不利于纪委发挥职能作用

国有企业由于承担着经济建设和社会发展的责任，作为一级经济组织，企业更为注重的是发展效率和经济指标。一些企业对纪委的地位和作用重视不够，认为纪

检工作是务虚的工作，无非就是传达上级纪委的文件和要求，开展一些不痛不痒的廉洁教育，做一些流于形式的检查，有的甚至认为纪检工作没必要鸡蛋里挑骨头，弄得人心惶惶，鸡飞狗跳，对企业的发展无益。在这些意识支配下，纪委书记的地位没有得到提高，纪委书记作为同级党委委员，排名一般都在其他班子成员之后。纪检监察部门的地位与企业中的生产、经营、采购等主体部门相比，更是低人一等，绩效考核发放明显低几个等级。纪检人员配置，也不能按要求足额配置，有的甚至把接近退休年龄或退居二线的干部安排到纪检部门任“闲职”。对纪委作用和地位重视不够，不利于纪委发挥职能作用。

（四）纪委处于从属地位，不利于发挥职能作用

纪检体制改革提出，各级纪委书记、副书记提名和考察以上级纪委会同组织部门为主，强化上级纪委对下级纪委的领导；要推动党的纪律检查工作双重领导体制具体化、程序化、制度化，落实查办腐败案件以上级纪委领导为主。虽然中央对纪检体制改革明确提出“两个为主”，但在各级国有企业中，纪委书记、副书记实际是由同级党委提名，再报上级纪委审核和考察。在查办案件时，纪委对违纪党员进行处理或在决定立案前征求同级党委的意见或报请批准，如果同级党委意见与纪委意见不一致时，无论是成文的规定或不成文的意识，纪委一般会以同级党委的意见为准。同级党委对纪委有领导权，纪委处于被领导的从属地位，导致纪委不会对党委的决定有不同意见。

（五）纪委缺乏相对独立性，不利大胆监督

企业纪委在同级党委的领导下工作，纪检人员的组织关系、人事任免、工资福利、考核、提拔，都由所在单位管理，由党委说了算，使纪委往往不敢大胆监督。在发现违纪违规线索或收到信访举报线索后，按规定要在向党委报告的同时，向上级纪委报告。在向党委报告的过程中，少数领导出于维护稳定、家丑不外传的需要，或认为一些线索是“小题大做”，会提出“大事化小、小事化了”的意见，使纪委左右为难，无所适从，有价值的线索无从上报，更不可能大胆核查下去。

三、探索对策与实施效果

推行纪检派驻机构改革，是党中央落实全面从严治党战略做出的重大决策部署，中央、省级、地市级已相继实现纪委派驻监督全覆盖，为国有企业各级纪委树立了标杆和榜样。国有企业要自觉增强“看齐”意识，坚持紧跟、对表、调校，按照中央的部署要求，紧密结合实际，积极加快开展派驻纪检组试点，抓紧实现派

驻纪检组全覆盖，为国有企业实现中央“党要管党、从严治党”的要求提供坚强的纪律保证。

（一）派驻纪检机构要找准职能定位，履行好监督执纪问责职责

第一，要明确派驻纪检机构与上级纪检组（纪委）是被领导与领导的关系，要由原来的“双重”领导真正转型为由派出纪检组（纪委）直接领导、统一管理。派驻纪检组向派出纪检组（纪委）负责，行使的是派出纪检组（纪委）赋予的纪律检查权，代表派出纪检组（纪委）开展监督工作。派驻纪检机构应准确把握全面从严治党要求，找准职能定位，把主要任务聚焦到监督执纪问责上。

第二，要明确派驻纪检组与驻在单位是监督与被监督的关系，派驻监督的实质是上级纪检组（纪委）对下级党组织和党员领导干部的监督，不是原有印象中的同级监督。派驻纪检组要督促驻在单位党委（党组）落实全面从严治党的主体责任，落实党风廉政建设宣传、教育、预防、制度建设等日常工作。派驻纪检组监督执纪问责的重点对象是驻在单位的领导班子成员、中层党政干部以及重要岗位管理人员等“关键少数”。派驻纪检组要围绕党章规定的三项主要职责、五项经常性工作，紧扣“六大纪律”“八项规定”，把握和运用好“四种形态”，监督驻在单位管党治党和党的纪律执行情况，不是对驻在单位的业务进行监督，更不能替代驻在单位履行主体责任。

（二）改革领导体制，发挥“派”的权威

国有企业纪检工作实行的是双重领导体制，但在实践中这一体制也暴露出一些问题，企业纪委实际上以接受横向的同级党委领导为主，对同级党委监督比较困难。因此，需要进行纪检体制改革，以弥补双重领导体制的不足。大型国有企业目前纪检机构实行的是集团公司纪检组、地区公司纪委、成员单位纪检监察部这样的三级配置，分别属于同级党委领导和上级纪检组织领导。要进行派驻纪检机构改革，首先要“撤并机构、划转人员”，各成员单位不再单独设立纪委，原有纪检人员整体划入上级公司纪检组（纪委），由上级公司纪检组（纪委）向各成员单位派驻纪检组，派驻纪检组直接对纪检组（纪委）负责，是纪检组（纪委）派出的专门监督力量，是纪检组（纪委）的组成部分，由过去的双重领导转变为上级纪检组（纪委）直接领导，与驻在单位不再是领导和被领导关系，而是监督与被监督关系，可以充分发挥“派”的权威。

（三）转变工作机制，发挥“驻”的优势

实行纪检派驻制度，要转变工作机制，改变管理模式。在人员编制上，纪检人

员统一划入上级公司纪检组（纪委）编制，纪检派驻人员力量要与监督任务匹配，确保纪检力量与派驻前相比只增不减，便于开展工作。要实行上级纪检组（纪委）对派驻纪检组实行统一和直接管理，派驻纪检人员的考核、奖惩、任免、绩效等由上级纪检组（纪委）负责具体实施，工作经费由上级纪检组（纪委）统一划拨，办公条件、后勤保障等由驻在单位负责，确保派驻机构能够顺利开展工作，实现有效运转，解决监督者受被监督者制约过多的问题，发挥“驻”的优势。

（四）科学设置派驻机构，实行单独派驻和综合派驻

派驻纪检机构的方式应从实际工作出发，根据工作需要和业务关联性，把有限的纪检队伍力量集中使用，形成合力。对于企业规模大、监督对象多、风险岗位多、风险业务量大的单位，实行单独派驻。单独派驻对纪检人员的综合素质要求更高，要注重增强单独派驻纪检组的整体能力。单独派驻纪检组至少要配备熟悉纪检业务的组长和副组长各一名，熟悉驻在单位情况的纪检干部和相对年轻的纪检人员各一名，力求优势互补、结构优化。对于企业规模较小、监督对象少的单位，可按企业内部业务分工相似程度或企业所在地区划片进行整合，以综合派驻模式为主，一个派驻纪检机构管理多个成员单位，有效整合派驻纪检力量，发挥纪检队伍资源优势，做到精简高效，提高综合管理优势。

（五）提升派驻纪检组的地位，增强监督的执行力

严格按照“纪委书记、副书记提名和考察以上级纪委会同组织部门为主”要求，提名、考察、任免派驻纪检机构组长、副组长，派驻纪检人员的选调、使用、交流，由上级纪检组（纪委）统筹安排，改变过去由同级党委选拔、任免模式。

派驻纪检组长进入派驻单位领导班子，可以担任不占班子成员职数的党委副书记职务；派驻纪检副组长职级可以高配，担任不占用派驻单位编制党委书记助理职务；派驻纪检人员可按派驻单位的中层副职干部配置。

这样的配置，整体提高了派驻纪检机构的地位，有利于树立纪检派驻机构的执纪监督问责权威性和执行力。强化派驻纪检组的执行力还要采取以下措施，派驻纪检组可以参加驻在单位领导班子会议以及研究“三重一大”等事项；经批准可查阅驻在单位的有关文件、资料、财务账目等材料；经批准可对驻在单位的有关领导干部报告个人有关事项的材料进行查阅和调查核实；经批准可约谈驻在单位的管理干部；可针对驻在单位党风廉政建设方面的问题，向驻在单位提出书面意见和建议，等等。

总之，实行纪检派驻制，派驻纪检机构监督的任务更加繁重，责任更加重大。

派驻纪检机构要接受驻在单位的监督，既忠诚履行监督职能，维护党纪严肃性，又树立纪检派驻机构的良好形象。派驻纪检机构必须突出重点对象，抓好“关键少数”，围绕驻在单位中心工作，加强对权力事前、事中、事后的监督，保证党的纪律得到正确执行。派驻纪检机构要增强责任感和使命感，讲究方式方法，创新工作理念，增强业务能力，改进工作作风，提高监督效果。

【案例反思】

派驻监督是党内监督重要形式，其本质是上级纪委对下级党组织和党员领导干部的监督，能够有效解决纪检部门履行监督职能中面临的困难和问题。回顾和反思我公司纪检派驻工作，充分认识纪检派驻制度对强化党内监督、从严治党的重要意义，以便于在今后的工作中积极推进和完善纪检派驻工作。

（一）实施纪检派驻制，体现了监督回归党章的要求

要全面从严治党，首先要尊崇党章，我们党一直高度重视派驻机构建设，中央经过多年的实践探索和不懈努力，不断深化纪律检查体制改革，实施了从中央到地方向党和国家机关派驻机构全覆盖，把党章要求付诸实践，把党章的权威性、严肃性立起来，进一步提高了管党治党的制度化水平。

（二）纪检派驻改革，是党风廉政建设和反腐倡廉斗争形势发展的要求

党的十八大以来，中央对反腐败斗争形势的判断是：一些领域消极腐败现象易发多发，反腐败斗争形势依然严峻；腐败行为更加复杂化、隐蔽化，监督机制和预防腐败手段还不健全；一些领导干部利用职权或职务影响，谋取非法利益问题突出；个别领导干部无视党纪国法，甚至严重违法乱纪。各级国有企业，作为社会发展和国家经济建设的支柱，也非净土，党风廉政建设和反腐败斗争形势同样严峻复杂，同样存在管党治党不严、党的领导弱化的问题，同样需要改革完善派驻制度，提高管党治党效果。

（三）实现派驻机构全覆盖是党内监督不留死角、没有空白的关键举措

全面从严治党，必然要求党内监督全覆盖。中央、省级、地市级党和国家机关基本实现纪检机构派驻全覆盖，但自此以下的各级党和国家机关派驻全覆盖尚未能完全达到这一水平，各级国有企业实现派驻全覆盖更是有较大差距，党内监督还有

一些死角和空白，派驻监督存在真空地带。国有企业也有党的组织和党员，不是党内监督的法外之地，必须实现派驻机构全覆盖，确保党内监督无盲区，切实做到真管真严、敢管敢严、长管长严。

（四）纪检派驻机构改革是强化党内监督的重要举措

当前，国有企业党内监督普遍存在的问题有：纪检部门缺乏与监督任务相适应的权威性，导致监督质量偏低；纪检部门监督方式方法不多，监督手段缺乏有效性，导致难于监督；监督主体缺乏监督的责任感，导致监督无力；监督对象缺乏接受监督的自觉性，既不廉洁自律，也不愿意接受监督，对监督有抵制和反感情绪，使监督效果不佳。进行纪检监察派驻机构改革，有利于派驻机构保持相对的独立性，增强权威性，改变过去不能监督、不敢监督的不利局面，强化党内监督，更加有效地防范腐败。

【案例点评】

如何加强制度领导？

加强制度领导，关键在于设计好制度，通过制度引导和激励人们实现领导目的，提升领导力。中船重工武汉船舶工业公司创新适应企业特点的纪检派驻制度，扭转了廉政工作被动局面，有效提升了廉政建设效果。

第一，强化制度之“制”，增强领导力度。制度之“制”，是“刀治”，是以上治下，具有强制性。派驻纪检机构与上级纪检组（纪委）是被领导与领导的关系，“纪委书记、副书记提名和考察以上级纪委会同组织部门为主”，从原来的“双重”领导真正转型为由派出纪检组（纪委）直接领导、统一管理。派驻纪检组向派出纪检组（纪委）负责，行使的是派出纪检组（纪委）赋予的纪律检查权，代表派出纪检组（纪委）开展监督工作。派驻纪检组与驻在单位不再是领导和被领导关系，而是监督与被监督关系，可以充分发挥“派”的权威。

而且，在人员编制上，纪检人员统一划入上级公司纪检组（纪委）编制，确保纪检力量与派驻前相比只增不减。“派驻纪检组长进入派驻单位领导班子，可以担任不占班子成员职数的党委副书记职务；派驻纪检副组长职级可以高配，担任不占用派驻单位编制党委书记助理职务；派驻纪检人员可按派驻单位的中层副职干部配置。”这些制度设计，不仅加大了纪检机构的力量，而且激发了纪检干部的积极性。

第二，强化制度之“度”，提升领导效度。制度之“度”，是度量，也是衡量，是精准测量，具有精准性。如何度量驻在单位的廉洁度？关键在于获取驻在单位的有效信息。例如，参加驻在单位领导班子会议以及研究“三重一大”等事项，查阅驻在单位的有关文件、资料、财务账目等材料，对驻在单位的有关领导干部报告个人有关事项的材料进行查阅和调查核实；经批准可约谈驻在单位的管理干部。伴随着大数据分析技术的迅速普及，将有效提升制度之“度”的能力。

案例四

以担当精神推进派驻全覆盖改革

中共辽宁省本溪市纪委　石　崧

【案例描述】

一、相关背景

2016 年 3 月，经组织决定，我被任命为中共本溪市委常委、市纪委书记。因为之前曾经有过县区纪委书记的任职经历，原以为这次“重操旧业”能够“驾轻就熟”，但实际非但没有这种感觉，相反却备感压力陡增。

我任职的当口正值纪律检查体制改革加速推进期。党的十八届三中全会为全面深化纪律检查体制改革列出了一系列“任务清单”，其中推进派驻全覆盖即在清单之列。实际上，在此之前我市派驻机构改革已经进行了一些渐进性探索，并且在很长一段时间内确实发挥了重要作用，但随着形势的发展变化，过去的派驻模式已经凸显出诸多不适应：由于人、财、物归驻在部门管理，派驻机构负责人担任驻在部门班子成员，存在“自己监督自己”和“下级监督上级”的体制弊端，同时，由于派驻机构力量不足，大部分派驻纪检组都在唱“独角戏”“二人转”，导致派驻监督虚化、弱化、形式化，对驻在部门的领导班子特别是对“一把手”不便监督、不愿监督、不敢监督的问题十分突出。

改革势在必行。但怎么改、改到什么程度？是慢走紧跟，还是快步领跑？我和我的团队意见高度一致，改就改彻底，改就改到位，即便需要承担风险，也要担当起这份责任。

二、困难与挑战

改革是一项系统工程，牵一发而动全身。在设计谋划环节，一系列困难和挑战就已经凸显出来。可以说，我的压力前所未有。

第一，机构如何整合。同以往单独派驻不同，这次以综合派驻为主，需要将原有45家派驻机构重新整合为14家，同时还要兼顾全覆盖的要求。增加容易削减难，特别是一次性削减2/3以上，而且是自我手术、向内开刀，更是难上加难。

第二，人员如何调整。改革需要集中消化31个领导职数，这部分干部如何安置，谁走谁留，留的是否心甘情愿，走的是否心平气和，考验的是智商，也是情商。另外，考虑到派驻机构力量不足，需要一次性增补行政编制66个，在全市编制整体削减的背景下，如何争取，怎么协调，都是现实问题。

第三，关系如何理顺。改革后，派驻纪检组与市纪委机关各部室之间、与驻在部门纪委之间、与市直机关纪工委之间不同程度存在职责重叠的问题，如何做到各司其职，到位不越位，有力又有序，关系需要全面理顺，职责需要重新界定。这是一个庞大的系统工程。

第四，作用如何发挥。改革后，由于实行垂直管理，“派”的权威能够充分体现，但“驻”的优势如何有效彰显，派驻机构完全脱离驻在部门，怎么做到既融入又深入，真正发挥好监督作用，当好“常驻不走的巡察组”，需要系列后续措施的跟进。

三、探索对策

改革出题目，实践做文章。先行先试需要承担很大风险，这就需要勇气、魄力和担当，需要强大的领导力、决策力、执行力。具体改革过程中，我们始终坚持战略上大刀阔斧，战术上谨慎稳妥，务求各项工作都精耕细作、谋全抓实。

（一）系统谋划布局，科学制定方案

坚持把握大局、谋划全局、深化布局“三局统筹”，务求每项设计都科学合理。一是在吃透改革精神上下功夫。把吃透上情作为改革的首要前提，反复组织传达学习中央纪委和省纪委关于派驻改革的有关精神，突出强化全局意识，在此基础上，形成了较为科学完善的思路体系。二是在深入摸底调研上下功夫。把摸透下情作为改革的重要基础，会同组织、编制、人事等部门，集中利用两个多月时间深入调研摸底，核准市级党政机关的职能配置、机构设置、人员编制、管理体制等方面的情况，为改革提供准确的数据支撑。三是在科学制定方案上下功

夫。结合全市实际，本着精简高效、科学搭配的原则，在充分调研、多方论证的基础上，数易其稿，形成科学的改革意见和工作方案，成为指导改革的基础性文件。

（二）深入谈心谈话，妥善安置人员

改革注定涉及一部分利益调整，也注定会引起一部分人的思想波动。为此，我们特别注重换位思考，做好思想政治工作，使改革自始至终一个步调、一种声音。一是深入谈心谈话，把思想引导工作做在前。在摸底调研环节，我们先后 3 轮同 74 名原派驻干部进行谈心谈话，全面了解其思想动态，针对个别思想有波动的干部，我们反复沟通反复谈，直到把思想谈通，把症结谈开，使留任的干部个个精神饱满、干劲十足，转岗的同志个个心平气和、心情舒畅。二是解决焦点问题，把人员安置工作做到位。针对部分干部年龄老化、身份混编问题，我们想尽一切办法解决其后顾之忧，决不为改革留尾巴、留隐患。最终通过职级晋升和转岗交流，一次性集中消化安置了 74 名派驻干部。同时，争取市委市政府的大力支持，在编制严控严管的情况下一次性划拨、新增 76 个，使总编制达到 140 个，实现了应配尽配。三是融入人文关怀，把鼓劲激励工作做扎实。对于转岗干部，我们没有一转了之、不管不顾，而是努力做到扶上马送一程。方案确定后，我们专门指派一名副书记与 31 名转岗的纪检组组长逐一进行谈心谈话，在进行心理疏导的同时，进行鼓劲动员，确保每一名转岗干部都干劲不减、斗志不衰。

（三）创新体制机制，实施扁平管理

体制机制的创新是改革的重头戏。对此，我们重点聚焦三个方面加大探索力度。

第一，在领导体制上，实行常委直接分管。各派驻纪检组直接向常委请示汇报工作，常委直接对书记负责，涉及重点工作、重要事项、重大问题书记直接调度、常委直接协调，有效减少中间环节。这一体制，不仅压实强化了班子成员的责任意识，更调动激发了派驻干部的担当精神。

第二，在管理体制上，实现垂直归口管理。改变过去“双重为主”的管理体制，将派驻机构人员编制、人事管理、工资关系、组织关系、后勤保障等全部收归市纪委，派驻纪检组组长不再担任驻在部门班子成员，从根本上解决了派驻机构与驻在部门的角色、利益冲突，确保身份超脱、精力集中，过去不便监督、不愿监督、不敢监督的问题迎刃而解。

第三，在工作机制上，实施联动一体统筹。将派驻监督工作全面纳入市纪委整

体工作进行统筹谋划部署，制定《关于加强市纪委派驻机构建设的意见》，规范界定与机关各部室、市直机关纪工委和驻部门纪委之间的关系，强化业务连接、工作对接、职责承接，确保各项工作协作不冲突，到位不越位。

（四）强化角色意识，激发工作状态

为了保证派驻纪检组能够找准职责定位，快速进入工作状态，我们着力加强改革后的统筹调度。

第一，建立工作对接。改革后一周内，迅速组织纪检组内部成员之间进行对接，各常委与分管纪检组之间进行对接，各纪检组与所监督单位之间进行对接，着力理顺各方关系，强化协作配合。

第二，加强岗位培训。改革后一个月内，迅速安排派驻干部参与执纪审查和巡察工作，通过实战练兵提升业务能力，积累办案经验。同时，围绕党章党规党纪和具体业务流程组织集中培训，确保派驻干部迅速熟悉工作尽快进入角色。

第三，深入开展调查研究。改革后两个月内，迅速安排派驻纪检组开展带题大调研，了解掌握监督单位的基本情况，查找监督管理漏洞，摸排风险隐患，做到既号脉、又开方，为后续完善制度、推进工作做好准备。

（五）规范派驻监督，推动一体联动

突出问题导向，坚持边探索边实践，边总结边提炼，推动监督工作步步深入。

第一，健全制度抓规范。先后制定了《派驻纪检组履行监督职责暂行规定》《关于推动派驻监督部门党委（党组）履行全面从严治党主体责任实施办法（试行）》等12项制度，并针对工作缺少遵循的问题，制作了《派驻纪检组监督执纪工作流程图》及具体文书模板。从制度层面、规范角度为派驻纪检组开展工作提供依据。

第二，创新方式抓履职。为了使“探头”更精准聚焦，我们要求各派驻纪检组对被监督单位“一对一”建立“三重一大”清单。同时，对被监督单位处级干部全部建立廉政档案，了解掌握被监督单位的重点人、重点事和重点问题，通过列席会议、定期走访、巡查监督等方式，既在“融入”上下功夫，又在“深入”上做文章，使纪检组真正成为“常驻不走的巡察组”。

第三，市县统筹抓联动。坚持市、县（区）两级派驻改革统筹联动，在稳步实施市级派驻改革的同时，制定了《关于推进县（区）纪委派驻监督全覆盖的指导口径》，对县区改革方案的设计、编制的设置、推进的期限等做出具体明确，实现了一体同向、联动同步。

四、实施效果

由于方案设计科学，组织实施有力，后续规范到位，本轮派驻改革的积极效应逐步显现。一是派驻干部工作积极性得到极大激发，增强了归属感，提升了独立性，过去不想监督、不敢监督、不愿监督的问题得到了有效解决。二是体制机制的掣肘得到全面理顺，实现了由“双重领导”向“直接领导”、由“分散管理”向“集中管理”的转变，监督虚化、弱化、形式化的现象得到了有效扭转。三是压力传导横向衰减的问题得到相应解决，各市直部门党委的主体责任、担当意识明显增强，过去“只挂帅不出征”“只派活不揽责”的现象被有效杜绝，横向压力传导真正做到了到边到位。

【案例反思】

（一）领导力就是学习力

学习力是领导力的基础保障。在学习问题上，领导干部尤应先学一步、深学一层，把最先进的知识储备进脑海里、应用到实践中。过去，我虽然在纪检系统工作过一段时间，但面对近年来纪检监察工作一系列新思想新理念新精神新要求，仍然感到自己需要学习补课提高的地方还很多。所以，任职以来我时刻不敢懈怠，抢抓一切时间学习，边学边思，边践边悟。我始终认为，一个不善于学习的领导，既不能服人，更难以率众。实践证明，学习力是所有能力的基础，没有强大的学习力就不会有高超的领导力。

（二）领导力就是凝聚力

懂团结是大智慧，会团结是真本事。一名优秀的领导干部，懂团结、会团结是必备素质和基本要件。纵观本轮派驻全覆盖改革，困难多、挑战大、要求高，如果没有凝聚班子成员的整体合力，没有团结全委上下的攻坚协力，就不会取得如此好的效果。尤其作为一名女性领导干部，必须克服自身的性格弱点，着力锻造放眼全局的大视野、大胸襟，用敢于担当的作为和善于包容的情怀，团结凝聚各方力量，上下一条心，拧成一股绳，带领带动团队向着既定目标冲刺前进。

（三）领导力就是决策力

决策决断能力是领导力的直接体现。作为一名领导干部，最忌不谋而断、谋而不断。在整个派驻全覆盖改革过程中，每一个环节、每一个步骤，我都充分尊重各方面的意见建议，努力做到决策前充分酝酿，决策后果断执行，没有拖泥带水，没有议而不决。我们的派驻全覆盖改革，得到了辽宁省纪委和本溪市委的大力支持，可以说既抢抓机遇把握住了“时”，更借力而行顺应好了“势”，从而在“势在必行”中取得了“志在必得”的效果，这一切与决策的应时应势密不可分。

（四）领导力就是执行力

三分靠决策，七分在执行。决策再好，思路再对，如果没有强有力的执行，都是纸上谈兵。本轮派驻全覆盖改革，无论是启动时点，还是推进速度，包括彻底程度、创新力度，都走在了全省前列，甚至一定程度起到了示范榜样的作用。我们整个改革过程仅用 3 个月时间，其间，每个节点都无缝衔接，每项设计都落定到位，每个目标都达成实现，基本上是定了就干、干就干好，真正做到了环环相扣、节节相连、步步跟进。这与我们高效的执行力密不可分。

【案例点评】

如何提升制度领导力？

辽宁省本溪市纪委以担当精神推进派驻全覆盖改革，加强廉政制度建设，有效提升制度领导力，积累了成功经验。

第一，强化“领”，优化“制”，激励干部加强监督。廉政改革首先要改革廉政制度，调整“派驻纪检组与市纪委机关各部室之间、与驻在部门纪委之间、与市直机关纪工委之间关系”。本溪市委加强制度创新，实行常委直接分管巡视工作，从“双重领导”向“直接领导”转型；实现垂直归口管理，由“分散管理”向“集中管理”转变，从“不便监督、不愿监督、不敢监督”到“方便监督、主动监督、敢于监督”转变。

第二，强化“导”，优化“度”，引导官员接受监督。廉政制度改革目的建立长效高效机制。在本溪市，各派驻纪检组对被监督单位“一对一”建立“三重一大”清单，同时对被监督单位处级干部全部建立廉政档案，了解掌握被监督单位的重点人、重点事和重点问题，通过列席会议、定期走访、巡查监督等方式，既在融入上下功夫，又在深入上做文章，使纪检组真正成为“常驻不走的巡察组”，使得官员“不敢腐”“不能腐”“不想腐”。

文化领导

国家治理离不开文化领导。

文化领导是基于价值和文化观念的柔性领导。文化领导既注重文化的积极“引领”，更重视文化的“倡导”、“引导”和“疏导”，从而发挥出润物细无声的领导力。

本专题共有六个案例，分为三组。

第一组，探讨文化领导权课题。教育部考试中心党委把支部建在“命题组”上，继承把“支部建在连上”的传统，实现“立德树人、服务选才、引导教学”的战略目的。国家行政学院国际部坚持“讲好中国故事”，不断增强世界对中国的理解，提升文化话语权，提升中国文化领导权。陕西省委统战部以陕西和中国的文化魅力促进了港澳台年青人的文化自觉与自信，增进了文化认同、民族认同和国家认同。

第二组，探讨提升文化领导力课题。江苏省泰州市委宣传部实施“文化惠民券工程”，以竞争机制保证高质量的文化服务，以参与机制保证可持续的文化熏陶，取得了良好效果。中国人寿保险股份有限公司加强柔性引领，建立诚信文化体系，加强刚性约束，建立风险管控体系取得了良好效果。中国南方电网有限责任公司宣传文化部既加强领导，又加强管理，引领网络舆论，树立公司形象，积累了成功的经验。

第三组，探讨跨文化领导力课题。从中海油东南亚公司“走出去”的案例可以看出，跨文化领导，要树立“差异”意识，从容忍差异、重视差异到利用差异，提升领导绩效。相反，排斥差异，搞“一言堂”“一刀切”，往往会导致低效甚至失败。

案例一

发挥党组织作用　保证教育考试的政治性

教育部考试中心　刘　桔

【案例描述】

一、相关背景

党的十八大以来，习近平总书记立足党和国家工作全局，紧扣教育“是什么、为了谁、干什么、怎么干”，对教育做出了全面系统地论述，对教育提出了新的要求。在2016年12月召开的全国高校思想政治工作会议上，总书记明确提出，教育是中国特色社会主义的重要组成部分，要为人民服务，为中国共产党治国理政服务，为巩固和发展中国特色社会主义服务，为改革开放和社会主义现代化建设服务。

国家教育考试是教育的重要组成部分，对人才培养具有强烈导向性。教育考试是具有意识形态属性的考试，是全面贯彻党的教育方针，坚持立德树人，培养社会主义的建设者和接班人的重要载体。教育部考试中心作为教育部指定承担教育考试专项职责任务的直属单位，承担着高考、研究生考试、成人高考、自学考试等国家教育考试，中小学教师资格考试、全国大学英语四六级、全国计算机等级考试等考试项目的命题和考务组织工作，年考生规模达6 000万人次。贯彻落实党中央的要求，把中国共产党治国理政的新思想、新理念、新战略融入我们的试题当中，注重体现党是中国特色社会主义事业的领导核心，用我们社会主义的时代精神引导考生自觉践行社会主义的核心价值，主动传承中国优秀传统文化，积极内化依法治国理念，从而真正落实考试立德树人的根本任务，是我们完成使命的必然要求。

二、困难与挑战

用党的理论武装头脑，围绕“立德树人、服务选才、引导教学”的考试核心任务，通过成立“临时党支部”这一有效机制，依靠中心员工和外部命题专家两支队伍，不断强化日常学习、专题学习和互动交流三种学习教育效果，打牢思想根基，确保考试内容准确落实党的路线方针政策，传播社会主义核心价值观，弘扬改革主旋律。

三、探索对策

（一）围绕一个核心，坚持目标驱动

国家教育考试承载着“立德树人、服务选才、引导教学”的核心功能，具有强烈的导向作用。考试中心党委将“政治上高标准、质量上严要求、安全上没漏洞”作为“一岗双责”的基本要求，以落实深化考试内容改革重大任务为目标驱动，坚持党建与业务深度融合，发挥凝心聚力的组织优势，引导考试中心每一位同志力行履责，特别是党员领导干部充分发挥先锋带头作用，把重点工作和改革任务落实、落细、落小，在“实”字上下功夫，在“实”字上谋发展，在“实”字上见成效。

（二）支部建在“组”上，强化“阵地”意识

要确保国家教育考试试题的政治性、科学性和规范性，必须提高命题人员的政治觉悟和专业素养。考试中心党委在狠抓命题相关支部政治性、战斗性建设的同时，结合高考、研考等命题全封闭特点，成立临时党支部，把支部建在“命题组”上。针对全封闭兼职命题专家中党员众多且来自不同单位不同基层党组织的情况，把党员组织起来，开展特殊的组织生活和专项学习教育，统一思想认识，凝聚力量共识，提升封闭期间与会人员的“精气神”。临时党支部坚持加强党的思想政治领导与开展命题业务工作有机结合，研究制定党建工作和业务工作两套方案，克服命题工作任务重、强度大、压力大等困难，充分发挥战斗堡垒作用和党员的模范带头作用，及时研究讨论突发情况的解决措施和应对策略，确保命题安全保密和试题质量，为发挥考试在国家人才选拔和促进素质教育中的积极作用做出了贡献。

（三）学以致用，凝聚思想共识

以“两学一做”为基本内容，制订专题学习计划，坚持“三会一课”制度，

强化日常学习，以习近平总书记系列重要讲话精神等武装头脑、指导实践、推动工作。

聚焦中心主业，以学促做，强化专项学习。组织各类命题人员专题开展习近平总书记在全国高校思想政治工作会议上的重要讲话精神和国务院《关于深化考试招生制度改革的实施意见》学习，使之内化于心、外化于形，努力将学习成果切实转化为办好教育考试的具体举措，在各项考试尤其是以高考为代表的国家教育考试命题工作中体现党和国家的意志。

因地制宜，发挥优势，强化互动交流学习。每年多次组织专题学习报告会，交流学习体会，形成以点带面效应。特别是近年来在封闭命题期间，充分发挥命题教师来自各学科领域的优势，先后组织开展了总书记论教育、高校思政会精神、中国经济体制改革、国际关系等专题讲座和学习交流，让命题教师思考、领悟党的理论，确保命题体现我国社会发展的时代精神，引导考生自觉践行社会主义核心价值观，主动传承中国优秀传统文化，积极内化依法治国理念，自主强化创新意识，从而真正落实考试"立德树人"的根本任务。

四、实施效果

（一）保证了国家教育考试的政治性和导向性

党员干部自觉将党中央治国理政新理念新思想新战略融入教育考试工作中去，全面深化考试内容改革，以各类教育考试试题为抓手，准确落实党的路线方针政策，坚持将立德树人、"四个意识"、治国理政的新理念新思想新战略和全国高校思想政治工作会议精神等融入国家考试命题，增强育人功能，发挥考试的积极导向作用。

以 2017 年高考为例，考试内容紧紧围绕坚持和发展中国特色社会主义这条主线，从历史到现实，从国际到国内，从社会到个人，从理想到实践，引导学生准确把握历史坐标，增强"四个自信"。例如，文综全国Ⅱ卷 41 题，以雍正年间、洋务运动时期、新中国第一个五年计划期间三个不同时段的矿业政策为线索，反映出长时段国家历史巨变和求富求强的轨迹，充分体现社会主义制度的优越性；全国Ⅰ卷作文"中国关键词"中"一带一路"、文综全国Ⅲ卷 38 题中国铁路"走出去"等，启发学生理解中国与世界的休戚与共、中国对世界的积极贡献，培养强烈的民族自信心和自豪感。又如，思想政治全国Ⅳ卷 25 题讲述"太行新愚公"李保国致力于山区群众脱贫的感人故事，引导学生把视线投向社会需要、国家发展，脚踏实地实现人生抱负，等等。高考结束后，高考试题体现的社会主义核心价值观和中华优秀传统文化等内容，得到社会的一致好评。

（二）单位干部职工干事创业热情高涨，改革任务顺利推进

党员干部立足本职岗位做好工作、推动教育考试和中心事业发展的责任感和使命感进一步增强，各项改革任务取得显著成效。深化考试招生制度改革任务中，考试中心牵头的6项任务，包括考试内容改革、英语“一年两考”、国家题库建设、国家外语能力测评体系建设等，各项改革任务取得显著进展。

（三）单位风清气正的政治生态进一步加强

多年来考试中心坚持把政治思想教育放在首位，不断增强党内生活的政治性、时代性、原则性、战斗性，党员干部自觉爱党护党为党，思想上行动上与党中央保持一致，政策理论水平和党性修养明显提高，共同的教育考试核心价值理念与精神追求已经形成心齐气顺、团结向上的良好氛围，更好地推动了教育考试事业持续健康发展。

【案例点评】

如何用好文化领导权？

文化问题的核心是文化领导权。与政治领导权强调“统治”和“强制”不同，文化领导权的确立，不是单方面自上而下的文化操纵过程，而是利用世界观、价值观和人生观去教育民众，争取民众“同意”的过程，是通过吸引力、感召力和同化力获得权力的过程。

1927年9月，毛泽东率秋收起义部队挺进井冈山途中，深刻反思起义失败的原因，我们党虽然整合和影响了一些国民党军队，并在军队中建立了党的组织，但党组织（支部）都是设在团一级，团政治指导员办公室直接管理连队政治指导员，政治指导员只做宣传教育工作，因而政治工作没有群众基础。连一级没有党的组织，就难以直接掌握士兵，团一级即使设了党的组织也难以掌握部队。

如何凝聚人心、转败为胜？

毛泽东决定在江西永新三湾村改编部队，实行“支部建在连上”：在连队设党支部，在优秀士兵中发展党员，在班排设党小组，在连以上设党代表并担任党组织书记。

支部建在连上，就是深入到排，深入到班，深入做好每个战士的工作，提升战

士的精气神，塑造打不散、打得赢的军队。

考试中心党委把支部建在“命题组”上，提升封闭期间与会人员的“精气神”，是做好考试命题工作的法宝。临时党支部坚持加强党的思想政治领导与开展命题业务工作有机结合，研究制定党建工作和业务工作两套方案，充分发挥战斗堡垒作用和党员的模范带头作用，确保命题安全保密和试题质量，为发挥考试在国家人才选拔和促进素质教育中的积极作用做出了贡献。

讲好中国故事

国家行政学院国际部　董　青

【案例描述】

一、相关背景

党的十八大以来，以习近平同志为核心的党中央在推进全面建成小康社会、全面深化改革、全面依法治国、全面从严治党，统筹社会主义市场经济、民主政治、先进文化、和谐社会和生态文明的总体布局等方面取得了举世瞩目的成就。

以“一带一路”为依托、以人类命运共同体为理念的我国对外开放战略取得了重大进展。2013 年，习近平总书记提出丝绸之路经济带和 21 世纪海上丝绸之路（“一带一路”）倡议。4 年多来，全球 100 多个国家和国际组织积极支持和参与“一带一路”建设。2017 年 5 月，“一带一路”国际合作高峰论坛在北京举行，有近 30 位国家元首、100 多个国家代表参加，达成了 76 大项、270 多项具体项目，标志着“一带一路”已经从初步启动进入蓬勃发展的新阶段。“一带一路”倡议有效促进了沿线国家和地区的繁荣，拓展了我国对外开放的空间。“一带一路”从周边地区启动，构建地域和平发展战略的重要依托，使我国发展有了更好的周边环境。“一带一路”构建人类命运共同体，帮助亚欧非一些欠发达地方填补“洼地”，创建共同繁荣的局面，让我国赢得了国际上的普遍支持。随着中国经济实力、科技实力、国防实力和国际影响力的提升，世界上掀起了研究中国、探究中国成功秘诀的热潮。

党的十八大以来，以习近平同志为核心的党中央高度重视话语体系建设工作，做出了一系列重要工作部署和理论阐述。这些部署和阐述统筹国内国外两个大局，蕴含着以习近平同志为核心的党中央治国理政的新理念、新思路，为我们的对外宣传工作指明了前进方向，提供了重要遵循，提出了更高要求。习近平总书记多次强调，要加强国际传播能力建设，精心构建对外话语体系，增强对外话语的创造力、感召力、公信力，讲好中国故事，传播好中国声音，阐释好中国特色。

二、困难与挑战

加强对外话语体系建设，打造既能体现中国文化、思想和理论，阐释中国制度、道路和实践，又容易被国际社会接受和理解的话语内容和表达方式，使中国的对外话语体系成为帮助世界了解中国、解读中国的一把钥匙，有利于中国与世界各国对话交流，也有利于提升中国的国际话语权。

然而，从传播手段看，当前国际话语权主要掌握在欧美发达国家手中，通过传统强势媒体对国际舆论进行霸权控制。尽管新媒体和自媒体的出现为改变国际传播中少数传统强势媒体垄断话语权的现状提供了机遇，但中国能否抓住机遇做到“弯道超车”，在西方话语体系对价值观念的垄断中打开缺口，提升国际话语权，还存在着构建对外话语体系方面的能力不足。主要表现在以下三方面。

（一）形式多样，但价值观不明晰

中国故事都在讲，形式也很多，但体现的核心思想和价值并不清晰。对外传播，内容是核心，形式是包装，追求形式多样达不到真正的传播效果。由于自媒体和社交媒体的出现，传播平台越来越多、传播途径也越来越便捷，如何应用新的传播方式来传递核心内容，我们的应对措施不够。

（二）外国人愿意听、听得懂、可信服的表达还不够

提高对外话语权，需要针对中外的知识结构、语言体系、理论框架、思维方式、立场观点等差异进行充分研究，针对受众的立场、观点、需求、对中国的认知程度等对传统的传播方式进行创新，以便于开展有效的沟通。但这方面的研究和实践都存在欠缺。

（三）综合布局、多元参与的国际传播大格局尚未形成

西方国家的对外宣传是举国体制，方式个性化，但价值观高度统一。我国目前领袖外交有声有色，但民间外交声音微弱，各领域、各行业的专业化对外交流还不充分；对外宣传工作与国内工作衔接得还不够紧密，内外统筹服务大局的意识还不够强。充分利用新媒体讲好中国故事，改变国际传播格局的作用还没有充分发挥

出来。

三、探索对策

习近平总书记指出，“讲故事，是国际传播的最佳方式”。那么，如何通过讲好中国故事提升国际传播影响力呢？我们在不断实践和反思中，逐步形成了一个系统工程，主要包括以下内容。

（一）请进来：“讲好中国故事”主题沙龙

始于2014年，针对来华的外国人，旨在借用西方社会熟悉的形式和语言讲述中国故事，打造一个集学术性、实践性、国际性于一体的交流平台，探索构建对外话语体系，提高中国文化软实力的道路。沙龙主要有以下几个特点。

第一，选好主题。沙龙围绕外国人最关心、最感兴趣、最需要了解的中国故事，深入讨论中国的政治制度、中国的政策制定、依法治国、社会治理伙伴关系、中国的中长期发展规划、公民自治与非政府组织等外国人最感兴趣却最容易被误解的热点问题，沙龙解答了外方的疑惑，阐释了中国的特色。

第二，选准主讲人。沙龙邀请的中方主讲人要求政治上可靠，对相关主题有着长期、深厚的研究，熟悉外国人的需求、心理和思维习惯，具备一定的对外沟通技巧和对外讲授经验。沙龙的主讲人不仅仅局限于国家行政学院内部，也不仅仅定位于教师，而是精选了党、政、军各有关单位从事对外讲好中国故事的优秀人才。

第三，正面引导，突出核心价值。强调“外国人来中国主要是想弄清楚中国做对了什么”，“中国如何成功地应对了发展中遇到的问题”，旗帜鲜明地弘扬中国特色社会主义的优越性，巧妙地引导正面研讨，回应负面质疑，把握正确方向，达到增信释疑的目的。

第四，互动性强，气氛轻松活泼。沙龙不同于一般的讲座和讲课，主讲专家每人15分钟主题讲述，大部分时间是听众现场提问和互动。专家学者与听众围圈坐，近距离接触。专家之间、专家和听众之间各自陈述观点，有思想的碰撞、善意的提醒甚至是温和的争论。主题讲述、主持、点评与听众多向交流，参与感、口语化更强，形式更宽松，发言更自由，也更容易为听众所接受。

第五，搭建了宣传平台，实现不间断传播。运用新媒体平台，开辟专题网页，实时更新《中国人讲中国》《外国人看中国》《沙龙速递》栏目，介绍沙龙活动的最新成果；开设《中国故事》《理论研讨》《公共外交研究》专栏，介绍关于中国发展的重要论述、中外关系、中国最新发展成果，以及关于中国特色社会主义的理论研讨文章；专设《热点聚焦》，展示中外专家对中国特色的最新研究成果，引导沙龙会场之外的不间断讨论；通过《推荐视频》《推荐图书》《英语学习》栏目，实时更新中国特色理论的英语翻译，推荐适合于外国人阅读的关于介绍中国的书籍和影视资料，供专家学者参用；注册微信平台，定时推送“讲好中国故事”主题沙龙的专家观点和理论成果，适应不同的信息获取人群。

（二）走出去：海外研修班

为进一步扩大宣传范围，从 2016 年开始，在商务部支持下，学院组织优秀授课团队，走出国门，在海外举办研修班，讲好中国故事。为确保讲授质量和效果，研修班采取了如下几种创新方式。

第一，建立项目制。积极发挥学院各教研部作用，根据研修班主题由相关教研部牵头设计课程，在全院范围内跨部门组建项目团队。

第二，组织国别情况介绍会。邀请外交部、社科院有关专家为授课团队介绍学员所在国的政治、经济、社会发展情况，以及中国与该国的双边关系，为学院更有针对性地设计课程、解决对象国和学员实际需求、对外讲好中国故事、介绍好中国经验打好基础。

第三，建立集体备课制度。项目组组织授课教师共同开会研讨讲授内容，保证每节课既相对独立又彼此勾连，使研修班教学成为和谐统一的整体。同时邀请外交部、社科院专家学者参加集体备课，听取对授课内容的意见和建议，做到讲故事有的放矢。

第四，尝试每日一会制度。在赴古巴培训项目中尝试由讲过课的同志分享自己的授课体会，交流师生课堂互动情况，介绍学员的特殊教学偏好，项目组对此进行讨论并不断完善后续讲授方案，真正做到了精益求精。

（三）能力建设

第一，以习近平总书记讲话指导讲好中国故事。我们汇集了《“习近平总书记在对外场合发表的重要演讲及在国外主流媒体发表的文章”材料汇编》，还在“讲好中国故事”主题沙龙网站上实时更新习近平总书记讲话，用以指导并提高我们讲好中国故事的能力。

第二，开发故事库。结合当前国家对外宣传工作需要和行政学院优势学科，统筹和整合全国行政学院系统资源，征集当地有特色的案例，按照讲故事的风格编辑成适宜对外宣传的中国故事。

第三，开发讲者库。配合故事库建设，在全国行政学院系统内遴选一批政治可靠、具有一定对外沟通技巧和经验的讲者，进行系统培训，增强其对外讲好中国故事的能力，以形成一支能够讲好中国故事的中坚力量。

第四，开发实景教学点。积极利用文化部等相关部委及全国行政学院系统优势资源，在全国范围内开发能鲜明体现中国治国理政特色的实景教学点，结合行政学院涉外培训工作，让受众在实景中加深对中国理论、制度、道路和文化的理解，宣传中国优秀传统文化。

四、实施效果

“讲好中国故事”主题沙龙创办3年以来，共举办47期，覆盖了108个国家和地区的1 400多名官员、专家学者、企业家、记者等关注中国问题的不同群体，有效帮助外国来华人士在最短时间内深入了解中国情况。目前，沙龙网站总点击量已达1 900多万次，日点击量突破千次。海外研修班突破传统的“请进来”模式，勇敢地“走出去”，扩大宣传覆盖面。创办1年以来，举办了14期，培训1 500人次，派出专家76人次，实现以较少的师资覆盖较广泛的受众，增强了传播效应。这些工作成效显著。

（一）帮助外国人更加真切地了解中国

外国人对中国怎么看，不光取决于他们自己的认识，而且还取决于我们的介绍。通过沙龙这个平台，通过打造融通中外的中国表述，讲好中国故事，传播好中国声音，用外国人熟悉的方式和思维习惯介绍他们感兴趣的中国话题，能够把问题阐述清楚，促进双方的理解和互信。据法国前驻华大使白林等外方反映，举办沙龙十分必要，通过讲好中国故事充分讲述了中国在各方面的特色，传播中国治理理念，为世界治理做出了贡献。

（二）培养了一支政治可靠、业务过硬的讲授队伍

要讲好中国故事，必须要有一支过硬的传播队伍。学院专门建立了涉外师资库，从政治、业务、对外传播技巧等方面对主讲人提出要求。为丰富教研人员的视野，我们还为教研人员提供有关中英文对照资料，让大家及时了解对重大事件或热点政策的权威解读、准确掌握相关内容，更好地得到国外的关切。每次沙龙前都要求主讲人做精心准备，确保将沙龙办成一个传播正能量的平台。同时，沙龙也是国际传播舞台的练兵场，通过轻松氛围下与外国人的实际交流，提高了中方学者的沟通能力和技巧，增强了大家的信心，是培养授课人对外交往能力的一个重要平台。

（三）夯实了构建中国特色的对外话语体系研究的坚实基础

沙龙活动引导专家学者在不同社会制度、不同发展道路的比较中鉴别优劣，看

清趋势，深化了对中国特色社会主义的政治认同、思想认同和感情认同。“要想给外国人讲清楚，先要自己弄清楚”，参加沙龙活动促使专家学者们深入思考“中国特色”“中国道路”“中国的经验和成就”“中国对世界发展的贡献”等重大理论问题，有力地推动了中国特色社会主义理论研究，同时学习了解外国人的心理和思维习惯，掌握对外传播技巧，把在发展中国特色社会主义理论过程中形成的一些创造性的概念通过中国故事的国际表达，让外国人听得懂、愿接受，不断增强对中国国情、中国理念、中国道路的认可度。

（四）初步形成了故事库、讲者库、实景教学点

在传播内容、传播方式、提高对外传播能力等方面进行了有益尝试，为下一步工作奠定了良好基础。目前，已在全国行政学院系统内征集故事库，重点进行了中国共产党的故事、中国扶贫减贫故事、中国治国理政故事三个系列故事库的开发工作；选拔全国行政学院系统讲者进行培训，组建讲者库；与文化部积极协商，合作开发了故宫、国子监作为实景教学点，配合“讲好中国故事”主题沙龙的阐释，取得了良好效果。

下一步，故事库、讲者库、实景教学点既可供学院涉外研修班、“讲好中国故事主题沙龙”等使用，也可供中宣部、文化部、商务部等在实际对外宣传工作中使用。

【案例反思】

（一）整合资源，打造平台，建立跨部门合作机制

作为一名领导者，首先要有系统思维，要善于从全局角度出发，整合各方优势资源，实现目标。当前，在对外讲好中国故事方面，虽然参与者众多，但基本是各自为政，合力不足，从而专业性有余，全面性不够。“讲好中国故事”主题沙龙就是一个破局之举，打破部门界限，邀请党、政、军各相关单位参与，充分利用各方优势，依托国家行政学院打造了一个综合性平台，形成了一个行之有效的跨部门合作机制。

（二）勇于创新，勇于实践，敢于担当

创新、实践和担当精神是新时期领导干部必须具备的基本素质。只有思想上的创新，才能带来实践中的创新。而实践中的创新要取得成功，又离不开担当精神。只有三者有机结合，才能使我们的“讲好中国故事”主题沙龙从无到有，取得成

功，继而在此基础上进一步开拓创新，举办“海外研修班”，并启动了故事库、讲者库、实景教学点等配套能力建设。

（三）齐心协力，打造团队文化

打造一支具有高效凝聚力、战斗力的团队，是创新事业成功的保障，也是领导力的体现。从创办“讲好中国故事”主题沙龙，到举办“海外研修班”，到开展能力建设，每一步成功都离不开我们团队的辛勤付出。在这个不断奋进的过程中，我深深体会到，作为团队负责人，一是要能提出愿景，以共同的远大愿景凝聚人心；二是要善于激励，在遇到人手不足、外界不理解等困难时，要做好大家的思想工作，激发团队斗志；三是要注意沟通，在工作推进中遇到障碍时要多听取团队成员的意见和建议，扬长避短，高效开展工作。

【案例点评】

如何提升文化领导权？

国家行政学院国际部在多年“讲好中国故事”的过程中，精心构建对外话语体系，讲好中国故事，传播好中国声音，取得了良好效果，积累了丰富经验。

第一，提高站位，明确文化强国战略。从建设人类命运共同体的高度，从中华民族伟大复兴的高度，讲好中国故事，服务于文化强国战略，服务于“一带一路”倡议，服务于对外开放战略。讲好中国故事，就是要让世界理解中国，帮助中国走向世界，改变“落后就要挨骂”的被动局面，赢得中国话语权，提升文化话语权。

第二，精准定位，建设文化交流平台。所谓定位，是在对本产品和竞争产品进行深入分析，对消费者的需求进行准确判断的基础上，确定产品与众不同的优势及与此相联系的在消费者心中的独特地位，并将它们传达给目标消费者的动态过程。国家行政学院国际部针对来华的外国人，借用西方社会熟悉的形式和语言讲述中国故事，打造一个集学术性、实践性、国际性于一体的文化交流平台。

第三，主动换位，增强国际文化认同。文化交流，要考虑到交流对象的真实需要。“知己知彼，百战不殆。”讲好中国故事，是围绕外国人“最关心、最感兴趣、最需要了解的中国故事”，用外国人熟悉的方式讲故事，讲外国人能够接受的故事。国家行政学院国际部不仅要“中国人讲中国”，而且要“外国人看中国”。不仅要让中国学者在国内讲好故事，而且要让中国学者到国际舞台上讲好中国故事。

案例三

实施“文化惠民券工程”的思考

中共江苏省泰州市委宣传部　常胜梅

【案例描述】

一、相关背景

随着人民群众物质生活水平的不断提高，人们多层次、多样化、多方面的精神文化需求更加迫切，对文化产品选择的自主性也越来越强。现代公共文化服务是满足人民群众基本文化需求、实现人民群众基本文化权益的主要途径。

近年来，泰州市公共文化建设投入稳步增长，覆盖城乡的公共文化服务网络基本形成，公共文化服务体系建设呈现出整体推进、重点突破、全面提升的良好发展态势。如何满足人民群众日益增长的精神文化需求，加快建成高标准公共文化服务体系，是我一直在思考的课题。

2016 年，市委宣传部、市文广新局经过精心筹划，推出实施了“文化惠民券工程”。“文化惠民券”是针对基层文化活动投入不足而设计发行的一种“有价证券”，事前发放，事后兑现，旨在充分提升公共文化资源配置的综合效益，推进基层公共文化服务均等化、精准化，开创政府购买公共文化服务新思路、新路径，着力提升人民群众的文化获得感。

实施“文化惠民券工程”就是按照公益性、基本性、均等性、便利性要求，以政府为主导、公共财政为支撑，充分调动和依靠社会力量，不断完善公共文化服务体系，切实增强公共文化产品供给能力，最大限度地保障人民群众的基本文化权益。

二、困难与挑战

第一，经费保障方面。“文化惠民券”惠及泰州市区的老百姓，所需经费由市、区财政共同分担。有的区表示，承担“文化惠民券”资金任务会冲击本地已安排的文化建设投入；实施“文化惠民券工程”会冲击既有公共文化服务体系。这需要我们统一思想，切实提高对实施“文化惠民券工程”的思想认识。

第二，演出质量方面。“文化惠民券”参与演出团队有省、市专业团队，更多的是本地草根团队。地域局限、地方保护主义和演出团队追求利益倾向，一定程度上会产生演出节目相对固定、更新不够、演出质量低下和恶性竞争等问题。这需要我们加大跟踪督查力度，及时进行绩效评价。

第三，群众满意方面。“文化惠民券工程”是公共文化服务领域的创新举措，能否改变过去的“送文化下乡”不“适销对路”“观众没有演员多”“你有兴趣演、我没兴趣看”等问题。这需要我们探索新路，把选择权交给基层，让百姓自主点单，努力实现精神文化产品供需的“无缝对接”。

三、探索对策

（一）强化财力支撑，完善政策保障

制定下发了《泰州市文化惠民券实施办法（试行）》《泰州市文化惠民券点单演出团队评审标准》《泰州市文化惠民券点单单位预约演出须知》等系列规范文件。明确全市每年文化惠民券资金总额为 1 000 万元，市财政及所辖海陵、高港、姜堰、医药高新区四区财政各承担 50%，采取“以券激励、群众点单、基层比选、政府资助、全程监督”的运作模式，实行实名登记备案制，以乡镇（街道）、村（社区）为单位，按照辖区人口数量及相关标准发放。其中，每个街道 6 万元，每个乡镇 4 万元；街道所辖村（社区）按人均 6 元，乡镇所辖村（社区）按人均 3 元。原则上，文化惠民券不足 2 万元的村（社区）每年至少购买 2 场文化演出，2 万元以上（含 2 万元）的村（社区）每年至少购买 4 场文化演出。文化惠民券有效期为 12 个月，每季度兑付 1 次，中途不得转让、买卖，不得重复使用，逾期作废。

（二）运用“互联网 +”理念，打造服务平台

建设“泰州文化惠民服务平台”，开设了站点公告、演出预报、团队风采、你点我送、惠民成果、汇演门票、网络互动、播种工程等栏目，采用线上线下全程互

动的动态管理模式，为预约单位与演出团队提供24小时“直通车”开放服务，既确保了群众对文化服务的知情权、选择权，又可以让群众根据自己的意愿对文化活动进行便捷、快速、自主的点单，“刷新”了公共文化网上服务模式。

服务平台还集成了三大功能：一是宣传展示功能，宣传“文化惠民券”政策文件、使用办法、演出团队等；二是管理服务功能，包括管理指导参演团队、联络协调演出地点和开展演出效果绩效评估等；三是社会监督功能，通过平台互动留言，对演出团队、演出节目、演出效果进行监督评议。

（三）严格团队准入，确保演出质量

本着立足扶持和鼓励专业、业余文艺团队发展的原则，“文化惠民券”在参演团队准入方面，放宽了对团队性质的限制，同时也制定了严格的参演条件。市内外经民政部门注册或文化部门认可的、具备整台演出能力的专业文艺院团和业余文艺团队均可申报，由专家和群众代表组成的评审团现场根据团队组成、节目构成、设备配备、资金投入、演出成效等因素进行综合评定，实行优胜劣汰制。入选文艺团队经过媒体公示无异议后具备参演资格，同时接受社会监督。“文化惠民券”演出内容必须展现社会主义核心价值观、中国梦、中华优秀传统文化、美德善行、泰州经济社会发展等主题，杜绝反动、黄色、低俗的演出。

（四）从严考核监督，提升运行绩效

成立“文化惠民券”管理办公室，制定了相互监督、相互制约的质量评估考核制度，进一步规范操作流程，保证演出质量。制度规定，除了从市相关部门抽调人员进行定期抽查监督外，各乡镇（街道）、村（社区）需要明确3~5名“文化惠民券”演出监督员，对每场演出实行全程监督。对弄虚作假套取文化惠民券的单位或机构，注销相应的文化惠民券、追回套取资金，取消演出单位文化惠民演出资格；有关乡镇（街道）、村（社区）3年内不得领取文化惠民券，并严肃追究相关乡镇（街道）和村（社区）负责人责任。同时，对文化惠民券的资金兑付进行严格把关，参演团队必须及时提供包括文化惠民券、演出审核单、演出节目单和6~9张能够反映相关演出现场情况的照片，方可到服务对象所在市辖区的财政部门进行兑现。

四、实施效果

截至目前，包括江苏省话剧团、江苏省戏剧团、泰州市淮剧团在内的89家专业和业余文艺团体，实现成功点单演出2 487场，使用文化惠民券资金1 392.84万

元，惠及群众累计100余万人次，实现了演出场所乡镇（街道）、村（社区）全覆盖。中央电视台、《人民日报》、《新华日报》、江苏卫视、人民网、新华网等主流媒体进行了宣传推介，2017年1月5日，中国文化报推出长篇报道《泰州文化惠民券体现民生大情怀》，赞誉其为“永不落幕的百姓剧场”。

（一）变“被动服务”为“主动需求”，把惠民演出的选择权还给群众

“文化惠民券”的发放对象是乡镇（街道）和村（社区），惠及基层一线群众。文化惠民券在策划设计时突出了“群众点单”这个原则，变以往的“我们送什么，群众看什么”为“群众点什么，我们演什么”。有效避免了文化产品供给上的“想当然”“一头热”现象，实现了由“供需错位”到“供需对接”的转变。

“文化惠民券”演出什么时候演，演什么内容，演得好不好，都由群众说了算，实现了“我点你送、我需你供”的精准化文化服务。此外，在实施过程中坚持问题导向，内需驱动，通过群众建议和评价反馈，建立“自下而上、以需定供”的互动式、菜单式、订单式服务，真正做到群众点单、供需见面。

（二）变“政府独撑”为“社会共建”，撬动社会力量参与文化惠民活动

充分发挥政府每年1 000万元文化惠民券资金的引导作用，撬动更多资金投入丰富人民群众精神文化活动中，才能真正使这项工作持续健康发展。“文化惠民券工程”对参演团队提出了较高的准入性要求，并实行“参演团队年度排名末尾10%的淘汰+每季度新晋团队”的动态管理，有力推动了各个团队在节目编排、灯光音响、服装道具等方面的投入。据不完全统计，各参演团队为提高演出质量而增加的资金投入已达400多万元。在“文化惠民券工程”的引领下，各地热心文化建设的社会名人、经济能人也纷纷慷慨解囊，或向熟悉的业余文艺团队给予资金支持，或对邀请专业文艺院团演出的镇村（社区）进行资助，撬动社会各方力量投入文化产品供给，为公共文化服务注入了新动力。

（三）变“节点推送”为“常态供给”，促进文化惠民活动提质增效

原来的一些文化惠民活动，容易停留在“运动式”“游击战”的状态，很难达到常态化、规范化、规模化效果，不仅惠及人群相对固定和狭窄，而且难以形成示范引导效应。“文化惠民券工程”的实施，不仅通过市、区设立专项办公室，以及镇街、村居聘请监督员、联络员对工程实施过程进行规范化管控，而且文化服务部门根据群众购买演出的实际需求，对供给侧资源进行科学统筹和调控，让文化惠民

演出活动长流水、不断线。“文化惠民券工程”受到了基层群众的普遍欢迎，吸引了各级各类文艺团体的积极参与，体现了文化常态服务的理念。

【案例反思】

（一）做好各项工作，要坚持勤于思考，勇于改革创新

“不日新者必日退”。随着经济社会的发展变化，我们面临的各项任务艰巨而繁重，各种问题的复杂程度、解决问题的难度远远超过以往。要注重坚持以问题为导向，保持迎难而上的精神、破解难题的能力、改革创新的锐气，着力研究和解决实际问题。要敢于冲破思想樊篱，破除墨守成规、循规蹈矩的思想桎梏，增强改革创新意识，敢于涉险滩、探盲区，勇于自我革新，跳出条条框框限制，靠创新赢得主动、赢得群众、赢得未来。始终坚持把创新驱动作为强力引擎，善于开动脑筋、独辟蹊径，敢于无中生有、有中出新，抢占先机，破解难题，乘势而上，努力打造工作品牌、形成特色亮点。在工作中牢固树立“永不言满、永不言多、永不言够”的观念，争第一、创唯一，敢与好的争、敢与快的赛、敢与强的比，带动形成各项工作齐头并进、奋勇争先的生动局面。

（二）做好各项工作，要坚持群众路线，树立百姓情怀

“让老百姓过上好日子是我们一切工作的出发点和落脚点。”要牢固树立以人民为中心的工作导向，把人民群众放在最高位置，把为民造福作为最大责任，多做实事好事，不断提升群众的获得感和满意度。要把群众满意作为干事创业的目标，发自内心地谋划为民之策、躬行为民之举。要真心实意为群众谋利益、办事情、解难题，坚持发扬向群众学习的优良作风，努力做到各项决策和各方面工作都贴近实际、符合民意、惠及群众；要把群众当亲人，把群众的事当成自己的事，把群众工作当成自己分内的事，切实维护好群众的切身利益。

（三）做好各项工作，要坚持求真务实，重在久久为功

做好工作，贵在求真务实，成在持之以恒，最忌大而化之。要把工作往深里做、往实里做，踏踏实实、兢兢业业，力戒浮躁，不搞花架子，不做表面文章。要有功成不必在我的境界，对认准的事情持之以恒、一以贯之，不放手、不松手、不丢手，一抓到底，久久为功。要多做打基础、利长远的事情，甘做铺垫工作、甘抓未成之事，注重从点滴入手、从具体事情做起，落细落小，保持韧劲，以“踏石留印、抓铁有痕”的作风，以铺路石的心态一步一个脚印，确保各项任务真正落

地，确保各项措施见到实实在在的成效。

【案例点评】

如何提升文化领导力？

文化领导力是一种柔性的领导力，是一种非权力性领导力。文化领导力的构成要素，主要包括价值领导力、道德感召力、人格亲和力、愿景领导的思维创新力、情感凝聚力、文化整合力和意识形态吸引力。

江苏省泰州市委宣传部实施“文化惠民券工程”，以展现社会主义核心价值观、中华美德善行、泰州经济社会发展等主题的节目服务群众，引导群众，取得了积极效果。

第一，以竞争机制保证高质量的文化服务。提供高质量文化服务，需要建立“点餐机制”。“文化惠民券”演出什么时候演、演什么内容、演得好不好都由群众说了算，实现了“我点你送、我需你供”的精准化文化服务。提供高质量文化服务，要建立竞争机制。泰州市委宣传部建立“参演团队年度排名末尾10%的淘汰+每季度新晋团队”的激励约束机制，各演出团体争第一，创唯一，带动形成各项工作齐头并进、奋勇争先的生动局面。

第二，以参与机制保证可持续的文化熏陶。文化熏陶，贵在参与，贵在让人民群众自我教育，互相熏陶。在“文化惠民券”的激励下，各地业余文艺团队积极竞争，在自我提高演出水平中自我教育，通过提高演出质量熏陶他人。文化熏陶，难在有恒，要下慢工夫。泰州市委宣传部充分发挥政府每年1 000万元文化惠民券资金的引导作用，撬动更多资金投入“文化惠民券”演出工程，保证文化工程的可持续发展。《易·恒》有云：“圣人久于其道，而天下化成。”

案例四

开展诚信文化体系建设 助推公司销售风险管控

中国人寿保险股份有限公司　王翠菲

【案例描述】

一、相关背景

随着我国保险业的快速发展，保费收入规模迅速扩大，行业呈现良好的增长势头与发展前景。特别是2000年以后，保险业进入快速发展阶段，与此同时，保险销售队伍也快速增长。因保险产品设计复杂，专业性强，保险合同包含了大量专业术语，很容易造成信息不对称，一些销售人员为追求业绩，片面夸大产品收益，回避说明免责条款，引诱客户购买。还有一些保险公司片面追求业务发展，放松合规建设，以致行业诚信问题凸显，道德风险、销售误导时有发生。信用问题已对我国保险业的长期稳定发展造成一定负面影响，成为制约保险业持续健康发展的突出问题之一。

中国人寿是中国寿险行业的龙头，业务发展迅速，队伍规模庞大，在长期发展过程中，也面临着销售队伍不稳定、销售误导，甚至出现集资诈骗等案件，给公司及客户带来严重损失。公司对销售人员的管理注重事后的处置，缺乏有效的事前预防和事中监控手段，没有形成销售风险管控的闭环。特别是2004年以来，公司销售人员案件集中爆发，违规行为数量连续多年大幅增长，严重影响了公司品牌和行业形象，甚至危及当地社会和谐与稳定。

二、困难与挑战

2008 年，公司让我组建销售督察部，专门负责销售领域的风险管理。我意识到，搭建“事前—事中—事后”销售风险管控的闭环体系，对有效防控销售风险至关重要，而事前防范尤为重要。诚信是保险行业的立业之本、保险公司的立司之本。因此，建立一套行之有效的销售人员的诚信体系，从事前预防入手，对防范销售误导、集资诈骗等风险是关键。

但诚信体系建设在保险行业还没有先例。因此，我带领团队开展了广泛调研，与国际知名保险咨询机构交流，围绕诚信文化体系与销售风险管控等问题进行了深入沟通，认真研究了美国 AIG、德国安联、法国安盛、日本生命等保险公司在诚信文化建设与风险管控领域的理念和实践经验。为此，我开始着手搭建中国人寿特色的诚信合规体系，但在实际建设过程中，也遇到了一些问题。

第一，保险行业整体诚信的缺失。从行业整体来看，保险行业尚未建立销售人员的信用体系，失信成本较低，销售人员误导和欺骗投保人的事件屡见不鲜。中国人寿要在行业率先建立一套诚信体系缺乏社会土壤。

第二，很难设计一套可行的指标体系。诚信是中华民族传统美德和最崇尚的品质，人无信不立，国无信不兴，诚信是市场经济有序运行的基石，如何将传统文明与现代管理相契合，将诚信理念和文化与现代科学指标量化技术相结合，成为我们构建诚信文化体系的一个重要命题。

第三，很难建设系统的销售风险防控工程。当面对失信结果发生时，保险公司基本都以事后处理为主，很难从根本上解决不诚信带来的问题。国内外优秀同业虽然在销售风险管理理念、管控技术等方面进行了有益探索，但尚未形成系统化的管控思路和规范化的管控流程，更没有公司在诚信文化体系建设方面，形成能够助推销售风险防控的完整体系。

三、探索对策

面对这种情况，我带领团队在系统研究销售风险特征及规律的基础上，形成了诚信文化体系建设的基本思路，并运用数量统计模型来识别评估诚信风险，将管理指标和风险参数进行系统化，创造出独特的通过诚信文化体系降低销售风险的系统化、数字化、网络化的管控技术，并从事前、事中、事后三个领域有效加强销售风险管控。

（一）建立销售风险事前预防体系

第一，开展营销员信用评级和分级管理，开创了营销员品质管理的全新模式。研究开发“营销员信用评估系统”，根据营销员业绩、服务质量、违规记录、奖惩记录等情况，设计60余项指标，综合评分，定期评估出每名营销员的信用级别。并启动营销员信用分级管理，制定《营销员信用分级管理实施细则》，明确了不同信用级别营销员的分级管理和差异化监控措施。

第二，打造“诚信我为先”品牌。为使诚信教育入脑、入心，持续创新诚信教育宣传工具，在全系统持续开展“诚信我为先”主题活动，并配合活动开发了一整套实用性强、传承度高的诚信教育宣传工具。设立“职场诚信墙”，开展诚信宣传“进职场、进柜面、进社区”的三进入活动、销售人员诚信宣誓活动、基层公司“一把手”讲诚信活动、诚信宣传“每日一句”活动、销售人员诚信事迹征文活动，以及创造性地编写、传唱《中国人寿销售人员三大纪律八项注意歌》。

（二）加强销售风险事中监控

第一，建立销售人员风险预警体系，实时监测预警销售人员展业行为。以四大关键指标为核心开发了“销售人员风险预警系统”。通过系统实时观察对系统甄别的高风险人群进行预警回访和针对性排查，实现了对销售人员日常展业行为的跟踪监督，有利于风险的早发现、早解决。

第二，建立分支机构销售风险监测评估体系，定期监测预警分支机构经营行为。系统及时掌握分公司销售风险总体状态。根据风险评估结果，对分公司进行销售风险的分级管理，实现成本最优前提下的风险控制，促进销售风险的数字化、网络化管理。

第三，围绕关键风险点，每年持续推进风险点逐项整治。持续开展销售督察专项检查，督促销售风险管控措施落实，推动风险点逐项集中治理，逐步形成了每年持续推进的风险点整治计划，开创了分公司自查、总公司核查、风险点整改的良性循环工作模式。

（三）加强销售风险事后查处

第一，全面规范销售人员案件查处工作，形成“抓早抓小”的案件防控策略。制定了《销售人员案件查处工作管理办法》，全面规范销售人员案件查办工作；建立维稳日报机制，开展维稳风险排查，保证案发地区的社会稳定和公司秩序正常；建立案件专题研究工作机制，定期对案件进行深入分析，查找风险防控问题，提出改进建议。在案件防控工作中，重点采取“抓早抓小”的策略，大多数案件在案值较低时得以及时发现，实现了案件涉案金额、万元保费发案率的稳步降低，案件主动发现率持续提高，案件查处总体质量显著提升。

第二，加大违规行为查处力度，形成规范、固化的违规查处工作流程。制定下发了《销售人员违规查处工作指引》，明确了违规查处工作相关部门职责，建立统一、清晰的查处工作流程；开发违规行为查处系统，将违规查处流程固化，形成上下可对接、轨迹可追踪的查处工作模式；牵头调查处理违规行为，加大违规惩戒力度，公开处理违规的销售人员，并在公司系统中做通报宣导，防微杜渐，将风险遏制在萌芽状态。

四、实施效果

（一）诚信文化理念深入人心

自2008年率先在业内启动了“诚信我为先”活动以来，历经多年不懈努力，“诚信我为先”已成为中国人寿全体销售人员诚信经营的第一理念，并对整个保险行业的诚信建设产生了一定的影响。2013年，根据党的十八大提出的关于加强商务诚信建设的重要精神和保监会公布的“守信用、担风险、重服务、合规范”的行业核心价值理念，提炼并确立了“立诚·守信·感恩·致成”的中国人寿诚信文化核心价值理念，成为践行社会主义核心价值观，凝聚全系统力量、激发广大员工和销售人员奋力拓展的重要举措。“销售人员实实在在卖保险”“分支机构规规矩矩做保险”“消费者明明白白买保险”的理念深入人心，“一首诚信歌、一次诚信宣誓、一本行为规范、一面诚信墙、一天五分钟、一年一考试、一年一峰会”，从最基层、最基础抓起的“七个一”诚信建设长效工作机制，规范诚信文化建设的内容、时间和频次，促进了销售队伍诚信教育的日常化、制度化和规范化。

（二）销售风险得到有效管控

通过几年的努力，风险监测系统、风险预警系统和信用评估系统三大系统的建设和推广应用，成功实现了对销售风险的有效防范和处置。一是销售人员诚信状况明显改善。信用评估工作推进几年来，销售人员信用评级实现跨越式增长，截至2013年年底，3A级营销员较2010年增长了15倍，2A级营销员增长了近3倍，销售队伍诚信品质持续提升。二是销售人员违规风险显著降低。预警系统运行几年来，对违规案件的发现作用稳步提升，发现线索并确认违规案件上千件，有力堵截了资金类销售风险，维护了客户权益和公司资金安全；保费案发率下降了70%，案件主动发现率提升了21个百分点，销售风险防控成效明显。

（三）公司诚信建设成果实现行业输出

中国人寿作为保险行业的领头羊，积极履行央企社会责任，特别是积极贯彻落实党的十八届三中全会关于加强诚信建设，建立健全社会征信体系，褒扬诚信、惩戒失信的系列精神，以引领行业诚信文化，推动社会诚信建设为己任，在行业内率先开展了诚信文化建设、销售风险防控，一系列工作举措和成果得到行业认可，得到《中国保险报》《21 世纪经济报道》等多家媒体宣传，销售风险管控体系被评为保险行业创新成果奖，实现了对保险行业的成果输出，为推动行业诚信建设、改善行业诚信形象做出了表率。

【案例反思】

在销售风险管控体系的建设过程中，我深刻感受到，要坚定理想信念，开拓国际视野，坚持创新意识，运用现代思维，统筹把握全局。唯有坚持不断创新，才是一切工作成功的基石；唯有坚持实践实用，才是检验成效与否的标准；唯有坚持系统规划、协同推进，才能最终达成预设的目标。

（一）创新性

体系创造了诚信文化建设基础。科学搭建中国人寿诚信文化建设体系，明确诚信文化建设规划和实施路径，逐步实现中国人寿诚信工作从文化建设、文化实施到文化管理的层次跨越，自上而下建立了鲜明的风险管控文化，各级公司管理者和员工对风险特征有了充分认识，并将风险管理作为一个动态过程融入经营管理中。

体系创新了销售风险管控技术与教育机制。体系尝试运用大量数理统计模型来识别、衡量和监测风险，历经 4 年逐渐开发出风险监测系统、风险预警系统、信用评估系统、分支机构销售风险评估系统等实用的风险监测系统。

（二）系统性

诚信文化是一个完整科学的体系。建设具有中国人寿特色的诚信文化是一项系统工程，必须尊重其建设的内在规律，搞好系统性设计，借助必要的载体和抓手，有计划、有步骤地从基础工作抓起，在队伍培养、品牌塑造、系统建设等层面上重点突破，相互协调，相互作用，分步推进，分层落实。

（三）协同性

要做好诚信文化建设，光靠某一个部门的力量完全不够，需要上升到诚信文化建设的公司化高度，由一个部门统筹，横向上充分调动其他相关部门参与的积极性和创造性，纵向上从公司总部到各分支公司层层推进，形成一个多部门协同、销售人员与员工广泛参与、相互交融的局面，共同推动诚信文化的落实。

【案例点评】

如何提升文化领导力？

中国人寿保险股份有限公司积极开展诚信文化体系建设，助推公司销售风险管控，积累了丰富经验。

第一，加强柔性引领，建立诚信文化体系。人无信不立，公司无诚信必败。诚信是保险行业的立业之本、保险公司的立司之本。中国人寿于2008年率先在业内启动了“诚信我为先”活动。2013年，中国人寿提炼并确立了“立诚·守信·感恩·致成”的诚信文化核心价值理念，形成了“一首诚信歌、一次诚信宣誓、一面诚信墙、一天五分钟、一本行为规范、一年一考试、一年一峰会”的具体措施，使“分支机构规规矩矩做保险”“销售人员实实在在卖保险”“消费者明明白白买保险”的理念深入人心。

第二，加强刚性约束，建设风险管控体系。中国人寿尝试运用大量数理统计模型来识别、衡量和监测风险，历经4年逐渐开发出风险监测系统、风险预警系统、信用评估系统、分支机构销售风险评估系统等实用的风险监测系统，并从事前、事中、事后三个领域有效加强销售风险管控。

抓好“四个强” 实现有为有位

中国南方电网有限责任公司宣传文化部 汤梅子

【案例描述】

一、相关背景

为适应改革发展需要，南方电网公司于 2017 年 3 月对总部组织架构进行了优化调整。宣传文化部是南方电网公司党组为落实全面从严治党要求、理顺宣传文化工作体制机制而成立的一个新部门，主要负责推进党的思想建设、新闻舆论工作、企业文化和品牌建设、扶贫工作和团青工作，内设 4 个处室，编制 15 人。

从党的五大建设来讲，宣传文化部负责的工作是摆在首位的思想建设；从企业改革发展角度来看，宣传文化部负责企业文化品牌建设，是管思想、管根本的事情。新部门的成立，既为我们提供了展示才能的舞台，也向我们提出了新的要求和挑战。

二、困难与挑战

作为南方电网公司首任宣传文化部主任，我在工作中面临的困难和挑战主要来自以下三个方面。

（一）新成立部门带来的新要求

公司党组决定成立宣传文化部，对宣传思想、理论武装、新闻舆论、品牌建设、文化建设等工作都提出了很高的期望和要求。新成立的宣传文化部整合了四方面的工作职责——办公厅的新闻工作、品牌建设，原战略部的社会责任工作，原党建部的理论宣传、文化建设、精神文明建设，以及团青、扶贫工作，有些工作是对过去工作的继承，还有一大部分工作具有开创性，需要我们承上启下、勇于创新、继往开来。

（二）职务变动带来的新转变

在到任南方电网公司宣传文化部主任以前，我原担任广州供电局（南方电网公司所属子公司）党委书记，全面负责党的建设工作。到任总部宣传文化部主任后，我的职责和角色发生了转变。宣传文化部是公司党组的思想建设部门，同时也是行政管理部门，负责统筹开展整个南网公司系统的宣传思想文化工作，更需要观大势、谋全局、抓大事，抓整体管控、标准制订、资源配置、监督考核和政策研究，这对我的工作提出了新的要求。

（三）实际工作中面临的新问题

一是构建“大宣传”工作格局的问题。宣传文化部着力发挥统筹协调、管理监督、资源整合、媒体融合的作用，同时也需要建立健全大宣传工作机制，更好地动员各部门各单位参与到公司的宣传工作中来，形成联动与合力。二是业务融合的问题。宣传文化部整合了原来分散在办公厅、战略部、党建部的相关业务，业务较为分散，既涉及宣传，也涉及文化，还涉及团青、扶贫等工作，如何实现全系统业务的有效整合，是摆在我们面前的一道难题。三是人员编制的问题。虽然部门业务面有所扩大、业务链有所拉长，但人员编制有所减少，加大了部门人员的工作量。四是团队建设的问题。团队成员来自不同部门、不同处室，成立之时士气较低，本位主义思想较重，大家存在观望态度。

三、探索对策

（一）强观念，提高政治站位

第一，以身作则加强学习。作为主管思想建设的部门负责人，我注重先学一步、深学一层、多学一些，系统学习习近平总书记系列重要讲话精神和党中央治国理政新理念新思想新战略、宣传思想文化相关理论知识，特别是重点学习了习近平总书记关于宣传思想工作的系列讲话，加强相关政策文件的研究，并转化为管理思路和管理方法。

第二，带领部门学。用好“两个计划”——制订支部党日活动计划，每月开展至少一次以政治学习等为主要内容的主题党日活动，参照公司党组理论学习中心组学习的组织模式、质量要求来组织，做到系统学、深入学、跟进学；制订党员个人自学计划，督促党员结合业务学、结合实际学。

三是紧跟上级部署。紧跟中央和国资委的步伐和要求，确保公司网站、报纸、50赫兹等媒体宣传时时和中央、国资委保持高度一致，在发布内容上跟进、跟紧，提高政治觉悟和政治站位。

（二）强建设，抓好谋篇布局

第一，做好工作谋划。根据《中央宣传部2017年宣传思想工作要点》和国资委中央企业宣传思想工作会议精神，在部门成立后立即对部门的职责进行梳理和归类分级工作，厘清思路、明确重点，印发了《公司2017年宣传思想文化工作要点》，确定了年内需要完成的5个方面23项工作。提前谋划，结合公司的实际情况，细心研究制定了《南方电网公司迎接党的十九大宣传工作方案》，从理论宣传、新闻宣传、网络宣传、活动宣传四个方面进行工作部署。

第二，加强体系研究。启动公司宣传文化传播体系研究，研究制定《公司新闻传播资源整合工作方案》等，着力解决公司系统宣传文化工作体系在业务融合、力量融合、载体融合、功效融合上的根本性问题，搭框架，建机制，抓基础，强管理，利长远。

第三，及时总结经验。组织召开南方电网公司迎接党的十九大宣传工作推进会暨宣传思想文化半年工作会，学习系列讲话，总结成绩和问题，交流工作经验，对下半年的宣传文化工作，尤其是迎接党的十九大胜利召开进行了全面安排部署。

（三）强机制，实施精益管理

第一，构建“大宣传”格局。加强与总部相关部门、有关单位间的沟通合作，充分整合各方力量，利用各种资源，形成宣传部门牵头抓总、有关部门分工负责、整体联动的工作机制。比如我们建立了定期宣传联络协调机制，在总部各部门设立宣传联络员，及时了解各业务板块的宣传需求，加强横向沟通协调。加强对南网传媒公司的支持与指导，引导其更好地服务南方电网公司新闻舆论、品牌建设和产业延伸。探索建立公司宣传思想文化工作的“专家库”，整合公司内外部专家资源，着力提高工作水平。

第二，重视机制建设。研究编制了《公司新闻传播资源整合工作方案》，对公司系统的新闻宣传资源和工作做了相关的整合和要求，同时明确总部各职能部门新闻宣传的职责，做到工作机制顺畅有效。要求部门工作按程序开展、按流程进行，不得有随意性。要求部门人员工作积极主动、雷厉风行、坚决落实上级交办的任务，不能找借口、讲条件、搞变通。

第三，抓好闭环管控。建立起“计划—落实—检查—总结”的 PDCA 闭环管理，使信息得到及时反馈、工作实现环环相扣、问题得到及时解决。每月初定期召开部务会，对上月工作进行总结，对当月工作进行部署，对各项工作进行督办。对部门每月的汇报、总结、计划、会议纪要等材料及时归档。

（四）强保障，形成强大合力

第一，强化政治保障。对上积极沟通汇报、做好信息传递，多次向国资委宣传局、公司党组有关领导汇报工作，争取支持，赢得信任。对下加强责任传递、做好服务指导，所属各单位党委书记是宣传思想文化工作的第一责任人，专职副书记是直接责任人，其他班子成员负责其分管领域的宣传思想文化工作，将宣传思想文化工作纳入年度党建责任制考核范畴。

第二，注重团队建设。让大家树立“有为才有位，有位必有威”的理念，通过定期举办读书、各处室交流、部务会等形式，提高团队能想、能写、能讲、能管“四种能力”。坚持讲原则、重感情、勤补台，以“建设一支讲政治、精专业、敢担当、善团结的卓越团队”为愿景，构建“快乐工作，幸福生活”的团队氛围，将谈心常态化、提醒常态化，引导大家开诚布公、互相信任、互相帮助、互相补台。

第三，加强制度设计。组织制定《关于进一步加强和改进公司新闻宣传工作的实施意见》《公司党委（党组）理论学习中心组学习规则》等一系列根本性、长期性和稳定性的制度，开展制度梳理和修编工作，确保各项工作依章、有序开展，不断提高宣传思想文化工作的科学化水平。

四、实施效果

经过宣传文化部全体人员几个月的努力，公司宣传思想文化工作取得了新成绩、迈上了新台阶。

第一，工作得到多方认可。国资委宣传局负责人到南方电网公司调研时，充分肯定南网宣传思想文化工作“成体系、有章法、显实效”。公司党组对我们的工作表示肯定，我们积极围绕总部各业务部门工作开展宣传，也得到了相关部门的肯定。

第二，部门绩效稳步提高。部门负责的理论武装、新闻舆情、文化建设、社会责任、团青工作等均取得较好实效——制定《中心组学习规则》，推动中心组学习制度化、规范化。截至 2017 年 7 月底，中央及省市重点媒体刊发有关公司的报道 9 932 篇次；推动公司发展总纲要入心、入脑；公司社会责任报告 2017 年再获“五星”评级；公司扶贫工作在中央企业扶贫工作会上做经验交流发言等。

第三，团队实现有为有位。在任务重、部门新、人手缺的情况下，我带领部门人员迎难而上，圆满完成了公司党组交办的各项任务，公司领导评价“这说明公司党组成立宣传文化部的决策是正确的，党组决定我们这些同志从事宣传文化工作是正确的”，初步实现了“有为就有位”。

【案例反思】

到宣传文化部工作以来，我最大的感受就是团队建设、资源整合、管理思维对一个部门工作的有效开展至关重要。

（一）重视团队建设

在工作中，我注重“先人后事”。成立之初，为更快地了解大家，我主动找各个层级的干部员工谈心谈话，描述愿景，鼓舞士气。同时，我对团队和谐氛围的建设十分重视，和谐的氛围能极大地提高工作效率，能使大家心情舒畅、心无旁骛，朝着共同的目标努力奋斗。所以在部门里我弘扬快乐工作、幸福生活的部门文化，既讲原则，也重感情，大家做任何事情都以公司利益为重，从有利于部门的发展、有利于公司的形象来考虑问题和处理事情，对内有问题大家一起解决，对外展现部门团结协助友好的形象。同时，作为团队的领导者，我坚持“要求别人做到的自己先做到”，始终保持谦逊的个性、阳光的心态和坚定的意志，雷厉风行、说到做到，通过自己的行动感染团队每一位成员、带动每一位成员。

（二）重视资源整合

宣传文化部的成立是对南方电网公司宣传资源的一次整合。当然部门的成立只是初步完成了机构的优化调整，各种宣传资源、媒体资源、人才资源还需要我们在工作过程中不断优化、整合，所以我们启动了宣传文化传播体系研究，在理顺工作体系上下功夫，着力抓强基础、利长远的事情。同时，我们也认识到宣传思想文化工作不是一个部门的事，必须全员参与、全员动手，所以我们在工作中积极和各部门、南网传媒公司、外部媒体、内外部专家等加强沟通，集中力量办大事、办实事，让宣传思想文化工作真正有生命力、创新力和发展力。

（三）重视精益管理

精益管理是被国内外诸多企业验证了的先进管理理念和方法，我们在工作中导入“消除浪费、创造价值、持续改善、精益求精”的精益理念，建立持续改进的长效机制，以目标和问题为导向，着力提高管理效率和工作效率。我们秉持“取乎其上，得乎其中；取乎其中，得乎其下；取乎其下，则无所得”的理念，在工作中注重把目标定得高远一些、要求更严一些，努力提高管理能力和水平。注重工作程序、实施 PDCA 循环管理，这些都是我们在工作中导入精益管理思维的体现。让工作得到及时总结、问题得到及时反馈、信息得到及时汇总，进而推动南方电网公司宣传思想文化工作水平更上新台阶。

【案例点评】

如何提升文化领导力？

中国南方电网有限责任公司宣传文化部抓好“四个强”，既加强领导，又加强管理，可持续地提供文化产品，引领网络舆论，树立公司形象，积累了成功的经验。

第一，加强领导，以激发“飞轮效应”促进卓越领导。首先要指明组织前进方向，明确远期目标，制定变革战略。领导干部要联合群众，与相信愿景和战略的人们形成联盟。尤为关键的是，领导者要善于激励和鼓舞人心，激励人们克服各种变革障碍，激发“飞轮效应”。南方电网宣传文化部以“建设一支讲政治、精专业、敢担当、善团结的卓越团队”为愿景，构建“快乐工作，幸福生活”的团队氛围，构建“大宣传”格局，构建网站、报纸、50 赫兹等全媒体平台，不断创造超优绩效，不断追求卓越。

第二，加强管理，以推动“PDCA 循环”促进精益管理。加强管理，就是加强计划和预算，确定实现计划的详细步骤和日程安排，协调必需的资源。加强管理，就是根据完成计划的要求建立企业组织机构，配备人员，赋予他们完成计划的职责和权利，制定政策和程序对人们进行引导，并采取某种方式或创建一定系统监督计划的执行情况。加强管理，就是要相当详细地监督计划的完成情况，如发现偏差，则制订计划、组织人员解决问题。加强管理的核心，是推动 PDCA 循环，不断提高精益管理水平。南方电网宣传文化部每月初定期召开部务会，对上月工作进行总结，对当月工作进行部署，对各项工作进行督办，让工作得到及时总结、问题得到及时反馈、信息得到及时汇总，精益求精，不断提高效率增加效益。

案例六

促进文化融合　带好本地员工队伍

中国海洋石油有限公司　王　欣

【案例描述】

一、相关背景

中国海洋石油是中国改革开放后第一个全方位对外开放的工业行业。自成立以来，中国海洋石油总公司（以下简称“中国海油”）保持了良好的发展态势，由一家单纯从事油气开采的上游公司，发展成为中国特色国际一流的能源公司。石油是国家的经济命脉，国家石油公司不仅要全力应对当前的困难和挑战，还要坚定不移地推动国家发展，贯彻落实五大发展理念，全力配合国家重大战略实施，适应经济发展新常态。

1994 年，一艘名为“丹池”号的油轮载着原油，沿着最初的丝绸之路，从马六甲海峡返回中国。这是海上丝绸之路上中国海油最早的足迹。作为当年中国为数不多敢于“走出去”的企业，中国海油不仅成为对海上丝绸之路探索的“冒险家”，也是新时期“一带一路”倡议积极的“践行者”。

在马六甲区域练习“水性”8 年后，中国海油再度出手，2002 年收购西班牙瑞普索公司在印度尼西亚的资产，成为印度尼西亚最大的海上石油生产商，也获得了中国海油在海外的第一个作业者项目。循着马六甲的海涛，中国海油的海外发展步伐蹄疾步稳，截至 2016 年年底，上游业务已遍及六大洲 20 个国家和地区。

2009 年年底，刚刚 34 岁的我被任命为中国海洋石油东南亚有限公司（以下简称“东南亚公司”）计划与财务副总裁，被派往印度尼西亚常驻。此前，我在总部担任融资与风险管理处处长，主要参与了上游公司香港和纽约两地上市的筹备，以及负责公司各项融资和闲置资金投资活动。新的工作有很大的不同：一是工作地点由国内变为国外，二是从总部到基层一线作业者公司，三是从分管几个人的处长成为分管四个部门（包括财务、计划与经济评价、采办、IT）、近两百本地员工的副总经理。管理层中只有总经理和我为中方员工，其余管理层均为当地员工。我如何能够快速适应新的工作，完成角色的转变？

二、困难与挑战

2010 年 1 月，我到雅加达工作，整整在东南亚公司工作了 6 年。2016 年 1 月回到北京总部。在这 6 年中，面临的主要挑战与困难如下。

（一）员工本地化问题

在印度尼西亚政府本地化的要求下，下属员工几乎全部为当地员工。这带来了以下三方面的问题。

第一，语言问题。总部加强了对海外资产的管理，东南亚公司从相对独立到需要定期和不定期向总部报送大量数据和报告。本地员工工作语言是英语，而报送总部的材料要求为中文，在几乎没有中方员工的情况下，如何解决这个矛盾？

第二，文化差异。中方员工对领导交办的工作都乐于接受并认真完成，而本地员工以工作职责和流程为依据，对超范围的工作会挑战领导，也会对总部要求提出挑战；在公司利益与印度尼西亚政府利益之间，他们更倾向于维护本国政府利益；当地文化非常注重论资排辈，分管的四个部门经理都在 50 岁以上，有着丰富的工作经验，如何领导这样的下属？

第三，能力差异。当地员工愿意按固有模式做事，缺乏主观能动性，面对问题和挑战不愿意想办法。员工队伍的稳定性问题：公司作为作业者的产品分成合同将于 2018 年到期，在印度尼西亚石油合同延期尚未有先例，本地员工对合同到期后的工作预期比较迷茫，导致出现了一定的消极怠工现象。

（二）印度尼西亚油气行业投资环境越来越差

财税政策越来越苛刻，对外国石油公司的监管越来越严格，政府不断通过审计发现来减少外国公司的费用回收，通过“随意的”税务罚单获得大量的财政收入。分管石油行业的石油管理局前局长因受贿被抓，石油管理局还曾被解散，由石油管理部接管。投资环境与监管体系的不稳定，给公司合规运营和国有资产保值增值带来极大挑战。

二、探索对策

作为总部外派的管理层，必须落实总部的要求，执行总部的规定，实现国有资产海外投资的保值增值。但公司运营地在海外，又必须充分了解东道国的政治、经济、文化环境，才能实现双赢。因此，我决定以“尊重融合东道国文化，因地制宜执行总部要求”为原则，探索了以下解决方案。

（一）充分了解并尊重东道国文化，用感情凝聚本地员工

印度尼西亚是著名的“千岛之国”，由约 17 508 个岛屿组成；人口众多，仅次于中国、印度、美国，居世界第四位。印度尼西亚无国教，但规定一定要信仰宗教，约 87% 的人口信奉伊斯兰教，是世界上穆斯林人口最多的国家。根据印度尼西亚政府 2014 年公布的数字，印度尼西亚有 300 多个民族，其中爪哇族占人口总数的 45%，巽他族占 14%，马都拉族占 7.5%，不同的民族性格不同。印度尼西亚还是排华问题最为严重的国度之一。虽然 1998 年之后没再出现排华事件，但华人的语言行事还需谨慎。

第一，尊重每位本地员工的宗教信仰，加强团队建设。在斋月期间，尽可能减少工作量，关心员工的身体状况；按当地习俗，尽可能参加员工的婚礼及其亲属的葬礼；积极参加东道国各项节日庆祝活动，参加每年一次的分管部门团队建设活动，利用印度尼西亚政府要求的“师傅带徒弟”活动，充分和“徒弟”沟通，了解他们思想状态，等等。通过以上行动，较好地拉近了和本地员工之间的距离，建立了深厚的感情。

第二，尊重分管的四个部门经理，充分利用他们丰富的工作经验的优势，妥善处理他们在工作中存在的问题。我了解到他们都是爪哇族，而爪哇族的特点是非常爱面子，而且不愿意说出工作中面临的困难，从而可能会导致交办的任务到期时无法顺利完成。因此，作为一个资历浅、年轻的女领导，我首先非常尊重下属部门经理，虚心向他们请教，注意在公众面前维护他们的面子；同时营造“对事不对人”的氛围，遇到问题，私下指出并进行充分沟通。对于交办任务完成不利的经理，加强过程管理，过程中定期沟通，引导他们说出遇到的困难并共同探讨解决方案，以确保实现预定目标。

第三，加强和同级别的本地管理层沟通，创造和谐的共事环境。我分管的 IT 部门以前比较强势，其他管理层经常会对 IT 工作提出抱怨。我把本地管理层全部邀请到 IT 委员会中，要求 IT 部门对年度计划与预算，各项需求解决方案等重大事项定期报告 IT 委员会，并由 IT 委员会批准后才能执行。本地管理层通过这种方式

较好地了解了IT工作，大幅度降低了投诉率。

（二）做好沟通桥梁，关爱本地员工职业发展，用事业凝聚本地员工

要让本地员工做好本职工作，首先要激发他们爱岗敬业的热情，还要提高他们的工作能力，更要接受总部的战略部署和要求。

第一，加大激励。通过提拔优秀年轻员工，对业务骨干给予激励。针对合同快要到期、队伍不稳定的问题，对业务骨干提供人才保留计划，即承诺合同到期后，转至公司另一个合同区的相关岗位，使业务骨干安心工作；公司人力资源部门为激发员工创新精神，每年举办一次创新大赛活动，但管理类和技术类一起参评，技术类明显占绝对优势。在我的建议下，把管理类分开评选，较好地激发了管理类创新活动。

第二，加强培训。针对员工能力不足问题，加强对本地员工有针对性的培训，积极为他们创造培训机会。公司每年都有本地员工和总部员工互换工作地点的培训活动，但以前都是技术类骨干参加互换培训。在我的争取下，财务部每年获得了一个培训名额，效果好得出人意料。派往国内工作的本地员工不但获得了工作能力的提高，还和总部同事建立了深厚的感情，工作明显顺畅。

第三，加强沟通。加强关于总部战略及要求的宣贯，使本地员工充分理解国有资产保值增值的目标，并将工作目标通过年度计划与考核分解落实到每位员工的身上。同时加强和总部的沟通，对报告的形式和语言都进行了探讨，减少不必要的工作量。

（三）加强学习，努力提高自身能力，真正成为受人尊敬的领导

在努力使本地员工做好他们本职工作的同时，我深刻认识到，作为年轻、资历浅的领导，我必须加强自身能力的建设，才能建立起真正的权威性。在工作中，我虚心向同事们请教，勤思考，遇到不明白的问题就提问。刚开始本地员工对答如流，可是我了解得越来越多，问的问题越来越深入，他们开始渐渐不能立刻回答了，还有很多问题需要进一步研究和调查才能对我做出答复。随着自身能力的提高，明显感觉获得了本地员工更多的尊重，同时，也促进他们养成勤于思考、不应付表面工作的良好习惯。

四、实施效果

第一，本地员工队伍凝聚力和工作能力显著增强，东南亚公司较好地应对了各项工作挑战。东道国印度尼西亚政府近年来民族主义抬头，石油行业政策日渐趋

紧，东南亚有限公司面临较大的费用回收风险。在做好常规工作基础上，东南亚有限公司积极应对挑战，加强风险防控，把任务分解到每位本地员工，及时按政府要求修改工作流程与操作手册，外部加强与政府沟通，内部加强宣贯与培训，努力规避费用不可回收的风险。由于全体员工充分理解总部要求，并且把费用回收率和回报率作为考核指标下发到相关部门和员工，大家上下一心，在工作中都先算经济账，经济评价过了之后才能予以批准实施，有效地保障了公司的利益。

2012 年 11 月 13 日，印度尼西亚宪法法庭宣布上游 PSC 的主管机构石油管理局因违宪而被取消。东南亚有限公司密切关注并跟踪这一变化，发挥本地员工的主观能动性，与政府主管机构保持密切联系，顺利获得印度尼西亚政府对年度预算的批准，并及时获得政府关于各项采办的审批，为公司生产经营的顺利进行提供坚实的保障。此外，为保证东固 LNG 二期开发的经济效益，东南亚公司与其作业者 BP 保持密切联系，与其他非作业伙伴一起，在石油管理局解散后积极促成印度尼西亚政府对东固 LNG 二期开发方案的批准，并批准了融资方式，使得项目的经济效益接近 30%。

针对积累了 10 年的印度尼西亚政府审计发现，本地员工积极献计献策，制定了谈判策略和方案，最终以比总部批复更为优惠的解决方案了结了历史问题。

第二，取得了较好的经营业绩，国有资产获得了保值增值。尽管面对诸多挑战，东南亚公司 6 年间取得了较好的经营业绩，利润超过总部下发的年度预算，经营现金流（不含新项目投资）均为正流入，在公司的海外资产中，业绩排名居前列。

【案例反思】

在东南亚工作的 6 年是我工作经历中最艰难的 6 年，对我是极大的挑战，但我也获得了很大的收获。

第一，国际化不是简单的语言好，而是文化的理解和融合。在海外工作中，首先要尊重东道国的文化，并促进企业文化与当地文化的融合。如果当地员工不认可企业文化，就无法凝聚团队力量。“外事无小事”，细小的文化差异，就可能造成互相间的不理解甚至敌对，研究、理解、践行文化融合至关重要。

第二，领导力不等于领导能力，是要带队伍创造合力。我曾经是一个非常能干的员工，但是成为带领四个部门的公司管理层后，我一个人是干不了四个部门的工作的。如何把四个部门都带动起来，让大家创造合力，是领导需要做的事情。必须迅速完成角色的转换，从“自己干好工作”到“我带领团队干好工作”。关爱员工，用感情留人，用事业激励人，是永恒的主题。

第三，权力不等于权威，权力是公司赋予的，而权威是自己干出来的。公司任命我为公司副总裁，而我的海外员工不会因为这个头衔而全部服从我的指令，他们会不断挑战指令的合理性，这要求我不断提高自身能力，努力提高自己的权威性。提高自身能力依靠在工作中不断地学习，放下身段，虚心请教，不断思考，取得进步。

第四，目标可能只有一个，但实现目标的手段有很多个，因地制宜选择最佳手段。执行总部要求是不折不扣的目标，但如何实现目标，是管理的艺术。完全拷贝国内的管理方式行不通，需要结合东道国文化及具体情况，因地制宜，找到解决方案。如员工们认可规则和考核，那就把目标嵌入规则和考核中去。

【案例点评】

如何提升跨文化领导力?

跨文化领导，要树立“差异”意识，从容忍差异、重视差异到利用差异，提升领导绩效。相反，排斥差异，搞“一言堂”“一刀切”，往往会导致低效甚至失败。中海油东南亚公司在“走出去”的过程中，积累了丰富的经验，值得借鉴。

第一，容忍差异，是加强跨文化领导的基础。就像学校和教师要因材施教一样，全球化领导者要能够容忍服装差异、个性差异、能力差异和价值差异。领导者要尊重东道国文化，要尊重本地风俗，团结本地员工。印度尼西亚是千岛之国，是民族文化多元化国家。公司必须尊重每位本地员工的宗教信仰，领导者作为“师傅”，必须要多沟通，才能带好“徒弟”。

第二，重视差异，是推动领导创新的必由之路。重视差异就是对人的尊重。外籍员工是一个活生生的人，他们有思想，有感情，有个性，有独立的人格。重视差异能够打开创新空间，重视差异能够用人所长。而且，重视差异有助于用人观念的更新。

第三，利用差异，是提高领导绩效的有效途径。我们所熟知的“鲇鱼效应”就是利用差异，改革开放是利用差异，加入世界贸易组织（WTO）是利用差异。在中国企业“走出去”的过程中，领导者要自觉主动利用差异。

网络领导

近年来，中国提出建设网络强国、数字中国和智慧社会的新战略，全国各地领导干部积极创新网络领导模式。网络领导是基于网络平台的多元领导主体共建愿景、共同治理、共享幸福的过程。网络领导的本质是共享领导，关键是协同共治，目的是共享服务。

本专题共有六个案例，分为三组。

第一组，探讨“互联网＋政务服务”课题。国家卫生计生委和人力社会保障部协同起来，充分发挥金字塔科层制组织的制度优势和互联网组织的制度优势，有效提升政府服务水平。广东省揭阳市政府推动“一村（社区）一法律顾问”，构建了一个天上有“云”、地上有格、中间有网的法治网络生态体系，实现法律服务全覆盖。

第二组，探讨“互联网＋智慧治理”课题。国家外汇管理局借助大数据监测分析的优势，开展总量核查、动态监测，实现了宏观、中观、微观的智能监管。水利部长江水利委员会统筹自然生态系统、社会生态系统和赛博生态系统，创建水利网络生态体系。

第三组，探讨“互联网＋精准扶贫”课题。中国邮政集团公司促进邮政网络与互联网融合，坚持“免费原则”促进网络公益，坚持“产业创新”加快智慧物流，构建了邮政农村电商生态体系。中国国际技术智力合作公司主动开展“智力扶贫”，带动“爱心扶贫”，创新“网络公益”，开拓创新“扶贫新思路”。

案例一

实施医保异地就医直接结算

国家卫生和计划生育委员会基层卫生司　李　滔

【案例描述】

一、相关背景

建立新型农村合作医疗是党中央国务院关心广大农民看病就医的重要举措，也是新医改启动以来取得的重大成果。随着经济社会的发展，百姓健康需求的提升，特别是进城务工人员增多，迫切需要解决进城务工人员异地看病就医直接结算报销的问题。

2016 年全国“两会”期间，中国日报社发起了一个“我向总理提问”的网上投票调查活动，请网友选出了十大问题。排在第一位的是加快推进医保的全国联网。

群众有所呼，政府有所应。2016 年 3 月 26 日，李克强总理在“两会”记者招待会上回答相关提问时明确表示：“政府下决心要推进全国医保联网。要在今年基本解决省内就医异地直接结算的基础上，争取用两年时间，使老年人跨省异地住院费用能够直接结算，使合情合理的异地结算问题不再成为群众的痛点。”2016 年《政府工作报告》提出，要“加快推进基本医保全国联网和异地就医结算”；2017 年《政府工作报告》再次提出，“在全国推进医保信息联网，实现异地就医住院费用直接结算”，方便进城务工人员异地看病报销，减少农民负担，提升农民获得感。

国家卫生和计划生育委员会（以下简称“国家卫生计生委”）、人力资源和社会保障部同时接受任务，分别在各自分管的领域负责落实党中央、国务院的部署任务，力争在规定的期限内向人民群众交上一份满意的答卷。国家卫生计生委基层卫生司是负责实施全国新农合的具体经办司局，按照党中央、国务院的决策部署，迅速行动，将新农合异地就医结算列为连续两年的重点工作强力推进。

二、困难与挑战

在全球各国，真正实现医疗保障看病结算实时报销的国家并不多，大多数医疗保障国家多是实行后付制。我国作为发展中国家和人口大国，在启动这项全新的工作之初主要面临以下困难。

（一）中国人口基数大，医疗机构多，互联互通难度大

中国有13亿多人口，分布地域广，医院数量众多，将近99万个不同类型的医疗机构，每年就诊79亿人次，看病报销要实现跨省、跨地区直接结算，工作量巨大。同时，要实现即时结报，必须依靠信息系统的互联互通，而各地各医院内部信息系统各自分别开发，互不兼容，数据编码标准和规范不一致，要在短时间内建设国家统一的结算平台，数据识别存在很大障碍，会出现大量联而不通的现象，影响即时结算的时效性。

（二）各省医疗保障报销政策不统一，跨省异地直接结算差异大

全国各地由于经济社会发展的差异，长期以来新农合的筹资、报销比例、保障水平等实行各不相同的各地具体报销政策，要求和细节主要由统筹地区自行确定。因此，各地在异地就医，特别是跨省就医方面的转诊要求、报销政策等存在较大差异。原则上每个异地就医定点医疗机构需要配置所有统筹地区的报销政策，全国一盘棋实现跨省就医直接结报难以快速实现。

（三）管理经办能力不足，影响异地就医结报工作顺利开展

一直以来，全国各地新农合管理经办机构长期面临人手短缺、能力不足的问题，基层新农合管理经办人员多数由各级卫生部门医务人员兼任，缺乏系统的专业知识。异地就医直接结算作为一项新的工作，在政策调整、流程改造、信息衔接、资金管理、服务提供等方面对管理经办能力提出了更高的要求。过去的管理经办能力显然不能够满足现在的工作要求。

（四）相关机制不完善，影响了业务、信息、资金的顺畅流转

异地就医直接结算涉及信息和资金的及时、准确、安全传输和拨付。由于各地普遍尚未建立完善的转诊、回款、审核、沟通协调、应急处理等方面的机制，业务流、信息流、资金流顺畅流转受到较大影响，部分医疗机构担心医院长期垫资，回

款不及时，影响医院正常业务开展与运转。定点医疗机构存在回款、审核等方面的顾虑，主动筛查患者、提供服务的积极性需要调动。另外，参合患者了解、熟悉相关政策和流程也需要有一个过程。

三、探索对策

（一）注重顶层设计，完善新农合异地就医结算政策框架

医疗保障实现几亿农民在全国范围内几万家医疗机构异地直接结算，在世界范围既是难题也是创新领先。因此，为保障工作顺利推进，加强科学合理的顶层设计至关重要。

在广泛借鉴国外先进经验，充分开展政策调研，认真听取专家和地方意见的基础上，我们会同财政等部门印发了新农合异地就医联网结算实施方案、技术规范等系列文件和协议样本，明确了目标原则，确定了在国家层面新农合异地结报的实施路径、技术规范、结算流程、安全标准。

针对因医疗需求而转诊的患者，以及外出务工或长期异地居住但未能参加城镇基本医保的患者，我们指导各省建立相对统一的异地就医转诊和备案制度，统一补偿、结算、回款政策，简化流程、强化管理、提升服务。从国家层面统一了政策框架和要求。

（二）加强沟通协调，争取各方支持形成工作合力

经反复与中央编办协商，批复同意明确中国医学科学院医学信息研究所为“国家卫生计生委新型农村合作医疗异地就医结算管理中心”，健全了委本级异地就医结算管理队伍。同时，各省均加强了省级经办管理力量，明确分工并落实责任到人，申请建立异地结算财政专户。另外，22 个省级卫生计生委也明确责任处室，加强对辖区定点医疗机构的督促指导。各定点医疗机构按要求成立由院领导、医保、信息、财务等部门组成的领导小组，统筹协调，履职尽责。同时，我们加强与发改委、财政部、人社部等相关单位的沟通，各部委从讲政治、顾大局、为百姓、干实事出发，想办法，聚合力，用最短的时间出台政策，筹集资金，帮助我们启动这项浩大的工程。

（三）坚持务求实用，推进新农合异地就医信息系统联网

医疗保障异地结算能真正实现，必须要借助强大的信息系统。为此，我们组织各方专家迅速开发了国家新农合跨省就医结算信息系统，实现费用核查、转诊、结算、资金申请等功能。同时，指导全国各省对各级新农合信息平台进行升级改造，

增加转诊结算功能。打通各级信息平台和各定点医疗机构的联通通道。指导定点医疗机构按照统一的技术规范改造医院信息系统，直接或间接联至国家平台。以国家平台为枢纽，联通各省级、县级平台和定点医疗机构，互联共享、功能完备、运行平稳、信息安全的新农合异地就医结算网络初步建成。

（四）不断完善机制，提升经办机构管理服务水平

为把这件群众关心、政府上心的事情真正办实办好，经办机构的服务管理水平十分重要，而且这也是一件创新性的工作，我们没有现成的经验可以学习借鉴，必须在干中学、学中干。

为此，我们从建章立制开始。一是建立了规范的转诊机制。各地普遍建立了由转出医疗机构发起，经办机构审核，转入医疗机构确认，运转流畅、密切衔接的转诊机制。二是建立了跨省结算机制。按照“就医地的目录，参合地的政策”确定报销金额，形成定点医疗机构负责结算、垫付，经办机构负责审核、确认、回款的结算机制。三是建立了信息沟通协调机制。公布各统筹地区异地就医经办人和电话，方便群众咨询。利用微信、电话等形式，打通定点医疗机构与各级平台、统筹地区的沟通渠道，实现便捷高效的沟通。

（五）加强培训与督导，快速强力推进全国各地工作

中国地域广阔，各地实际情况各异，工作开展不平衡。但党中央国务院向全国人民承诺一并实现异地就医联网结报。因此，我们针对各省的不同情况，开展集中培训、远程指导，及时解决地方遇到的困难和问题。采取通报、约谈、督导等形式，强力推动各地加快联网和结算，促进工作落实。积极配合国务院第四次大督查工作，会同各省卫生计生部门严格开展自查整改，进一步完善相关政策措施，确保目标任务如期完成。

四、实施效果

截至 2017 年 8 月，全国共实现新农合省内异地就医直接结算 191.4 万人次，报销 105.2 亿元，平均为每人次患者减少垫付 5 496.3 元；新农合跨省就医联网结算 18 235 人次、结报金额 1.4 亿元，平均为每人次患者减少垫付 7 677.5 元。

截至 8 月底，各省已全部实现新农合省内异地就医直接结算。新农合跨省就医直接结算工作顺利推进，覆盖 9 省全部 1.5 亿参合人口。根据患者流向和结算需求筛选，31 个省首批 1 518 家跨省就医定点医疗机构全部开通。

我们提前 4 个月完成了党中央国务院向全国人民的庄严承诺，向党的十九大献

上了一份民生厚礼。

【案例反思】

新农合异地就医结算免除了垫付资金负担，节省了跑腿时间，受到广大参合农民的热烈欢迎和社会各界的充分肯定。大家普遍认为，这是党中央国务院给参合农民办的一件大好事、大实事。

（一）制定政策坚持以人为本，体现党的为民宗旨

在经济社会不断发展的今天，我们必须始终牢记共产党执政为民的根本宗旨，制定完善各项政策必须时刻把“为了群众、方便群众”放在我们心中，在工作方方面面体现为民宗旨。我们坚持在符合政策要求、保证基金安全的前提下，以群众便捷高效为原则设计结算流程。在转诊、信息填报、窗口支付等方面，最大限度简化程序，以身份证为唯一介质，提高各环节的信息化、智能化程度，减少患者等待、填报、排队的时间和手续。

（二）具体实施坚持改革创新，引入社会力量破解“瓶颈”

为方便群众结算，我们引入社会力量，利用现代化信息化工具，最大限度便利群众。我们先后与腾讯合作，引入微信支付平台，实现支付基本医保跨省就医结算业务，服务百姓，受到社会称赞。引入中国人寿支付周转金制度，中国人寿出资 1 亿元作为全国新农合跨省就医结算周转金，创新性地建立快速回款机制。目前，中国人寿累计支付周转金 1 219.7 万元，新农合跨省就医结算回款周期保持在 1 个月内，极大缓解了医疗机构和参合省份资金周转压力，得到各方面充分肯定。

（三）工作作风坚持主动作为，发挥示范引领作用

作为一名领导干部，特别是一名女性领导干部，我十分注重靠前指挥，主动作为，以身作则，发挥示范带动作用。利用女性“多理善导”的优势，在决策前，充分听取各方意见建议，形成科学决策；在实施中，注重与各方协调沟通，发挥团队集体的力量，调动各方积极性；在推动中，细心分清各地不同情况，分类指导督导，确保全国一盘棋，同步达到预期目标。

【案例点评】

如何提升网络领导力？

在“互联网+”时代，国家卫生计生委、人力资源和社会保障部协同起来，充分发挥金字塔科层制组织的制度优势和互联网组织的制度优势，有效提升政府执行力，在规定的时间期限内向人民群众交上一份满意的答卷，值得借鉴和参考。

第一，加快“政府+互联网”，充分发挥科层制分科分层的压力传导作用。传统的金字塔型科层制组织虽然具有分科分层的碎片化等诸多缺点，但是在传导压力方面具有很大的优势，在一定程度上保证了政府的垂直方向上的执行力。“一级抓一级，层层抓落实”。既然总理在“两会”记者招待会上表明“政府下决心要推进全国医保联网”，明确了时间表和任务书，明确了专门承办单位，那么从国务院各部门到全国各省市都要认真执行。国务院通过“督导”制度，进一步提升执行力。

第二，创新“互联网+政府”，发挥互联网跨越时空的横向整合作用。在互联网时代，“互联网+”技术是提升工作效率的重要法宝。整合现有信息资源，开发新的信息平台，成为提升政府执行力的战略选择。在本案例中，一方面，要建立“国家新农合跨省就医结算信息系统”；另一方面，要指导全国各省份对各级新农合信息平台进行升级改造，直接或间接联至国家平台。“建成以国家平台为枢纽，联通各省级、县级平台和定点医疗机构，互联共享、功能完备、运行平稳、信息安全的新农合异地就医结算网络”，将进一步提升我国医疗服务能力。

“一村（社区）一法律顾问”试点的揭阳样本

广东省揭阳市政府　姚丽璇

【案例描述】

一、相关背景

党的十八届四中全会指出，全面推进依法治国，基础在基层，工作重点在基层，强调要加强基层法治机构建设，强化基层法治队伍，建立重心下移、力量下沉的法治工作机制。

作为中国改革开放的前沿省份之一，广东省委、省政府率先提出在全省范围内推广“一村（社区）一法律顾问”的做法，实现政府基本法律服务在全省村（社区）的全覆盖，通过提供法律咨询和法律援助，促进村（社区）依法办事，引导和帮助群众通过法律途径解决矛盾纠纷，保障群众合法权益。2014 年 5 月 5 日，广东省委、省政府第一时间下发《关于开展一村（社区）一法律顾问工作的意见》，提出 2014 年开展试点，2015 年 10 月要实现律师担任村（社区）法律顾问工作全省全覆盖。“一村一法律顾问”工作是广东省委省政府的重要工作之一，被省政府纳入“十件民生实事”，也是广东省司法厅和地方各级党委和政府高度重视和贯彻的重要工作。2014 年 5 月 16 日，广东省司法厅印发《关于贯彻落实〈关于开展一村（社区）一法律顾问工作的意见〉的工作方案》的通知，要求各地结合实际认真抓好贯彻落实。

2014 年，揭阳市率先在全省欠发达地区全面首推“一村（社区）一法律顾问”工作。2014 年 6 月 19 日，市委办、市政府办联合印发了《关于开展一村（社区）一法律顾问工作的意见》，揭阳市委、市政府将“一村（社区）一法律顾问”工作列入“化解社会矛盾、打造平安揭阳”二十项措施和揭阳市“抓落实、促发展，抓基层、强基础”工作 68 项措施内容，并纳入年度普法工作要点和“七五”普法规划。

我当时任揭阳市司法局长，对此高度重视、迅速反应，建立了组织保障、经费保障、工作保障等机制，形成司法行政搭台，律师牵头，法律服务工作者参与，村（社区）来配合的多元格局，全力推进公共法律服务体系建设，推动法律顾问工作全覆盖。揭阳市司法局进一步推进工作，下发《关于进一步规范一村（社区）一法律顾问工作的通知》，要求各地各单位务必要在思想上重视，在人力、财力、物力上倾斜，在措施上见效，在落实上到位。2014 年 10 月，“一村（社区）一法律顾问”制度在全市全面推开。

二、困难与挑战

（一）群众知晓率不高

在群众中尚存“信访不信法”的观念。部分群众在权利受侵害后，首先选择的还是上访而不是求助驻村律师。虽然“一村（社区）一法律顾问”政策中规定，驻村律师要定期开展法律知识宣传活动，但由于资金不足、律师工作繁忙，这项任务很难得到落实，即使落实了，大部分群众也是忙于农务没空了解。有的村（社区）的驻村（社区）律师公示牌悬挂位置不够显眼，甚至闲置在办公室，不及时悬挂，使得群众对这项工作不知晓、不理解，遇事不知道找律师寻求法律帮助。

（二）供求差距大

在经济欠发达地区律师资源短缺的现象一直存在。在实践中，多数驻村法律顾问由律师兼任，由于没有很好地与当地律师协会沟通协调，宣传动员和组织效果不佳，使得聘请律师数远少于实际需求量。当前日益增大的农村法律服务需求与农村法律服务资源匮乏的矛盾十分突出，如何解决这一矛盾是摆在我们面前的一项重大课题。

（三）经费保障问题导致“顾而不问”现象

“一村（社区）一法律顾问”政策只是为群众提供免费的法律咨询服务，若群众决定采用诉诸法律的方式维护权利，所产生的诉讼费用还需由群众承担一部分。

政府所购买的基本法律服务并不包括诉讼服务，所以高昂的诉讼费用使得群众望而却步。再加上农村道路偏远，驻村律师在所驻村（社区）并没有固定的办公室等因素，律师的积极性难免大打折扣。因此，少数驻村律师以报酬较低、办案忙、交通和通信费等支出成本过大等原因为由，对这项工作认识不足，缺乏主动性，到村服务次数少，履职不到位，产生顾而不问、流于形式的现象。

（四）部分村级管理不到位

部分村干部对律师进村存在抵触心理。受我国几千年来官本位、人治思想的影响，部分村干部不善于或者不愿意运用法律思维、法治方式解决问题，惧怕律师对村民宣传讲解法律。我区部分村干部以“我村非常稳定、不需要律师”“我村现在特别乱、律师千万别来”等理由拖延或拒绝律师进村。少数基层司法所对此工作认识不足，责任不明，不知道自己的职责是什么，如何履行监管职责，部分村未落实驻村律师办公场所，未收集群众法律需求，未主动联系律师开展工作。部分基层联系点干部到基层检查督办也不够，驻村律师即使到村里开展工作，也是经常坐冷板凳，没有多少村民前来咨询。

（五）缺乏有效的政策评估体系

政策评估主体单一，评估体系模糊。仅仅依靠体制内部的政策评估是难以实现价值中立的。同时，对于公民而言，缺少明确的具体的评价指标体系，就无法对“一村（社区）一法律顾问”制度进行任何有价值的外部评估。

三、探索对策

自2014年揭阳作为广东省开展“一村（社区）一法律顾问”工作试点以来，由我牵头负责在对全市村（社区）、律师事务所开展深入调研基础上，结合揭阳实际，以解决法律服务群众“最后一公里”问题为目标，以试点先机为依托，先行先试以点带面、打造典型，以示范带动为推进方式，以“六建一编”为创新抓手，以“五项机制”为运作保障，主动作为，积极探索，率先在全省欠发达地区全面铺开“一村（社区）一法律顾问”工作，有效推动基层治理法治化。

（一）“一种思维”引领司法行政

“一种思维”即是法治思维。党的十八届四中全会提出“要推进基层治理法制化”“提高党员干部应用法治思维和法治方式深化改革、推动发展、化解矛盾、维护稳定能力”。运用法治思维和法治方式推动司法行政工作，发挥司法行政服务经济社会发展与维护和谐稳定显得越来越重要。近年来，揭阳市司法工作紧紧围绕市委市政府的中心工作，以平安揭阳建设为目标，着力运用法治思维引领司法行政，取得了明显成效。

（二）“两条线”互动服务

作为经济欠发达地区，揭阳的律师数量根本无法与珠三角发达地区相比。为了解决律师资源匮乏难题，揭阳市司法局以“两条线”服务破解难题。一方面，采取“一名律师多挂、重点服务与巡回服务相结合”的办法，将执业律师和实习律师全部分派到全市 1 623 个村（社区）挂钩担任法律顾问，化解基层矛盾，担当群众“及时雨”，做社会安定的“稳压器”；另一方面，建立“揭阳一村一法律顾问”网络平台，为群众提供线上法律服务。通过线下和线上“两条线”服务，实现“两条线”服务群众零距离。

（三）“三中心合一”共建服务

推进县市区、乡镇人民调解中心、法律援助中心、法制宣传中心“三中心合一”建设，以做好村法律事务的“指导员”、法律知识的“宣传员”、矛盾纠纷的“调解员”、法律诉求的“引导员”、社情民意的“信息员”、基层法治的“参与员”为职责，形成以法治思维和法治方式管理农村公共事务、化解矛盾纠纷、保障村民合法权益、维护社会和谐稳定的新格局。“三中心合一”为民新举措，将中心打造成集法律服务、矛盾纠纷排查调处、法制宣传教育于一体的一线实战单位，积极从“社区调解、法制宣传、法律服务、综合治理”中，把法律服务送进社区，把矛盾纠纷化解在社区，把稳定工作做到社区，为社区稳定构筑了第一道防线。

（四）“四纵四横”零距离服务

“四纵四横”公共法律服务体系也算是揭阳的创新，即建设市、县（市）区、街道（乡镇）、村（居）四级联创公共法律服务网络，推行“互联网 + 村（社区）法律顾问”服务模式，推动“掌上有端（手机终端），天上有云（云计算），地上有格（网格），中间有网（互联网）”的信息支撑体系的建立。一是微信掌上服务平台。依托“揭阳司法”微信公众号，第一时间发布工作亮点、动态和相关政策法规。链接揭阳“一村（社区）一法律顾问”网，实现数据资源开放、互联和共享。二是建立揭阳“一村（社区）一法律顾问”网，设置工作动态、法律常识、法制宣传、法律援助、人民调解、法律顾问、法律讲堂、以案释法、服务评价八个栏目，为广大群众提供全方位的法治宣传教育和法律服务。三是规范使用“一村（社区）一法律顾问”工作信息管理系统。实现数据报送及时准确，办公效率大幅提高，监督管理精准到位，了解情况客观全面，统计分析真实有据，最大限度地加快了问题反应—解决—反馈的速度，缩短了服务群众的距离，优化了治理效能。

（五）“五重点”“五落实”长效执行

“五重点”是指提升基层干部群众的法律意识，提高基层干部的依法办事能力，化解一批村（社区）矛盾纠纷，引导群众依法表达利益诉求，依法维护群众合法权益“五项重点服务”全面落实。

“五落实”保障运作规范。一是落实支援机制，充实队伍力量。2015 年 5 月 28 日，印发《关于优化法律服务资源配置的工作方案》。2015 年 9 月，与深圳市司法局正式建立律师对口支援机制，深圳市 140 名律师支援我市法律服务工作，优化了法律顾问资源配置，充实了基层法治力量。二是落实督导机制，保障工作落实。市、县司法局均成立了由局长任组长的专项督查组，实行领导分片包干责任制，每季度组织一次对全市所有镇（街）司法所、村（社区）的全覆盖检查，有力推动工作落实。三是落实培训机制，提升队伍素质。自 2014 年以来，市司法局和律师协会先后组织举办 10 期律师培训班，共培训律师 1 650 人次。四是落实考评机制，指导工作健康发展。制定《揭阳市一村（社区）一法律顾问工作评估暂行办法》，明确考核方式和奖惩措施，各县（市、区）司法局均能够严格按照要求进行考核评估。与市财政局联合下发《关于发放揭阳市一村（社区）一法律顾问工作经济补贴的通知》，指导各地规范管理和发放补贴，确保补贴经费专款专用。五是落实宣传机制，营造良好法治氛围。注重宣传典型、宣传重点，将“一村（社区）一法律顾问”工作纳入 2015 年、2016 年和 2017 年年度普法工作要点和“七五”普法规划。

（六）“六建一编”服务模式

我们勇于创新，创造性推出“六建一编”新模式、新载体。有效提高了村（社区）法治化水平。“六建”，即建一个村（社区）的法治班子，提高村（社区）“两委”干部民主决策、依法决策、依法办事的能力和水平；建一个法律讲堂，针对突出问题进行以案释法宣传教育，引导群众依法表达诉求，依法维护自身权益；建立一套民主法治规章制度，为村（社区）治理提供法律意见，起草、审核、修订村规民约和其他管理规定；建一个法律文化基地，在村（社区）广场、中小学校建立法制宣传栏或法律文化场所；建一个法律顾问团，专门研讨、解决村（社区）重大、复杂、疑难问题；建一个揭阳“一村（社区）一法律顾问”网络平台，开辟律师与老百姓进行网上对话的通道，目前已正式向群众开放。“一编”，即编一本《揭阳律师以案释法村居行》读本发给全市所有村（社区），由全市律师利用身边案件及热点、重点法律问题以案释法。

实践证明，“六建一编”是新时期加强基层法律服务的有效抓手，在提升基层干部群众法律意识，提高基层干部依法办事能力，化解村（社区）矛盾纠纷，引导群众依法表达利益诉求，依法维护合法权益方面发挥了重大作用，其实践为揭阳司法行政工作注入了新的活力和动力。

四、实施效果

我市在2014年6月率先在全省欠发达地区全面铺开“一村（社区）一法律顾问”工作以来，积极探索政府主导“律师参与社会治理”基层治理新模式，成效显著。

（一）法律服务在全市村（社区）实现全覆盖

目前，揭阳所有行政村（社区）都配有驻村（社区）律师。群众不出村（社区）即可享受到法律服务，困难群体能够及时得到法律援助，群众对法律服务的满意度不断提高。驻村（社区）律师已经成为揭阳市村居矛盾纠纷最前线的“排雷兵”，切实推动着法治下的“基层”工作，也促进着基层治理逐渐走上法治化的轨道。据统计，2014年以来，全市村（社区）法律顾问共接待群众咨询54 007人次，开展法律讲座23 164场次，为村（社区）审核合同2 105份，起草、审查、修改村（社区）事务的法律文书1 875份，出具法律意见书1 198件，接受群众委托代理诉讼案件758件，办理法律援助案件1 237件，参与并成功调解矛盾纠纷2 662件，为维护基层和谐稳定、推动基层治理法治化做出了积极贡献。

基层干部群众的法律意识显著增强，逐步养成知法守法、依法办事的良好习惯，能够自觉通过合法途径反映利益诉求，解决矛盾纠纷，维护合法权益，有效推动基层治理法治化。

基层治理明显改善，形成以法治思维和法治方式管理村（社区）公共事务、化解基层矛盾纠纷、维护村（居）民合法权益和社会和谐稳定的新格局。

（二）法律顾问成为化解矛盾纠纷的生力军

揭阳多地信访案件都有不同程度的下降，社会治安及社会稳定情况不断好转。刚开展一年便成功调解矛盾纠纷950件，出现很多先进模范和典型案例。如法律顾问王德雄成功化解遗留20多年的合同纠纷，使空港区钱前村成功收回20亩土地使用权；宝镜院村法律顾问生燕辉律师力驳无良企业，为工伤致残的村民讨回公道；法律顾问郑旭律师被省委省政府授予2015年“广东省劳动模范”称号。

（三）成为全省学习的样本

通过不断完善基础工作，我市率先探索出符合实际、行之有效的工作模式，并在全省进行推广，吸引了省、市领导的关注和周边各县（市、区）前来参观学习。《法制日报》头版头条、中央人民政府官网、司法部官网、宣传推广了揭阳做法，司法部、省司法厅和市委市政府主要领导给予高度肯定，基层干部群众对法律服务的满意度越来越高。

【案例反思】

3 年多来，我深刻感受到在推行“一村（社区）一法律顾问”工作的积极探索与实践中，加强基层法律服务是事关基层治理的重大课题，如何营造出党委政府、基层群众、法律顾问三方共赢的格局？又如何持续达到这一理想状态？对此，我有许多感悟，认为仍有许多地方值得深思和探讨。

（一）用心用情用智慧

诗人艾青有一句诗：“为什么我的眼里常含泪水，因为我对这片土地爱得深沉。”我们要以诗人的情怀，用心、用情去开展工作，只要我们真情付出，用心工作，以解决法律服务群众“最后一公里”问题为目标，同村（居）民交朋友，讲感情，接地气，我们一定会收获回报，收获感情，收获成就。徒法不足以自行，在“一村（社区）一法律顾问”这一具有公益的、为民谋福利的项目工作推进中，不仅要有较强的业务能力，还要有政治敏锐性，除了要讲政治外，更重要的是讲奉献，有社会责任感，对待百姓用心、用情、用智慧。

（二）针对基层　因情施策

为了更好地开展工作，我们的司法工作方向是紧紧围绕基层民生工程建设、服务统筹城乡发展，充分发挥贴近农民群众、贴近农村基层的职能优势，针对新时期社情民意特点，探索热线电话“听”民意、互联网上“淘”民意、问卷调查“采”民意、深入群众“访”民意、“总结会”上“汇”民意的“五位一体”社情民意调查机制。创新疑难问题“会诊式”、进村入户“渗透式”、个别需求“约定式”、特定群体“上门式”等服务模式，对每村的情况进行了解摸查，根据每村的不同情况，剖析纠纷易发点、多发点，有针对性地加强该方面的法律宣传等工作，因情施策。

（三）整合资源　点面结合

揭阳地处粤东欠发达地区，律师资源欠缺，未来发展有必要整合资源、点面结合，积极探索创立一种有效、先进的工作模式——律师团模式。律师进村居，除律师个人服务外，发挥群体优势，整合律所资源，形成律师团指导帮助进村律师工作，当碰到群体性、敏感性，重大问题无法解决时，律师团中的资深律师、专家就可以把脉问诊，协助解决。这样，形成了进村律师“点”和律师团“面”相结合的团队协作律师团工作模式，以律师团作为进村律师的载体协同作战，集思广益，发挥集体智慧，充分发挥律所律师资源优势，为村（社区）的治理提供法律帮助，及时化解矛盾纠纷，也为政府处理基层法律事务，按法治框架解决基层矛盾工作提供依据。

（四）注重积累　敢于创新

加强创新普法新模式，努力实现单一普法向多样化普法宣传转变，等待式普法向主动式普法模式的转变，用老百姓喜闻乐见的方式开展普法活动。同时，把法律宣传贯穿于每一项工作中，如在解答法律咨询、调解、代书或审查法律文书时，抓紧每一个机会，进行点对点的法律宣传，以提高村民的法律意识。全面深化“法律六进”，突出抓好领导干部学法用法和农村“两委”干部、青少年的法制教育，满足群众法律诉求，推进民主法治进程。

（五）打造典型，示范带动

我们还要继续注意打造标杆示范样本，擦亮品牌，努力打造可复制、可推广的“一村（社区）一法律顾问”揭阳模式。现已在普宁市、揭东区选取8个村（社区）作为示范点，每个示范点以“方便群众，突出实效”为原则，创新“六个一”硬件建设标准，即建立一间律师工作室、一个法律讲堂，设置一块公示牌、一块顾问律师工作室牌、一块法律顾问台签、一个宣传栏，使全市各地学有样板、赶有目标、高效推进。同时，选择条件好的村（社区）升级打造为公共法律服务示范点。

要进一步使全市法律服务工作学有样板、赶有目标、高效推进。已经建立起来的品牌“六建一编”服务模式，已经成为揭阳普法工作的一张名片，要再续辉煌。

（六）在问题中探索　在实践中成长

当前，基层治理面临着前所未有的新任务、新要求，必须把创新作为重要举措，加强实践探索，不断开拓工作新局面。一个好的政策不能止步于政策的制定，它是由政策的执行、评估、监控与反馈等前后相连组成的一个连续过程，在这个连续过程中，要通过强有力的监督、完善的评估体系以及有效的反馈得以实现。

推行“一村（社区）一法律顾问”制度任重道远，它需要法律职业者的不懈努力，需要农民和农村基层组织的理解和信任，需要各级政府和司法行政机关及律师协会的大力支持。只有在全方位、多层次的共同努力下，才能够更好地在“一村（社区）一法律顾问”制度下维护民众权益。

实践探索是基层法律服务改革创新的强大动力和智慧源泉。继承与创新相结合对全面推进“一村一法律顾问”服务工作落实到位、对全面推开按法治框架解决基层矛盾工作具有重要的现实意义和社会意义。

【案例点评】

如何加强网络领导力？

在“互联网＋”时代，广东省揭阳市政府推动“一村（社区）一法律顾问”，有效落实了依法治国、依法行政的国家战略，显示了高超的领导智慧。

第一，加强“法律＋”，构建法律网络体系。把法治作为领导创新的基本方法。加强行政调解、人民调解、司法调解“三调联动”，形成公安、法院、司法、检察等部门协同执法的方式，高效化解社会矛盾。例如，国家提倡“普遍建立法律顾问制度”，广东省推行“一村（社区）一法律顾问”，揭阳市创新“一村（社区）一法律顾问”制度，把党的领导和依法治国结合，以法治为党的基本领导方法。

第二，加强“互联网＋”，提升网络覆盖力。用好现代信息网络技术，合理划分社会服务管理网格单元，积极构建社会服务管理信息化支撑体系，构建了一个天上有“云”（云计算中心）、地上有格（社会管理网格）、中间有网（物联网）的新型社会服务管理信息化支撑体系。

“放、管、服”三管齐下推动外汇管理改革

国家外汇管理局　郑　薇

【案例描述】

一、相关背景

近些年，我国对外开放步伐不断加快，相应地对涉外经济管理部门提出了更高的要求。一方面，要服务好国家整体的战略布局；另一方面，涉外领域的风险不容忽视，守护国家金融国门的责任重大。面对复杂多变的国内外经济金融环境，如何坚持管理与服务并重、不断推动外汇管理领域改革成为我们工作的重中之重。

二、困难与挑战

进入21世纪以来，我国涉外经济发展迅猛，经济结构转型升级不断推进，原有外汇管理框架是自20世纪90年代以来逐步形成的，在相当长的一段时间内，对维护国家金融安全和保障对外经济交往发挥了积极的作用，但在新形势面前受到了多重挑战。

第一，难以满足对外贸易快速发展、贸易方式日趋复杂和多样的要求。加入世界贸易组织以来，我国外贸规模、方式和主体发生了巨大变化。2011年，我国进出口贸易已位居世界第一大出口国和第二大进口国，全国有贸易收支记录的企业超过40万家。同时，对外贸易的交易形式、结算方式也更为复杂多样。在此情况下，

企业将货款和进出口情况逐笔到外汇局核对的管理方式，不仅增加了企业的经营成本，也不利于企业高效、便捷地办理外汇业务。

第二，难以满足市场经济体制下，推动经济结构调整和转型升级的要求。近几年，我国经济增长格局发生了新的变化，服务业持续较快发展，服务业增加值已经超过工业，服务业就业人数已经超过农业，服务贸易外汇收支规模不断扩大、地位日益重要。但我国服务业依然是经济社会发展中的一块“短板”，无论是发展水平还是就业比重，比同等发展中国家都明显偏低，服务贸易具有交易零散化、无形化的特点，且新型业务层出不穷，扩大服务业对外开放对外汇管理不断提出新的要求。“有罪假定”“事前管理”等传统管理理念增加了社会成本，不适应市场经济发展的需要。过多依靠事前管理、行为管理和其他部门前置管理，导致成本高、效率低，不符合政府职能转变的要求。

第三，难以满足国际收支形势变化下，实施均衡管理、防范跨境资金流动双向冲击的要求。21 世纪以来，我国国际收支形势发生了根本性变化。2014 年年底，我国外汇储备达到 3.84 万亿美元，较 2001 年增长了 17 倍。影响我国国际收支平衡的主要矛盾，已经从外汇短缺转为外汇储备过快增长，同时，跨境资金短期呈现双向波动态势。外汇管理面临的主要问题从防止资金流出转向有效应对跨境资金双向流动风险，改革前外汇管理“重流出、轻流入”“重审批、轻监测”的管理模式亟待向均衡管理转变。

三、探索对策

我们深知，任何一项外汇管理改革都是涉及几十万家市场主体切身利益的大事，都是事关国家涉外经济发展战略的重大决策。改革涉及管理思想的变革、法规的修改、系统的重构、管理手段的转变、相关部门的协调配合等方面，我们丝毫不敢懈怠，始终坚持“简政放权、放管结合、优化服务”，构建便利化与防风险有机结合的新型外汇管理制度。

回顾 2011 年至 2013 年，外汇局的同事们多次深入基层广泛征求意见，反复与企业、银行座谈，与相关部门做好政策衔接。为了提高工作效率则尽量当天往返，遇上航班晚点，连午饭都来不及吃就从机场直接奔赴会场。他们还多次组成封闭攻关团队，集中开展政策法规草拟、系统需求分析、改革方案评估等工作，每天从早上 8 点连续工作到深夜 12 点，甚至第二天的凌晨两三点。尽管有人过度疲劳导致身体不适，有人家中亲人生病需要照顾，但大家都克服困难坚守岗位。改革法规出台前后，在全国共举办各类培训数百期，培训主体达数万人次。

还记得在货物贸易改革紧锣密鼓的推进过程中，我有一次出差不慎摔伤骨折，但依然没有怨言、没有懈怠，为确保货物贸易改革顺利推进，仍旧坚持带领同事们一起工作，从组织落实、机构设置、流程再造、内控建设、宣传培训、应急管理，以及地区差异化管理等方面细化相关工作部署。为更好、更快地适应改革后的管理需要，我提出以主体管理思路指导工作，强化非现场监测与现场核查，为改革全面推出提前实战练兵。为确保精准领会货物贸易改革精神，也为亲眼见证改革的到来，我曾坐着轮椅乘飞机奔赴外地参加货物贸易改革全国动员会，全国系统同仁们说我这也是顺应改革转变思路的成果，只要头脑清醒，拖着伤腿坐着轮椅仍可奋斗在一线岗位。

改革正式推出后，我也第一时间带领同事们实地查看银行系统运行和业务办理情况，现场解答银企疑难问题咨询，走访华为、中兴、一达通等多家企业，快速推出“改革温馨提示”，供银行办理业务参考，确保政策执行到位。

改革论证阶段，我们曾经遇到过很多“十字路口”，正反双方辩论激烈，每次遇到这种纠结时刻，我们都坚持“以数据说话、以事实说话”。比如，当时很多人担心外汇局完全取消事前审批或放松事前管理可能会造成管理失控。为做好决策，我们对改革前几年全国货物贸易和服务贸易外汇收支数据进行了测算。但当时的电子化系统仅具备对业务流程的管理功能，分析功能几乎没有，而通过业务人员努力钻研，导出上千万条数据，利用 Excel 或者自行编制小程序的方式对收支特点进行分析，最终在数据面前，大家顺利达成了一致。

按照外汇管理“五个转变”的要求，最终在货物贸易和服务贸易领域的外汇管理改革成功推进。一是大幅整合法规，清理行政许可。两项改革分别废止 123 个和 55 个规范性文件，并将货物贸易外汇管理相关行政许可项目从改革前的 4 大项、19 小项精简为 2 大项、4 小项，服务贸易完全取消行政许可。二是强化成本意识，简化流程和单证。企业办理贸易有关的收付款，不再需要事前到外汇局办理核准、核销手续，全部直接在银行办理；企业向银行提交的单证种类大幅减少，由过去四五种减少到一种；允许企业外汇收入存放境外使用，提高资金使用效率。三是加强监测预警，维护良好的市场环境。改革后，借助大数据监测分析的优势，开展总量核查、动态监测，实现宏观、中观、微观监管的有机结合，提升外汇监管效率。同时，通过信用分类管理制度等，给予大部分守法、合规企业经营上的充分便利，对少数违法违规企业实施失信惩戒，从而营造公平竞争的市场环境。

四、实施效果

外汇管理改革大大简化了银行、企业业务办理手续，降低了运营成本，有利于稳定和促进我国对外贸易的发展，得到社会各界的普遍支持和充分肯定。

第一，企业业务办理时间明显缩短，经营成本下降。改革后，企业出口退税周期缩短，企业往返外汇局、税务局、银行之间的“脚底成本”明显下降，投入的人力资源也大幅缩减。抽样调查显示，年进出口规模超过 1 000 万美元的中型企业，一年节省核销人员工资等相关费用 7 万多元；因取消行政许可，企业单笔服务贸易付汇可节约交通等财务成本为 30～50 元人民币。

第二，银行外汇业务效率显著提高，服务水平大幅改进。抽样调查显示，银行柜台办理外汇业务的时间缩短了一半，由过去平均 20 分钟缩短为 10 分钟。银行柜台人力成本及单证留存成本每年可节约 50% 左右。

第三，外汇管理人员积极转变角色，监管效率显著提高。改革后，外汇局工作人员从繁忙的日常审批业务中解放出来，通过培训，加快转型，集中精力对少数违规企业、风险企业实施重点监管，提高了管理的针对性和有效性。

【案例反思】

（一）深入基层，以身作则

无论是改革伊始的广泛调研，改革过程中的先行试点，还是改革推广过程中的跟踪反馈，我都努力做到深入基层，强化责任担当，和同事们一道奋战在改革第一线，身先士卒、同甘共苦，积极发挥示范作用，引导和带动其他同志，形成合力，力争各项工作高效高质地完成。在工作中，既要展现女性对工作的执着和坚韧性，也要发挥民主、亲和的特质，不忘嘱咐大家要劳逸结合、保重身体，注重伦理关怀，营造一个攻坚克难、团结合作的良好工作氛围。

（二）科学决策，转变理念

改革前，采集全国 2 年的货物贸易收支和进出口数据，以及 5 年的服务贸易收支数据进行基于大样本、大数据的实证分析，不仅验证了改革思路与措施的科学性和可操作性，进一步确立了创新管理的具体做法，还促进了改革决策的科学化。

改革中，不惧革新陈规，按照新的管理理念，认真实践并努力推动外汇管理方式的“五个转变”：从重审批转变为重监测分析，从重事前监管转变为强调事后管理，从重行为管理转变为更加强调主体管理，从“有罪假设”转变到“无罪假设”，从“正面清单”转变到“负面清单”。采用开放度更好、包容性更强的管理模式，深化“法无明文禁止即可为”的理念，极大创新了外汇管理服务实体经济方式，使外汇管理实现了从“管制型”向“服务型”跨越，促进贸易投资便利化。

（三）统筹组织，使众人行

充分发挥女性领导者在组织工作上更善于沟通协作的优势，在改革推进中，对内做好系统内部上传下达，对外做好与相关部门的工作衔接，形成推动外汇管理理念和方式转变的合力。改革后，外汇管理从事前审批逐步转为事中事后监管，根据内部人员情况和业务量变化，灵活调整人员配备，优化人员结构，切实提高外汇管理的有效性。

【案例点评】

如何加强网络领导力？

在人工智能2.0时代，外汇管理局顺势而为，积极探索外汇管理中的“放、管、服”，积累了比较丰富的经验。

第一，增强“新智能”。伴随着信息技术革命，领导者要通过大数据智能、跨媒体智能、自主智能、人机混合增强智能和群体智能等人工智能2.0技术，从追求“智能机器”到高水平的人机协同融合，从“个体智能”到基于互联网络的群体智能，增强“新智能”。例如，外汇局借助大数据监测分析的优势，开展总量核查、动态监测，实现了宏观、中观、微观的智能监管，有效提升了外汇监管效率。

第二，要开启“新慧心”。领导就是服务。领导干部要“不忘初心，牢记使命”。政府要推动基于“互联网+”的“简政放权、放管结合、优化服务”，积极建设服务型政府。外汇管理人员开启“新慧心”，从“有罪假设”转变到“无罪假设”，从“正面清单”转变到“负面清单”，深化“法无明文禁止即可为”的理念，使外汇管理实现了从“管制型”向“服务型”的跨越，促进了贸易投资便利化。

流域携手齐心　共谋绿色发展

水利部长江水利委员会　陈　琴

【案例描述】

一、相关背景

实行流域综合管理是当今世界各国治理水问题的普遍趋势，也是解决我国日益严峻的水资源、水生态和水环境问题的重要途径。水利部长江水利委员会是水利部派出的流域管理机构，在长江流域和澜沧江以西（含澜沧江）区域内依法行使水利行政管理职责。在中央生态文明建设、国家经济转型升级、实行最严格水资源管理制度、深化水利改革，以及保障国家水安全等国家和行业发展的新形势下，如何在具体工作中深入贯彻落实习近平总书记关于治水的重要论述，推进新时期治水兴水建设实践，是我们一直在思考的问题。

大渡河是长江上游支流岷江的最大支流，属跨省河流，水利资源蕴藏量充沛，资源优势突出，流域内规划 29 级电站方案，目前已有 15 座水电站投产发电。但由于多种原因，这些电站分属于 6 家业主主体，随着流域内梯级格局初步形成，上下游归属不同业主的水电站之间矛盾凸显，在经济效益、安全运行及生态保护等方面的风险也在逐步显现。

二、困难与挑战

解决问题就需要结合流域实际情况，不仅是看看报告，更要亲眼瞧瞧。为此，我率队赴大渡河开展调研，实地走访，与多方座谈交流，并在此基础上综合文献调研成果，多角度了解了大渡河流域水资源梯级水电站建设及运行状况，以及存在的主要问题。

第一，供水基础设施薄弱。随着经济社会发展，城镇用水、工业用水需求增长较快，而城镇用水的供水保证率要求较高，近期还将维持这种增长态势，部分区域存在工程性缺水，供水保障程度低。

第二，梯级水电站蓄泄矛盾日益突出。大渡河干流梯级水电开发业主由6家单位构成，各梯级的综合利用目标不尽相同，缺乏协调一致的管理和调度机制，无法有效地在宏观上调节和分配水量，不合理地调度加剧了流域水资源的供需矛盾。

第三，流域信息共享机制不够健全。“一河六主”开发业主之间没有建立水情气象测报信息及防洪调度实时信息共享机制，上下游电站间发电计划的不匹配或防洪弃水的不协调时有发生，从而导致不必要的弃水损失和带来防洪度汛安全隐患，影响了流域水电管理和综合效益的发挥。

第四，涉水综合管理和联合执法工作需要加强。对于河道非法采砂、乱采滥挖、无序超量开采，废渣垃圾无序堆放，以及库区存在网箱养鱼等违法行为，业主之间、业主与地方政府和水行政主管部门之间缺乏联动机制，不能及时有效地处理，影响水电站的运行安全及库区水质等生态环境，是流域水安全的风险隐患。

三、探索对策

通过实地走访和座谈，我发现大渡河梯级电站的各大业主们的管理理念都有了积极的变化。一方面，业主们管理理念上的“绿色”元素更加凸显，对保护与开发的关系有了更深刻的认识。6家国企业主均表达，在追求企业自身发展的同时，也要提高国民经济发展、社会进步和人民生活水平，更要在与自然环境协同发展、和谐共进方面展现国企的表率作用。另一方面，业主们也逐步认识到流域水行政管理既是“紧箍咒”，也是“催化剂”和“护身符”。对业主用多少水、怎么用水提出要求，也是“推着”业主加速产业转型升级，大家都一样地“一碗水端平”，自己企业的用水权益也有了保障。

可以说，推动大渡河流域水资源综合管理，有了良好的思想基础后该如何乘东风做好这篇“水文章”，加快转变大渡河流域水资源管理思路，正确处理好上下游、左右岸、水资源综合利用各功能之间等一系列重大关系，是摆在我们面前的一项课题。我们决定采用系统化的思维模式，以流域水资源统一调度为突破口，构建“点线面”全方位管理，改变以往各业主“各扫门前雪”的狭隘局面，推进大渡河流域水资源综合管理。

（一）以单一电站为“点”，做好蓄水计划和调度方案管理

从保障水电站和流域水安全的角度出发，对单一水电站每年的蓄水计划和调度方案进行管理，旨在规范蓄水工程的水资源调度要求，用直观的数字告知水电站在上游来多少水、水库水位多少等不同情况时如何调度。同时，落实了下泄最小流量的指标和措施，要求水电站蓄水或正常运行时，必须采用发电或开启闸门等措施，保证一定水量下泄，以满足下游河流生态、居民用水及航道安全。

（二）以梯级电站为“线”，做好大渡河流域水量调度方案

探索建立跨部门、跨区域、跨行业的大渡河水量调度协商机制，协调各梯级水电站调度运行，解决上下游梯级和河段用水矛盾，保障下游航运。

实行流域综合管理是当前世界各国治理水问题的普遍趋势，也是解决我国日益严峻的水资源、水生态和水环境问题的重要途径。2017 年 1 月，我们召开会议将梯级水电站业主，地方水行政主管部门和电力部门召集到一起，明确大渡河流域生产、生活、生态，以及发电、航运用水需求，并结合各电站实际情况，提出大渡河流域年度水量调度计划。在后续的实际调度过程中，我们也根据实际来水情况及相关行业用水需求、电网安全、电力供应需求等进行了优化调整。

（三）以河流流域为“面”，做好跨省河流水资源统一管理

大渡河是岷江的支流，其流域涉及青海、四川两省共 6 市州、21 个县区，开展跨省河流水量分配工作，就是明确各省能够分得多少水，并以此为依据进一步确定行政区域生活、生产可取用的水量，保障各方用水需求，同时通过对总量的控制，推进用水效率的提升。作为管理部门，我们在分配过程中明确了管理的指标，用定性定量的指标将各方用水权益表征化，实行精细化管理。

四、实施效果

在大渡河流域，我们以流域水资源统一调度为突破口，进一步规范了水电站项目的水资源管理，基本实现了流域水资源统一调度，同时搭建起来的流域水资源管理平台，也打开了大渡河流域综合管理的新局面。

（一）水电站项目的水资源管理更加严格规范

严格水电站项目的水资源论证与取水许可管理，综合考虑流域水资源、水环境承载能力、流域现有各工程的整体协调关系，以及工程对流域性水资源开发利用的累积影响等，从流域全局的角度思考，做好“流域代言人”。在水电站项目论证过程中，就通盘考虑新建工程对水资源、水环境及第三方的影响，并对水资源保护措

施进行同步论证。在取水许可管理中，突出“放管服”要求，建立项目跟踪管理制度，形成动态监管工作机制，以日常监督管理为基础，结合现场监督检查，并督促整改落实。同时通过送法上门、QQ 群平台、集中培训等多种方式，加强服务指导和政策宣传。

流域梯级各电站水资源管理工作更加规范了，能够按照有关法律法规要求，加强取用水管理，加强计量设施和水资源在线监测管理，缴纳水资源费。

（二）流域水资源统一调度基本实现

探索建立了跨部门、跨区域、跨行业的大渡河水量调度协商机制，并顺利召开首次水量调度计划审查会议，调度计划经会议审查讨论后下达实施。调度计划作为本年度大渡河流域梯级电站水资源统一调度的依据，取得了良好的效果，充分发挥了水资源综合效益，优化了水资源配置，改善了河流生态环境，减少了水事纠纷，维护了流域水安全。

下一步，我们还将制定水量调度管理办法，编制水量调度方案，以指导年度水量调度计划编制和实施。同时，进一步探索建立流域水资源承载能力监测预警机制，进一步促进地区水利水电工程建设与社会自然协调发展，让绿色真正成为发展底色。

（三）为流域综合管理提供了平台

将梯级水电站业主、地方政府，以及地方水行政主管、电力等部门召集到一起，大家坐在一起，谈困难，聊想法，谋出路。例如，2016 年我在调研时召开的座谈会上，大家就提出要建立流域信息共享机制和系统平台的想法，实现水情气象测报信息及防洪调度实时信息共享。部分水电站业主单位提出河道非法采砂、库区网箱养鱼等违法行为，地方政府立即重视起来，加大违法行为的查处力度。针对因电力市场供需矛盾突出、送出通道严重不足等原因导致的大渡河丰水期窝电、弃水严重问题，大家增强共识，呼吁加快川电外送通道的规划和建设，将水电纳入清洁能源配额消纳机制，从而减少流域弃水。

【案例反思】

第一，调查研究要突出问题导向。所谓问题导向，就是以发现和提出问题为工作起点，以解决和回答问题为工作目标，带着问题下苦功夫深入调查研究。只有把事情的真相和全貌调查清楚，才能准确把握问题的本质和规律，从而研究出解决问题的思路和对策。

第二，要把创新精神贯穿工作始终。要敢于打破传统的思维方式和工作方法，主动迎接新形势、新问题的挑战。随着中央全面深化改革的不断推进，在思想观念、工作思路、工作手段、工作机制、表达方式等方面都要勇于创新、善于创新。

第三，夯实共同思想基础才能广泛凝聚力量。要多走下去，去了解、去倾听，邀请各方人员，对涉及他们利益和公共利益的各种事项进行表达、交流、协商，在对话交流的基础上夯实共同思想基础，增进相互理解和合作。心往一处想，劲才能往一处使，这样凝聚起来的最广泛的力量，才能助力问题的解决，推动工作取得事半功倍的效果。

【案例点评】

如何提升网络领导力？

在物联网时代，加强网络领导，就是要建构领导生态体系。现代通信互联网、物流互联网和逐渐成熟的能源互联网有机融合，正在形成泛在的物联网，“帮助人类重新融入复杂的生态圈”。

水利部长江水利委员会创新水利生态体系，统筹自然生态系统、社会生态系统和赛博生态系统，对我们很有启发。

第一，树立“流”的观念，根据水之“流”，从自然流域全局引领创新发展。生态体系创新要基于地方自然风貌和风土人情，要根据水之“流域”，优化社会生态系统——跨地区政府协调机制。水利部长江水利委员会做好“流域代言人”，根据大渡河自然情况，创新大渡河流域水资源综合管理，构建了“点线面”全方位管理，改变了以往各业主“各扫门前雪”的狭隘局面。

同时，要建立信息互联网，建立流域信息共享机制和系统平台，加快信息之“流”；创新能源互联网，加快川电外送通道的规划和建设，将水电纳入清洁能源体系，加快电之“流”；创新物联网，建立流域水资源承载能力监测预警机制，优化大渡河航运体系，加快物之“流”。

第二，树立“利”的观念，共享水之“利”，从利益共同体角度来引领共享发展。水利部长江水利委员会建立跨部门、跨区域、跨行业的大渡河水量调度协商机制，将梯级水电站业主、地方水行政主管部门和电力部门召集到一起，明确大渡河流域生产、生活、生态，以及发电、航运用水需求，共享大渡河水带来的“红利”。

依托邮政网络开展农村电商助力扶贫工作

中国邮政集团公司邮政业务局　陈智泉

【案例描述】

一、相关背景

电商扶贫是壮大富民产业，发展特色农牧业、农产品加工业、劳务经济、现代服务业、新型经营主体的有效形式之一。目前全国有590个国家贫困县，7 000万贫困人口。农村老百姓希望农产品搭上电商快车走出深山，实现脱贫致富；城市居民希望吃上地道的绿色天然食品。但农村电商扶贫贡献率较低，把农村好产品卖出去的问题仍是个难题。

长期以来，在党中央、国务院的正确领导下，中国邮政大力推进国家扶贫战略，发挥服务优势资源，在服务“三农”、助力扶贫方面做了大量工作。邮政70%的网点分布在农村，在此基础上补建了8 440处空白乡镇网点，使邮政网点在全国乡镇百分百覆盖。通过代理、加盟等方式，在农村发展了56万个“三农”服务站、村邮站、便民服务站点，构成了庞大的线下实体网络，为农村电商工作的开展奠定了坚实的基础。

近年来，更是将农村电商作为中国邮政“十三五”期间的三大新增长极之一进行重点培育。努力发挥电商、快递物流和金融服务资源优势，服务农村，服务农民，打造农村电商的主渠道，助力精准扶贫事业。

二、困难与挑战

在农村地区发展电商业务，有很多难点需要克服。

第一，农村地域广阔，居住比较分散。即使我们在乡镇以下拥有 39 000 多处营业网点、几十万的邮政职工和数以万计的投递段道，依然难以满足农村居民就近服务的需求。

第二，农村物流基础设施薄弱，配送成本高昂。农村物流“最后一公里”这个拦路虎，将很多电商企业包括物流快递企业难住，拦在了农村电商市场门外。

第三，专业人才匮乏。农村电商市场是一个操作性和实践性要求非常高的领域。目前，农村电商还处于拓荒阶段，电商运营操作人员非常匮乏。

三、探索对策

（一）打造一个强大的信息系统

围绕国家大力发展农村电商的行动计划，整合邮政内外部资源，与传统电商的 B2C 模式不同，邮政依托“邮乐网”和“邮掌柜”系统发展农村电商，通过培训商超店的掌柜们进行商品代购、代收、代售服务，充分利用线上线下的资源联动效应，线上基于“邮乐网”电商购物平台，线下依托“邮掌柜”系统终端的支持，实现互联网与邮乐网的对接。“邮掌柜”系统为中国邮政实现线上线下联动模式服务“三农”提供了大数据基础。

（二）建设一批农村电商服务网点

农村电商的核心是线下服务站点的建设，对于农村贫困地区，中国邮政采用推广商超加盟店的方式广泛建设中国邮政便民服务“邮乐购”站点，为农民提供免费的软硬件设备，统一的店招，并提供主动上门巡店、培训，为贫困地区的百姓提供电商平台和操作系统“邮掌柜”。

中国邮政鼓励、支持农村百姓通过加盟“邮乐购”，充分利用各项功能，通过工业品下乡代购佣金、邮政便民缴费、邮政金融、包裹业务代理费等增加农村百姓收入。

（三）完善一套农村物流配送体系

在农村电商的发展过程中，注重与政府资源相结合，积极争取电子商务进农村示范工程的物流项目承接。在农村电商较发达的县和农村电商示范县，积极争取政府配套资金支持，重点加大“县—乡—村”电商物流配送体系建设、县乡仓储配送中心建设、农村邮路规划等方面的资金投入，综合发挥农村投递网的作用，在做好普遍服务的基础上，巩固农村电商配送的主导地位。具体而言，主要从以下六个方面入手。一是完善县乡仓储配送中心布局，加快中国邮政便民服务“邮乐购”

站点建设。二是优化复用农村投递道段，做好函件、报刊投递等普遍服务，提供包裹快递投递、批销商品配送、邮政分销产品配送的“最后一公里”，以及农产品返城、包裹快递揽收的“最初一公里”等综合服务，行政村通邮率达到99%以上。三是推进农村投递的汽车化和信息化，增加汽车、三轮摩托车、PDA或智能手机的配备，提升农村地区的包裹快递投递能力，满足批销商品配送要求。四是提高县域趟班频次和投递班期，提升农村电商配送和邮件投递的服务品质和客户体验。五是整合利用邮政便民服务站、“邮乐购”站点、村邮站等社会资源作为接转投递点和自提点。六是逐步尝试通过合理定价、有偿开放农村配送投递网络，为社会快递公司和电商企业提供代投、代收等服务。

（四）提供全方位的电商扶贫服务

中国邮政电商扶贫以实现农村生活“五不出村”即“购物不出村、销售不出村、生活不出村、金融不出村、创业不出村”的服务生态体系为目标。

“购物不出村”即工业品下乡，激活农民巨大的消费潜力，为我国经济稳增长调结构做出重要贡献。工业品下乡主要分耐用品代购和日用品批销。耐用品代购主要聚焦于小家电、家居及服饰等品类，农民可在“邮乐购”店查询、购买邮乐网，以及其他社会电子商务网站的商品。日用品批销是抓住国家供给侧结构性改革机遇，依托邮掌柜系统，以商品批销为切入点，打造连接供应商和邮乐购店的B2B供应链服务平台，帮助“邮乐购”店降低成本，让农民就近就可以买到正规的、让人放心的日用品，对农村流通体系进行完善与改革，改变了部分农村地区的“消费”现状。

“销售不出村”就是利用邮乐网，搭建贫困地区特色农产品平台，建立地方特产馆，以农民自营网店或邮政代运营等方式，深入推进“邮乐网+原产地认证+地方邮政+农村合作社+农户”的特色农产品进城模式，打造邮乐网的原汁、原味、原产地品牌；线下以支局所和农村电商中国邮政便民服务“邮乐购”店为联络点，为农民提供农产品线上电商销售平台、仓储、包装和配送等服务，建设城市实体展示体验店。通过选配好村级电商脱贫站主，对接好电商脱贫产业合作社，打造好特色优势脱贫产业，即打造“一村一品”“一县一特色”，让本地特色的农副产品不再难卖，实现精准扶贫、电商脱贫。

“生活不出村”即通过邮掌柜系统，整合便民缴费服务，使农民“足不出村”就可在“邮乐购”实体店缴纳电费、通信费和有线电视费等公共事业费，购买飞机票、火车票、汽车票、即开型彩票和电脑型彩票等，协助政府全面打造现代化的农村生活模式，进一步促进农村城市公共服务均等化。

"金融不出村"就是为广大农民办理刷卡消费（缴费）、助农存（取）款、信用卡还款、跨行转账、邮政汇款、保险理财等业务。同时，根据邮掌柜的交易数据、库存信息等，对农村邮乐店店主进行信用评级，为其提供便捷的周转资金贷款，为农民提供购买耐用品的个人消费贷等服务。

"创业不出村"就是加强对农民的电子商务培训，鼓励农村当地居民、返乡农民、农村留守妇女等依托邮掌柜系统，开展网上创业，从而引导更多的贫困人口参与电商实践，为解决"农村空心化""农村留守妇女儿童化"等问题做出应有的贡献。

四、实施效果

立足网络资源，初步构建了邮政农村电商生态体系，探索了一条农村电商扶贫的路子。2017 年，全国邮政已建成"邮乐购"站点 42 万个，智能仓储配送中心千余个，291 个县级邮政企业参与了当地政府的电商进村示范项目，邮政农村电商交易额已达 500 多亿元，其中农产品交易额达 30 多亿元。

党和国家领导人多次对我们通过发展农村电商，积极服务"三农"，促进精准扶贫所取得的成绩给予高度肯定。习近平总书记在 2015 年两会期间指出："农村市场广阔，电子商务更是大有可为，希望邮政能够做好"。各大媒体纷纷报道中国邮政在农村电商、精准扶贫和农村物流配送"最后一公里"等方面做出的成绩，充分肯定邮政企业在助农惠农中发挥的重要作用。

【案例反思】

"治国有常，而利民为本"。打赢脱贫攻坚战，是党中央的重大战略部署，需要全社会的共同参与。怎样把党和国家扶贫战略落到实处？中国邮政以国有大型央企的责任担当，充分运用现代信息技术，依托邮政网络和长期服务"三农"的优势，在电商精准扶贫方面努力做出效果、做出特色。作为央企业务部门，在参与组织推进邮政农村电商助力扶贫工作的实践中，我们在信念坚定、为民服务、勤政务实、敢于担当、清正廉洁方面得到了持续强化和提升。

对于领导力的提升还有几点体会。

（一）领导者要敢于拥抱变化

"明者因时而变，知者随事而制"。特别是互联网时代，行业在变化，消费习惯在变化，经济环境也在变化，新技术、新产品、新模式、新业态不断涌现。发展是一个不断变化的过程，发展环境不会一成不变。习近平总书记提出的创新发展理念，是应对发展环境变化、把握发展主动权、更好引领新常态的根本之策。抓住了创新，就抓住了牵动经济社会发展全局的“牛鼻子”。创新是引领发展的第一动力，创新驱动是经济社会发展的必然趋势，也是检验领导者能否与时俱进、善作善成的试金石。

农村电商扶贫对于邮政而言是一个新事物，是一次创新和尝试。对于一个追求卓越的管理者来说，要想有所作为，不但要有强烈的求知欲望，更要有敢为人先的锐气，善于因时制宜、知难而进、开拓创新。要敢于拥抱变化，制定战略并执行下去，才能获得企业可持续发展。

（二）领导者要培养系统思维能力

科学方法论认为，一切事物都是通过不同的要素相互作用与搭配而创生出来的具有整体性的系统。农村电商扶贫是一个复杂的系统工程，既包括工业品下乡，也包括农产品进城，涉及商流、物流、信息流、资金流等多个领域；既要做好中央和各级政府的政策的落地实施，又要满足贫困农民和创业者的需求，还要考虑城市和农村两端消费需求。必须从系统的角度把握事物的本质和发展的规律，站在时代前沿和战略全局的高度观察、思考和处理问题。

（三）领导者要善于凝聚基层智慧

农村电商扶贫工作没有现成的模式，在探索过程中基层邮政迸发了极大的创新活力，全网一旦复制推开，将产生巨大的效益。怎样让这些“星星之火”渐成“燎原之势”？这就要求我们必须走进基层，深入群众，善于了解情况、发现解决问题，推动工作落实。只有接了地气，才有干事的底气。

【案例点评】

如何提升网络领导力？

作为国有大型央企，中国邮政集团公司在新时代脱贫攻坚战中做出了有益探索，积极创新农村电商扶贫新模式。具体而言，有以下三个方面的成功经验。

第一，树立“网络思维”优化邮政生态。中国邮政本来就有强大的邮政网络和长期服务“三农”的优势，围绕电商扶贫需要，线上基于邮乐网电商购物平台，线下依托“邮掌柜”系统终端的支持，实现互联网与“邮乐购”网点的对接，初步构建了邮政农村电商生态体系。

第二，坚持“免费原则”促进网络公益。作为国有大型央企，在农村贫困地区，中国邮政采用推广商超加盟店的方式，广泛建设中国邮政便民服务“邮乐购”站点，“免费”为农民提供软硬件设备，为贫困地区的百姓提供电商平台和操作系统“邮掌柜”。

第三，坚持“产业创新”加快智慧物流。所谓“智慧方向”，就是要把智能物流与人民群众的智慧结合起来，完善“邮乐网 + 原产地认证 + 地方邮政 + 农村合作社 + 农户”的特色农产品进城模式，打造好特色优势脱贫产业，即打造“一村一品”“一县一特色”，让本地特色的农副产品不再难卖，实现精准扶贫、电商脱贫。

案例六

小企业如何做好大扶贫

中国国际技术智力合作公司　朱　岚

【案例描述】

一、相关背景

打赢脱贫攻坚战，是全社会共同的愿望，是实现全面建成小康社会目标的重大任务，也是中央企业必须履行的政治责任和社会责任。2001 年党中央和国务院颁布《中国农村扶贫开发纲要（2001—2010）》，决定集中力量加快贫困地区脱贫致富进程，云南省楚雄彝族自治州大姚、姚安两县被确定为中智定点扶贫县。自此，中国国际技术智力公司（以下简称“中智公司”或“中智”）开启了对大姚、姚安两县持续进行定点帮扶的历程，迄今已是第 16 个年头。

二、困难与挑战

作为央企大家庭中的一员，中国国际技术智力合作公司是中国最大的，也是央企唯一的人力资源企业，同时也是央企中的小企业之一。与大企业强大的资金、资源、技术等方面的优势相比，小企业在扶贫攻坚中存在天然的局限，特别是在贫困地区最需要的人力、财力、物力方面不可能有大的投入。如果在扶贫方面没有创新思路，一味地在人力、财力、物力的投入规模方面纠结，那么，小企业面对贫困地区人民期待的目光时难免感到尴尬和无奈，在央企扶贫攻坚战中很难尽到责任、发挥作用。

三、探索对策

我们认为，不分行业，不论大小，只要牢牢把握企业自身的特点，结合贫困地区经济社会发展的实际需要，最大限度地发挥企业自身的业务优势，不断创新扶贫思路，撬动、整合社会资源，小企业一样可以做“大扶贫”。

（一）以智力投入为重点，开启教育扶贫、智力扶贫思路

钱少就洒不起胡椒面，有限的钱只能花在刀刃上。扶贫工作开始之初，中智公司结合自身业务特点，就确定了“智力投入，重点资助”的工作方针，开创“教育扶贫、就业扶贫、智力扶贫”的基本思路。选择教育作为扶贫的切入点、重点，既发挥了中智公司最突出的“智力”上的优势，又契合了“治贫先治愚”的扶贫逻辑，弥补了贫困地区经济社会发展的根本“短板”。

自2012年起，围绕着教育扶贫，中智公司多次举办大型慈善捐赠活动，精心设计捐赠项目。2012年，公司举办首次“奉献一片爱心，改变一种命运——中智公司大型慈善捐赠活动”，向中智全体员工、所有合作伙伴及客户员工发出“为云南贫困地区中小学募捐倡议书”，为大姚县和姚安县的贫困山区中小学捐赠“爱心电脑”“爱心衣物”“爱心书包”“智慧图书”等，总价值超过100万元。其中4 500个“中智爱心书包”，覆盖了大姚、姚安两县2012年入学的全部一年级学生和大姚县最贫困山区2013年入学的一年级学生。

2014年，中智公司举办第二次“奉献一片爱心，改变一种命运”大型慈善捐赠活动。捐赠活动得到合作伙伴和内外部员工的积极响应，共收到冬衣、玩具、电脑及部分学习用具等捐赠物资价值合计60万元。为使贫困家庭的孩子能够继续学业，慈善捐赠活动还精心设计了助学行动，将大姚和姚安两县山区的700余名贫困生家庭情况在网络上公布，由捐助者自主认捐，给每个贫困生捐赠400元。捐款在当地采购1头猪仔，通过学校以勤工俭学名义发到贫困生家里饲养，使其从小培养劳动习惯，树立劳动致富的观念，同时还可以补贴学习费用。助学行动得到爱心人士的积极响应，共有700多名贫困生得到捐助。

2016年，中智公司举办第三次“奉献一片爱心，改变一种命运”大型慈善捐赠活动，共收到捐赠物资价值超过40万元。配合精准扶贫、精准脱贫，为使捐赠活动受惠群体对准建档立卡贫困户，精心设计了三个资金捐赠项目。一是“中智爱心书包”项目。在中国扶贫基金会的微信平台上设立专门的“中智爱心书包”微信服务号，每收到捐赠100元，为大姚和姚安的贫困小学生购置一个爱心书包。二是“一帮一，爱心伴回家”项目。大姚县六苴等山区乡镇交通不便，当地中小

学实行连续上课10天、休息4天的作息制度，学生依靠公交长途车返家，单程10余元的车票款成为贫困家庭的负担。为使贫困家庭的学生能在假日回家与家人团聚，“一帮一，爱心伴回家”项目将大姚县贫困山区的建档立卡贫困生家庭情况在网络上公布，由捐助者自主认捐，为每个贫困生捐赠400元，资助其一学年的回家路费。三是“一帮一，爱心放飞梦想”项目。为使已考上高中但因家庭贫困放弃就学的孩子们完成高中学业，将大姚和姚安两县因家庭贫困放弃高中入学的学生情况在网络上公布，由捐助者自主认捐，为每个贫困生捐赠2 000元，资助其一年的学习费用。

此外，围绕资助基础教育和贫困山区的孩子，中智公司还设立了在学孤儿的资助项目“中智奖学金”“中智电脑教室”“中智图书室”“彩衣计划”“梦想教室”“睡前故事”等助学项目，助学成效显著。

（二）发挥庞大的雇员资源优势，撬动、整合社会资源投入教育、医疗等民生扶贫领域

中智公司本身只有4 000多名员工，但作为人力资源服务企业，拥有庞大的客户资源是公司独特的、突出的优势。因而，充分发挥桥梁、中介作用，整合、撬动、引进社会资源共同扶贫，就成为中智公司扶贫工作的最大亮点。

第一，引进“美丽中国”支教项目。“美丽中国”支教项目是由部分国际著名企业发起组织的助学公益基金会下设的项目，每年从中美两国招募优秀青年人才，输送到我国教育资源匮乏地区从事两年一线教育教学工作。2014年，经中智公司云南挂职干部积极沟通协调，为大姚县引入“美丽中国”支教项目。200名中外项目教师齐聚大姚，展开为期一个月的暑期教师培训，之后28名教师（其中包括5名外籍教师）留在大姚进行为期两年的支教，在解决山区教师短缺问题的同时，也使大姚县成为全楚雄州首个有多名外籍教师支教的县。“美丽中国”项目落户大姚三年以来，已先后派出3批、近60人次项目老师，为大姚县基础教育的发展做出了积极贡献。

第二，引进“爱飞翔—乡村教师培训”。“爱飞翔—乡村教师培训”是由中国红十字基金会、崔永元公益基金等发起的乡村教师培训项目。2015年，中智公司与“爱飞翔—乡村教师培训”关爱基金平台合作，选派20名大姚县乡村教师到华东师范大学培训。10多天里，乡村教师们在上海听高水平讲座，参观科技馆，夜游黄浦江，到上海市民家庭做客。随后，他们回到乡村一线教学岗位，将自己在上海的所见所闻告诉山里的孩子，让孩子们了解外面的世界，感受社会的温暖和关怀。2016年、2017年，中智公司继续与“爱飞翔—乡村教师培训”关爱基金平台

合作，选派20名大姚县乡村教师到上海培训，收到极好的社会效果。

第三，组织上海医疗公益行。2014年8月，结合大姚县当地常见病及医疗培训需求，中智上海公司协调上海市卫生计生委，派遣由风湿类疾病等领域专家组成的专业资深医疗专家团队一行15人，赴大姚县开展义诊、培训活动，为600余名群众开展医疗诊治和医疗咨询，并对县乡医疗机构的200余名乡村医生及管理人员开展了《医疗纠纷的防范与处理》《院前急救的处置》等具有针对性的专题业务培训。此后，中智公司多次组织上海医疗专家赴大姚县开展义诊，并于2017年首次将姚安县纳入义诊范围，为当地百姓疑难杂症的精准诊疗、当地医疗水平的提升、医生眼界的开阔提供了良好的契机。

未来，中智公司将继续与云南大姚、姚安等县深入对接，关注医疗、教育、儿童发展等领域，整合、引进社会资源，为当地带去更多公益项目。

（三）充分利用互联网平台对接供需，开创产业扶贫新模式

大姚、姚安地处偏远山区，菌类、核桃等高原农产品丰富，但由于交通不便，深加工跟不上，卖不出去，卖不上价钱。为促进定点扶贫地区特色产品的推广和发展，中智公司发挥自身雇员资源优势，依托“中智关爱通”电子商务平台，推广贫困地区特色产品，增加贫困农民收入，开创了产业扶贫的新模式。

经过充分的调研、沟通、协调，2016年8月，公司在大姚县举行了“中智集团帮扶大姚县推广高原特色产品签约仪式”，与大姚广益发展有限公司等4家民营企业分别签订了销售协议，借助“中智关爱通”员工弹性福利电子商务平台，将大姚高原农产品推向全国一二线城市的高端市场，得到了国务院、国资委的高度肯定，被称为“开拓创新扶贫新思路”，并在国务院、国资委网站报道宣传。

目前，这一产业扶贫模式正在得到复制、推广，随着更多企业、更多贫困地区土特产品借助“中智关爱通”平台走向一二线城市，走向中智公司庞大的客户群体，大姚、姚安越来越多的贫困人口脱贫致富的脚步也越走越坚定了。

四、实施效果

回首15年的扶贫历程，虽然与其他大型中央企业扶贫工作方面的巨大投入和巨大成绩不能相提并论，但中智公司的扶贫工作也可以说是亮点频出、独具特色、成效斐然，被国务院、国资委授予“中央企业扶贫开发工作先进单位”，被云南省委省政府授予“扶贫济困，情暖人心”“倾情帮扶，共建和谐”“倾情扶边疆”等称号；连续多年被云南省扶贫办授予“社会扶贫先进单位”，被楚雄州委州政府授予“社会扶贫先进集体”等称号。在大姚、姚安县，中智公司可以说是响当当的

“品牌”。

【案例点评】

如何提升网络领导力？

在人工智能2.0时代，关键是提升领导智慧。作为央企的中智公司，不仅通过发挥自身优势，推动“智力扶贫”，带动合作者开展“爱心扶贫”，而且通过“电商扶贫”，放大扶贫效果，给出了富有智慧的答案。

第一，主动开展“智力扶贫”，走向公益企业。在新时代，每个企业都要注重承担社会责任，开展企业公益，走向公益企业。央企更应该在这方面发挥带头作用，尤其是要在脱贫攻坚方面发展重要作用。中智公司发挥最突出的“智力”上的优势，开创“教育扶贫、就业扶贫、智力扶贫”的基本思路，连续举行大型慈善捐赠活动，开启“中智奖学金”“中智电脑教室”“中智图书室”“彩衣计划”“梦想教室”等多个项目。

第二，带动“爱心扶贫”，增强扶贫力量。每个企业的能力和资源是有限的，但是每个企业可以与合作者共同开展社会公益，放大企业公益的力量。虽然是“小”央企，但是中智公司激活“顾客网络”，发挥庞大的雇员资源优势，撬动、整合社会资源投入公益活动，有效放大公益效益。

第三，创新“网络公益”，放大扶贫力量。中智公司建设“中智关爱通”电子商务平台，推广高原特色产品，把欠发达地区的劣势变为优势，开拓创新扶贫新思路。

危机领导

危机领导指领导者对危机事件能准确预见，通过对危机事件全面深入的识别和了解，提高组织危机反应能力，从而促进组织尽快恢复，通过对危机事件的反思，提高组织危机学习能力，最终使组织对危机有更强的免疫力。

危机领导模型包括危机预见、危机识别、危机处理三个阶段。危机领导的关键是加强危机学习，提高危机预见能力和危机识别能力，提高企业对危机的反应能力。

如何提升危机领导力?

危机领导，难在临危不惧，贵在冷静分析，妙在转危为安。

北海市之所以成功处置2012年8月18日海上油轮漏油事故，首先在于有备无患，有条不紊。在2011年12月30日，北海市在广西率先印发了《北海市船舶污染应急反应预案》。

湛江市坡头区面对广东电视台新闻联播的曝光报道，面对省纪委的整改要求，一方面，攻心为上，让领导干部看到实心黏土砖厂的严重危害，对“顽固分子”开展思想攻坚；另一方面，因势“利”导，关闭砖厂，主动维护和增加群众的权益。

中核华辉科技发展有限公司领导临危不惧，临乱不惊，洞悉风险，洞若观火。在洞悉风险的基础上，在对上、对下、对内、对外四个方面提出“十大对策”，不仅实现了公司“转危为安”，而且实现了“转危为机”。

案例一

“8·18”海上油轮漏油事故的成功处置

中共广西壮族自治区北海市委统战部　毛艳琼

【案例描述】

一、相关背景

2012年8月17日晚，第13号台风“启德”的中心在中越边境交界处，也就是广西沿海登陆，正面袭击广西沿海。北海市受台风影响，部分公交站牌、广告牌、树木被吹倒，城市遭受严重内涝，全市停水，部分地区停电，中小学停课。全市有23万人受灾，700间房屋倒塌。18日凌晨1时许，市区北岸一艘载重量200多吨的油船从近海锚地被风吹撞至岸边搁浅，船上装载的燃油发生泄漏。

2010年至2011年，我国连续发生重大油污污染海面事件，使海上环境污染事件成为非常敏感的问题。2010年7月16日，大连新港油品码头因为一条输油管线突然爆炸，一夜之间，超过1 500吨的原油流入大连新港和大窑湾港区，成为辽宁省水域发生的最大一起油污污染海面事件。中国环境科学研究院研究员赵章元向媒体表示，这次事故给大连海域造成的生态危害，可能持续十年左右。2011年6月，美国康菲公司与中海油合作开发的蓬莱19－3油田发生溢油事故，康菲被指责处理渤海漏油事故不力，导致事故不断升级。

2012年“8·18”油船漏油事故发生后，各级领导高度重视，广西壮族自治区领导亲自打电话了解情况。北海市委、市政府主要领导做出批示，要求有关部门采取科学办法及时处置，把漏油对海洋和周边环境的影响降至最低程度。广西海上搜救中心、广西海事局领导立即赶赴广西海事局总值班室指挥溢油清除行动。

二、困难与挑战

一是海上溢油是非常严重的公共事件，如果处理不妥当、不及时，会对海洋环境造成长期难以消除的破坏和污染。二是近两年连续发生的重大油污污染海面事件，使海上环境污染事件成为非常敏感的问题，“8·18”油船泄漏一事极易引发社会关注和恐慌。三是事发当时有大量记者集中在当地报道台风情况，媒体会聚焦这一事件，极易引发舆论事件。四是台风还没有过去，海边风力仍然很大，给现场处置带来困难。五是这个事件如果处置不当，可能会影响到北海刚刚起步的石化产业的发展。

三、探索对策与实施效果

接到市政府值班室电话后，我立即驱车赶往现场，同时，在赶往现场途中与值班室保持联系，并立即启动应急处置预案，布置相关应急处置工作。到达现场后与已经到达的相关部门负责同志一起商量对策，采取措施。

经仔细查看事故船只和现场情况，并与船主交谈，初步了解到该油船在台风到来之前停泊在附近海面锚地。因为风力太大造成走锚漂移，船被风吹往海岸碰撞海堤而搁浅，搁浅的油船在碰撞海堤时，造成船内的油舱出现约20厘米长的裂痕，导致柴油泄漏。该船载重量为200吨，在搁浅时，船上装载有约50吨的柴油。泄漏出来的柴油油污分布在约200平方米的岸边浅滩上，海面有零星油沫。

经进一步了解，该船油舱设计为分隔舱，每个隔舱的容量为20吨。据船主称，之前漏出的柴油估计有5吨左右。当时风力仍然很大，但是风向是从海上向岸上吹，油污集中在岸边浅滩，不易向海上扩散。泄漏的柴油是易燃品。

经过现场快速分析、研判和预判，我们第一时间向市委市政府主要领导报告，按规定向自治区领导和相关部门报告。立即成立事故处置现场指挥部，设定工作目标，协调事故处置工作。成立若干专项工作组，明确各组责任。

一是成立油污处理组，由海事局牵头，立即对破损漏油分隔油舱的漏洞进行封堵，防止更多油污泄漏；立即在油污水面周围布置两道围油栏，对溢油进行围控，防止油污向海上扩散，把油污控制在最小的范围内；立即组织专业清污公司、船公司的员工用吸油毡把浮在海面的漏油吸起回收，装入油桶运离，将污染影响控制到最小。二是成立清运防火组，由消防支队负责，海事局立即调来油罐车，将残舱中的剩余柴油通过管道抽到油罐车里，对船上油品进行转移作业。消防车在现场待命，防止并随时应对突发事件。三是成立现场安全保卫组，由公安部门负责对现场拉警戒线，维护现场秩序，劝阻围观群众，防止出现踩踏或万一油污起火伤及围观群众。四是成立海洋环保监测组，立即组织海洋环保监测机构技术人员及海事、海监执法人员在现场对海洋污染情况开展调查取证，对泄油海域展开监测，并实时向社会发布监测结果，平息可能出现的谣言和社会恐慌。五是成立宣传报道组，由市委宣传部负责及时主动对外发布信息，与各路媒体沟通联系，并加强网络舆情监控，防止谣言扩散。六是成立群众工作组，由所在城区政府负责，组织街道办事处及社区工作人员深入群众，做好解释、引导工作，防止出现恐慌。

2 点左右，海事部门首先到达现场。3 点左右，现场指挥部成立，各专业工作组到位；专业清污公司运来围油栏并开始进行布控。5 点左右完成破损船舱漏油点封堵，堵漏成功，停止漏油。8 点左右，溢油完全得到控制，90% 的漏油已经处置。8 点 30 分，完成船上的沉油转移。10 点 30 分，海面的油污已基本被清理完毕，现场全部清理完毕；中央电视台新闻频道直播主持人连线采访现场记者，现场记者边说边用手捧起海水证明海面油污已经处理干净。

中广网、央视网、网易新闻、搜狐新闻、广西新闻网、南国今报不断通过网络媒体发出现场情况报道，并以“广西北海输油船泄漏事故九成漏油已处置（图）”“台风启德致供油船北海搁浅泄漏　溢油已清理完毕”“船在北海搁浅 5 吨溢油快速清除”“北海成功处置油轮泄油事件”“台风启德致油船北海搁浅泄漏目前已妥善解决”为标题报道处置结果。

【案例反思】

此次泄漏事故处置科学、及时，措施方法得当，溢油清理工作非常顺利，对海洋环境的影响不大，未造成海洋环境污染，也没有对周边群众的生产生活造成不良影响。由于信息发布及时，主流媒体及时跟进，现场报道有图有真相，没有谣言产生的空间，没有出现网络舆情。通过对整个事件处置过程的回顾，得到以下启示。

（一）领导重视，形成合力是保障

领导重视，有利于快速调度各方面资源，形成强大合力，为事故处置提供强有力的组织保障，这是及时处置事故的基础。如果领导不重视，往往会出现小事拖大，大事拖炸的后果。这次漏油事故，从事故一发生，自治区领导、广西海事局领导、市委市政府主要领导就高度重视，及时发出指示，全过程关注。

（二）靠前指挥，有序处置是关键

事故现场往往人很多，部门多，场面容易乱，不知道该听谁的，不知道谁说了算。领导靠前指挥，负起牵头抓总、统筹协调的责任，现场有了主心骨，处置工作才能有序推进。

（三）明确分工，落实责任是核心

现场人多往往会出现等待观望的情况，特别是有的工作有交叉，主管部门不明确，容易出现疏漏。指挥部在现场统一调度，把各项处置工作明确到部门，责任落实到个人，可以避免推诿扯皮，使处置工作能够有效快速推进。

（四）准确预判，全面统筹是基础

公共突发事件的处置涉及面广，关注度高，任何疏漏都可能使情势发生变化。在处置初期就要把已经发生的问题，可能出现的问题都要考虑到，都要有预案，都要做出安排，要把事件涉及的人和事、主要矛盾和关联问题想在前，防在先。

（五）处置科学，措施得当是保证

突发事件具有偶然性和不确定性，事态的发展往往会突破政府设置的部门职责边界，如果有专业背景知识的人来处置，效果会好很多。在处置过程中，我们引入专业清污公司、清污船舶、经过培训的专业清污人员参与，还使用围油栏、吸油毡、消油剂 20 余吨，以及其他清污设备设施。注重政府职能部门与专业机构和专业人员的联动，有效控制了事态发展，海洋环保监测技术人员的权威发布也对事态平息发挥了很大作用。

（六）完善机制，有备无患是前提

北海市一直都很重视海洋生态环境保护和治理，建立了防治船舶污染应急联动机制。有专业清污公司、清污船舶、经过培训的专业清污人员，还有围油栏、吸油毡、消油剂，以及其他清污设备设施。海事部门定期组织开展演练，积累实战经验，为辖区防治船舶污染提供了有力保障。市政府于 2011 年 12 月 26 日正式批准颁布实施，并于 2011 年 12 月 30 日在广西率先印发了《北海市船舶污染应急反应预案》。这是广西首部船舶污染应急反应预案，它的颁布实施，获得了中国海上搜救中心的高度认可，也标志着北海市船舶污染应急反应工作走在了全国前列。

（七）正面引导，主动发声是助力

新闻舆论要讲究时效度。在事件处置过程中，我们做到了回应关切、快速反应、及时发声，根据处置进展动态发布信息，确保在应对重大突发事件及社会热点事件时不失声、不缺位。发挥媒体作用，运用主要新闻媒体及时发布信息，引领社会舆论。同时，发挥新闻网站、商业网站，以及微博微信、移动客户端等新媒体的网络传播力和社会影响力，提高宣传引导的针对性和有效性。

【案例点评】

如何提升危机领导力？

在风险社会之中，危机应对是一项必备的领导艺术。危机应对是指为了应对突发的危机事件，抗拒突发的灾难事件，尽量使损害降至最低点而采取措施的领导行为。北海市成功处置“8·18”海上油轮漏油事故，主要有以下四个方面的经验。

第一，制定预案，有备无患。加强危机领导，最高明的是居安思危，防患未然，做到有备无患。北海市之所以能够成功应对2012年的“8·18”海上油轮漏油事故，是因为在2011年12月30日，北海市在广西率先印发了《北海市船舶污染应急反应预案》，真正做到了有备无患。

第二，临机处置，有条不紊。加强危机领导，是要事先做好预案，平时训练有素，危急时刻从容不迫，有条不紊。北海市领导真正做到了处变不惊，指挥若定。

第三，降低风险，有惊无险。危机应对，目的是减少损失，降低危害，化险为夷，转危为安。例如，本案例中，凌晨1时许发生的油船搁浅泄漏，到10时30分，泄漏的5吨柴油全部被清除完毕，并没有造成更大的灾难。

第四，舆论引导，有真相无谣言。在自媒体时代，一旦出现危机事件，各种谣言会趁机而起，推波助澜，煽风点火。因此，领导者必须重视网络舆论引导，注意通过全媒体以图片、视频、直播等方式与公众沟通信息，防止产生谣言，破除谣言。

案例二

整治实心黏土砖厂

广东省湛江市人民政府　崔　青

【案例描述】

一、相关背景

广东省湛江市坡头区黏土矿资源十分丰富，20 世纪 80 年代初，受“乡镇企业发展热潮”的影响，坡头区实心黏土砖厂开始扎堆发展。尽管国家逐步出台政策禁止使用实心黏土砖，推广使用新型墙体材料，但由于各方面原因，未能被需求者普遍接受，周边城市和农村建房的大量需求，给实心黏土砖创造了巨大的生存发展空间。截至 2013 年 9 月，坡头区有实心黏土砖厂 60 家。

大量实心黏土砖厂长期的生产行为给自然环境、生产生活环境及营商发展环境造成了极大地破坏，影响恶劣。砖厂烟囱直刺苍穹，排放的浓浓黑烟及颗粒严重污染了空气和环境，危害群众的健康。60 家砖厂占据了 4 300 亩土地，直接侵占和破坏了大量的耕地、林地和建设用地。实心黏土砖厂主要集中在科技产业园附近的村庄一带，极大损害了坡头区的形象，严重破坏了营商和发展环境。同时，挖土造砖形成的无数深坑也造成了严重的安全隐患，发生了多起溺水死亡事件。

2013 年 9 月 15 日，广东电视台新闻联播专门播出了坡头区红砖生产相关的报道。省纪委也下达指示：“坡头区必须在半年之内完成红砖生产的整治工作，彻底关停所有砖厂”。红砖生产已经到了不得不整、马上要整的境地。

二、困难与挑战

整治实心黏土砖厂的工作存在着“人多面广、利益链长、矛盾复杂”的状况。

2003 年以前的绝大部分砖厂都持有《采矿许可证》《工商营业执照》等证照，涉及众多团体利益。部分别有用心的砖厂法人通过转包和吸纳当地群众入股等方式转嫁经营风险，联合抱团对抗政府部门的管治。同时，由于黏土砖生产时间较长，历年沉积问题较多，涉及从业人员较广，群众预购红砖数量较大等原因，致使砖厂关停取缔工作难以进行。

三、探索对策

基层的工作，经常会有一些复杂棘手的历史遗留问题暴露出来，特别是随形势的变化，原来合法现在变成不合法的事情，一旦处理不当，就会引发巨大的社会矛盾。坡头区红砖生产整治涉及面广、利益链长、矛盾复杂，上级给出的整治时间紧迫，面对这些情况，坡头区委、区政府通过充分的前期调查，在整个整治过程中边工作边探索，不断改进并完善对策。

（一）达成“一个共识”

坡头区委区政府意识到，要完成这么一个庞大而紧迫的整治任务，首先必须在参与整治的工作人员中统一思想。为此，多次召开区四套班子及有关镇（街）、部门会议，对砖厂生产造成的破坏性效果的认识提升到“黑龙扰天，山河破碎”、严重破坏发展环境的高度，使全区上下形成了“知耻后勇，吸取教训，坚决整治”的共识。

（二）做到“三个到位”

第一，领导重视到位。坡头区委书记多次召开会议研究部署整治工作，当时我担任坡头区委副书记、区长，为更有效地推动工作，我亲自担任整治工作领导小组组长。区委副书记、政法委书记，区委常委、宣传部部长，区政府分管公安、城建的副区长等同志担任副组长，成员由有关镇（街）、区 20 多个相关党政职能部门和区法检两院主要领导组成，并制定了工作实施方案。区人大、区政协全力配合，为整治工作出谋划策，政协主席、人大常务副主任主动组织人大代表、政协委员到现场视察指导工作。省、市、区各级领导的高度重视，为实心黏土砖厂整治工作奠定了坚实的基础。

第二，责任落实到位。坡头区有关职能部门和镇（街）严格按照上级部署和各自职责，主动作为，顶住压力，形成合力，全力做好整治工作。区国土资源部门聘请专业测绘队伍核实砖厂用地范围，联合公安部门开展调查取证，编制砖厂用地调整草案，为实心黏土砖厂改造提供决策依据；区城管执法部门主动请缨，牵头并与相关部门联合巡查，及时了解掌握砖厂整治动态；区供电部门摸清全区砖厂供电情况，逐家砖厂发出依法拆除供电设施并停止供电的通知；区公安部门出动大批警力，全力配合调查取证和联合执法；建设、安监、经信、工商、农业、林业、国税、地税等部门都按照各自职能，积极做好砖厂整治工作；相关镇（街）充分发挥主体作用，成立工作组，落实专职领导和人员，不畏威胁和谩骂，深入细致做好发动、关停、烟囱拆除等各项工作。在各职能部门及镇（街）的密切合作和积极作为下，全区砖厂整治工作得以有效推进。

第三，思想攻坚到位。在整治行动开展初期，各砖厂有联合抱团对抗的苗头。为改变被动局面，工作领导小组迅速召集镇（街）领导和村委的主要领导，以及自然村村主任、各砖厂业主，并对牵头组织人员进行训诫谈话，组织他们学习相关政策和法律，表明了坚决关停砖厂的决心，深入化解矛盾，安抚群众情绪。工作组对砖厂工人进行了走访和面谈，先后 7 次组织民工集体谈话，召开大小座谈会 20 余次。同时充分利用各种媒体开展全方位的思想攻坚宣传，彻底瓦解各砖厂业主的侥幸心理，业主的情绪由抵触转为理解，行动由对抗转为配合，为砖厂的关停和拆除打下了良好的群众基础。

（三）实施“五步整治”

第一步：调查取证，重点威慑。坡头区从政法、公安、监察、国土等部门抽调了近 60 名干部组成了 5 个调查取证工作组，对 60 家砖厂的来源和经营情况进行全面的调查取证。尤其是对危害较大、投机取巧、带头抱团对抗和涉嫌转嫁风险的 6 家砖厂进行立案，随时做好司法介入的准备，起到了很好的震慑作用。区政府还及时编制砖厂用地调整草案，为实心黏土砖厂改造提供决策依据。

第二步：发布通告，签订协议。坡头区政府根据上级有关法律法规发出《通告》，要求各实心黏土砖厂在 2013 年 12 月 31 日前主动关停，拆除、撤离生产设备，遣散安置用工人员，做好耕地复垦等各项工作。区国土、建设、环保、工商等部门依据有关法律法规及文件，要求发出责令停产整改通知书；区供电部门也发出了依法拆除供电设施并停止供电的通知。通过政府部门施压和深入做好思想工作，全区 43 家在产实心黏土砖厂于 2013 年 12 月 6 日前全部自愿签订了《关闭协议书》，整治关停工作实现了良好开局。

第三步：加强巡查，严密防控。为及时准确地掌握砖厂动态，坡头区将所有在产的实心黏土砖厂划成若干个片区，由区国土、建设、执法、工商、安监、供电等 13 个部门包干负责巡查，相关镇（街）也成立巡查组进驻各砖厂，实行“同吃同住同生活”。坡头区还成立了专门督查组，日夜奔波在各个砖厂，既督查砖厂的动态，也监督各巡查组的工作。通过区、镇（街）巡查组、监督组和区供电部门对砖厂全方位的监督，区政府准确地掌握砖厂的生产经营动态和业主的思想动态，赢得了整治工作的主动权，提高了决策的准确性，使整治工作始终处于可防可控的状态。

第四步：杀一儆百，树立典型。对签订协议后不履行承诺、千方百计阻挠政府整治行动的个别砖厂，坡头区政府依法组织联合执法行动，实行强制关停，并采取责任追究措施，以此产生强大社会效应，达到杀一儆百、以儆效尤的教育效果。同时，工作组对重点对象反复做耐心细致的思想工作，寻找突破口，充分发挥正面的示范效应。

第五步：法纪并行，严肃处理。坡头区纪委监察局印发了《关于严肃纪律确保实心黏土砖厂整治工作顺利开展的通知》，明确要求参与砖厂生产的党员干部书面向区纪委监察局说明情况，并带头落实区的有关工作部署。对严重破坏生态环境，群众投诉反映强烈的砖厂，除依法关闭取缔外，还追究砖厂负责人的经济和法律责任。同时，按照属地管理，部门负责原则，问责有关人员的失职渎职行为，免职 1 人，停职 6 人。

四、实施效果

通过上述措施的稳步推进，坡头区红砖生产整治工作取得了如期的效果。从 2013 年 9 月 16 日召开会议部署整治工作开始，到 12 月下旬，全区所有砖厂生产砖坯的砖机被全部拆除，生产砖坯的环节被彻底斩断。2014 年春节前，辖区内 60 家实心黏土砖厂全部停产关闭，绝大多数砖厂的从业工人已被遣散；2017 年，60 家实心黏土砖厂烟囱全部被顺利拆除，坡头区实心黏土红砖生产成为历史，得到了省、市党委政府的高度赞扬。

【案例反思】

坡头区红砖生产是个非常典型的基层历史遗留问题，复杂而棘手，但是却在短短四个多月内，实现了“依法查处、迅速关停、和谐拆除”的整治目标，回顾艰难的整治过程，我们可以得到的启示是很多的。

（一）勇于担当、形成合力，才能执行有力

红砖生产涉及面广、利益链长、矛盾复杂，一旦处理不当，就会引发社会矛盾。坡头区上上下下没有回避困难，而是迎难而上，领导以身作则、率先垂范，蹲

点办公、现场办公，各工作组表现出敢担当、讲效率、任劳怨的精神，全区上下形成强大合力，行动迅速、执行有力，使得整治工作势如破竹。

（二）科学决策、指挥得当，才能顺利开展

区委区政府对砖厂生产行为作了准确的定性，将其定性为非法经营行为，始终站在战略的制高点。采取措施的分寸拿捏得当，采取铁的手腕与过细的思想工作相结合，始终保持灵活的策略。充分利用媒体宣传，始终营造强大的舆论氛围。充分调动各方力量，软硬兼施，始终保持高压的态势。正是这样的科学决策、指挥得当使得整个整治过程实现了上下一心、协调有序、令行禁止。

（三）以人为本、机动灵活，才能稳定大局

在2010年国务院办公厅下发《关于进一步推进墙体材料革新和推广节能建筑的通知》之前，坡头区的红砖生产都是合法的，而且有一段时间政府还鼓励区内发展红砖生产。形势变化后将其定性为非法经营行为，引起不满和怨言也是可以理解的。也正是基于这样的理解，我们在整治行动中，始终坚持以人为本，宽严相济。区委区政府要求区砖厂整治领导小组在每制定和采取一项重大整治举措前，都要组织相关部门及镇街进行充分研究分析，尽量把措施制定得更严密、周详，充分考虑各企业的实际利益。在对全区砖厂砖机实施拆除后，我们充分考虑砖厂余存的砖坯，允许砖厂用20天左右的时间对已生产的砖坯进行处理（烧制）；对自行拆除烟囱的安排了一定的工作经费。这些举措获得了业主的理解、感激和支持，使整个整治过程“无一人上访，无一人恶性对抗、无一起暴力冲突、无一件遗留问题”，既确保了砖厂整治工作取得实效，又维护了全区来之不易的稳定大局。

（四）严密防控、有效应对，才能稳步推进

对砖厂实施彻底的整治，难度大、阻力大，压力更大。尤其是这些企业都是20世纪80年代政府发动兴建的乡镇企业，每个企业年盈利不低于300万元，每家砖厂预售的砖花不低于200万元，涉及方方面面的利益团体和千家万户的群众。如不正确处理好每个细节，势必引发冲突，造成社会的不稳定，甚至引发群体性事件。面对复杂局面，就需要工作组胆大心细，注重防控与应对，通过与企业主进行有效地沟通。对“顽固分子”开展谈判对话等攻心策略，逐个攻破；同时善于运用有效的法律手段予以震慑，对整治活动予以保驾护航，使得整治工作在短时间内稳步推进。

（五）把握契机、建章立制，才能保证长效

为了取缔红砖生产，坡头区实际上已先后组织了六次大型整治活动，但效果不佳。这次的整治活动之所以取得实实在在的成效，很关键的一个原因是能够抓住省纪委督办、省电视台曝光的机遇，借力打力，借势推动，较好运用了行政、法律、纪律的手段综合实施，一鼓作气，一气呵成。同时，及时完善了供电、国土、规划、城建、经信、安监等相关部门的审批和问责的制度，通过制度来管人管事，强化督办问责，从而确保了长治久安，并为坡头区成功列入广东省振兴粤东西北十四个新区之一和成功举办广东省第十四届运动会打下了坚实的基础，开创了坡头区建设的新局面。

【案例点评】

如何提升危机领导力？

湛江市坡头区在整治实心黏土砖厂的过程中，较好地做到了坚决执行、灵活执行和协同执行，取得了较好的效果。

第一，大局为重，攻“心”为上，坚决执行。领导干部和人民群众能否提高站位决定着执行政策能否到位。在坡头区整治的过程中，让领导干部看到“黑龙扰天，山河破碎”“知耻后勇，吸取教训，坚决整治”；同时，坚持“思想攻坚”，围绕“最柔软也最坚强的人心”开展工作，表明了坚决关停砖厂的决心，彻底瓦解各砖厂业主侥幸的心态，对“顽固分子”开展谈判对话等攻心策略，业主的情绪由抵触转为理解,行动由对抗转为配合，为砖厂的关停和烟囱拆除打下了良好的群众基础。

第二，以人为本，因势“利”导，灵活执行。政策执行既要考虑到大局和长远的利益，也要考虑到当事人当前的利益。执行政策，既要考虑人民群众的前期投入，又要考虑人民群众的预期收益。政策执行过程，不是争夺和减少群众的权益，而是维护和增加群众的权益。“充分考虑各企业的实际利益”，“整个整治过程‘无一人上访，无一人恶性对抗，无一起暴力冲突，无一件遗留问题’”。

第三，抓住“机”遇，完善制度，协同执行。政策执行，也需要天时、地利、人和。政府科层制结构决定了执行必须加强部门之间的协同，综合运用行政、法律、市场、文化等多种手段，才能形成合力，取得效果。例如，湛江市坡头区“抓住省纪委督办、省电视台曝光的机遇……及时完善了供电、国土、规划、城建、经信、安监等相关部门的审批和问责的制度，通过制度来管人管事，强化督办问责，从而确保了长治久安”。

刚任职的公司突然要被整合

中核华辉科技发展有限公司　谭俊霞

【案例描述】

一、相关背景

中核华辉科技发展公司（以下简称“公司”），成立于2001年6月，地址在北京市西三环北路，由中国核工业建设股份有限公司控股（以下简称“股份公司”），是中国核工业建设集团唯一一家信息化公司，是中关村科技园高新技术企业与双软企业（软件企业认定与软件产品登记）。公司立足于核电工程及建设工程的IT公司，围绕核电及建设工程项目的全生命周期，提供大数据、“互联网+”等增值服务。

经过16年的发展，业务已从单一的核电施工管理软件研发扩展到包含核电全生命周期管理信息系统研发、企业管理信息系统研发、工程管理信息系统研发、集中采购管理信息系统研发、信息化咨询、信息化运维与实施、建筑智能咨询与实施、系统集成、网络及安全设备制造、科研十大业务，产品与服务涵盖核电、设备制造、房屋建筑、工业工程与基础设施等四大行业，在业主、总承包方、施工单位、供应商等客户中得到了广泛应用。截至2016年年底，公司有员工100多人，95%以上具有本科以上学历。

2016年8月，经组织部门考核，我由中国核工业二三建设公司（以下简称“二三公司”）调入中核华辉，任党委书记、副总经理。2016年11月，我被推荐和任命为中核华辉公司董事长、法人代表。

2017 年 3 月初，我任董事长还不到 4 个月，突然接到通知，上级决定拟把中核华辉并入二三公司下属的研究设计院（以下简称“设计院”），即从北京市西三环北路花园桥附近并入到顺义的设计院，人员至少要分流一半，行政归属由二级降为四级。

二、困难与挑战

2017 年 3 月初，即在我知道公司可能要被整合的消息后的几天，集团领导和集团几个部门相关人员到我公司召集公司中层以上人员开会，阐述公司整合的原因，宣读了对我公司进行整合的详细方案，列出了整合计划时间表。会上简短进行了交流和征集意见。

听说公司可能要被整合，从领导班子到基层员工，都出现了人员情绪激动、不再安心工作、负面情绪蔓延的情况。竞争对手则趁机高薪挖我公司骨干员工，公司核心技术尤其是多年积累的核电工程建设相关敏感数据面临被外泄的严峻挑战。

作为刚刚上任不久的我，接到公司要被整合的消息，当时确实比较意外。因为在任职前谈话时，了解到党组派我过去就是要去梳理该公司情况，和领导班子一道带领职工走出目前的困境。到任后，我对公司的情况进行了摸底，感觉员工士气严重不足，生产经营内外交困、资金链面临断裂。

问题不少，需要逐一梳理，对症下药。但对在如此短的时间内要被整合完全没有预估到。为什么会被整合？为什么上面没有提前征求我的意见？方案还有没有回旋的余地？该怎么办？是否立即召开全体员工大会，进行抚慰和解释?这些问题纷沓而来。处理问题必须抓关键、抓本质，分轻重缓急。首先面临的就是公司一旦被整合，会带来哪些问题和风险？

（一）办公地点调整带来的风险

第一，公司骨干人员流失，员工思想动荡。经摸底调查，工作地点由市中心城区搬到市顺义郊区，公司高达 95% 以上人员不愿意前往，几十个中层核心骨干、信息技术专家，几乎全部表示，若整合并搬迁到顺义郊区，就会考虑辞职。最主要原因就是公司绝大多数员工住在北京的西边，子女上学也在西边，若去北京东边的顺义，横穿堵车严重的北京城区，上下班花在路上的时间至少 4 个小时。就在集团来公司开会后的 3 天内，已出现 3 名骨干员工（技术中心 1 名，企业信息化部 1 名，核电信息化部 1 名）提交了离职申请。

第二，出现劳动纠纷，补偿金额较大。我国劳动法有规定，用人单位劳动合同订立时所依据的客观情况发生重大变化时（变更公司地址属于重大变化），致使原劳动合同无法履行，经用人单位与劳动者协商，未能就变更劳动合同内容达成协议的，用人单位解除合同的，用人单位应按劳动者在本单位工作年限支付经济补偿金，在本单位工作时间每满一年，发给相当于一个月工资的经济补偿金。公司有8年以上企业工龄的员工约40人。可想而知，补偿或清退费用会有多高。

（二）管理体系与职责发生变化，出现市场风险和支持服务不到位的问题

整合后，公司由原来集团公司所属二级公司成为设计院的一个信息化部门，变为四级单位（由原来的局级单位降为科级单位），原有管理体系与职责被打乱，公司得不到集团内外部单位的认可，已签合同不能正常履行，正在谈判和拓展的业务受阻。

按照整合方案，公司原有管理部门（如办公室、财务、商务、人力、监察审计等职能部门）并入到设计院的管理部门，而公司的4个核心生产部门又在下一个层级，这种层级关系极易导致管理部门对生产部门的支持与服务减弱。同时，生产部门人员对自己的职业生涯发展信心也会大幅降低。

（三）公司持续经营面临极大压力

整合后存在人员流失、劳动纠纷补偿、市场份额不足、新员工培养、现有软件完善、技术体系的提升、公司规范治理、公司未来发展与新产品研发等诸多亟待解决的问题，这些均需要大量的资金，在公司资金已经非常紧缺的情况下，势必会给公司的经营带来较大困难。

（四）公司核心技术面临外泄的极大风险

作为10多年深耕核电建造信息系统的专业化公司，公司建立了完善的自主研发和技术管理体系，主要产品均具有自主知识产权及自主创新的软件架构，公司软件著作权有一百多个。公司员工在入职时没有单独签订保密协议，而仅仅在劳动合同中以简单个别条款约束相关行为，得知可能被整合的消息，有技术人员很快提出辞职，同行及竞争对手高薪挖我们的技术人员，核心技术面临外泄风险。

（五）给公司增资扩股和改制工作带来了不确定性

当时，公司正与多家企业洽谈增资控股和改制事宜，并取得了一定的进展。鉴于公司的央企地位及集团的二级企业身份，有企业愿意对公司进行战略投资。但整合后公司为集团的三级企业，对外吸引力减弱，对增资扩股和改制工作的顺利进行造成影响。

三、探索对策

在集团来我公司宣布整合方案后的当天，我着手进行了三件事：立即召开党委会，和领导班子一起深刻反思，商讨对策；开完党委会后，班子成员立即和各分管部门负责人、部门员工分别进行沟通，了解员工思想动态，稳定民心；当天晚上即与集团领导和集团相关职能部门负责人电话沟通，坦诚汇报我的想法和疑虑。

在此之后的半个多月内，我做了对上、对下、对内、对外四个层面的方案和相关建议。主要有十大对策。

一是和领导班子成员深入沟通，群策群力，发挥团队力量，达成共识；和员工开展一对一谈话，换位思考，了解其诉求，取得信任。二是向集团各个层级领导及相关职能部门汇报，阐明想法，争取理解；同时，通过电话、信息、邮件等多种形式和集团决策层进一步汇报工作思路，分析公司整合带来的各种风险，提出比选解决方案建议。三是全程参加集团的推进整合领导小组和工作组会议，认真准备材料，果敢发言，保持理智，从容应对。四是开展宣传教育，增强员工大局观和发展观，宣传整合是公司健康、稳定、长远发展之路，稳定员工工作情绪，鼓励员工与企业共同发展。五是提前考虑安置措施，为搬迁员工提供合适的工作条件，增加拟搬迁员工的工资补助，提高员工搬迁积极性，减少骨干员工流失。六是提前准备劳动纠纷补偿资金，避免劳动纠纷扩大化。七是与所有员工，包括高管签订详细的保密协议，明确公司现有的和未来形成的信息化知识成果与知识产权归属公司，明确侵权行为必须追责。八是重新梳理公司核心优势、明确公司定位与发展方向，确定公司价值，加快与现有战略投资方沟通，明确投资意向，寻找新的战略投资方。九是向集团建议放开公司的工资总额限制，走市场化之路，提高公司核心骨干员工薪酬水平，留住高端人才。十是与高薪挖我公司员工的竞争对手主动沟通，阐明立场，达成君子协议等。

四、实施效果

一个月后，集团经过慎重研究，决定不再对我公司进行整合，保持原来体系和机构设置。公司核心骨干和高级技术人员没有流失。反而一些公司富余人员、能力无法胜任人员通过前期的变动妥善解除了劳动合同。员工的凝聚力和精气神显著提升。集团公司上下，对信息化工作也有了全新的理解和认识。

【案例反思】

现在回头反思这个案例，酸甜苦辣，唯有自知。我的体会可以用冷静、沟通、担当这几个关键词来概括。

第一，冷静。“每临大事有静气”，遇到棘手的事情一定要冷静，顶住压力，保持定力，意志要坚定。女性感情丰富细腻，有时容易冲动，在面临突然被整合的情况下，我没有慌张，很快调整状态，带领领导班子沉着冷静地处理相关事情。

第二，沟通。沟通是最好的润滑剂和黏合剂，在处理这件事情上，我非常注重上下沟通，动之以情，晓之以理，刚柔并济，力求达到共识。

第三，担当。要有担当负责的勇气和魄力，作为一把手，关键时候必须站出来，迎难而上，在这件事上，我一直抱着“责任我来担，责任我必须担”“我可以什么职务都不要，只要能妥善处理好公司员工，只要对公司发展有利”的理念，尽心尽责、勇担责任。

集团不再对我公司进行整合，这个结果让很多人都没有料到。我知道，集团这是在考验我、磨炼我、鞭策我，我非常感激集团党组对我的信任。说实话，这个结果并没有让我如释重负，反而感觉是一块大石背在了肩上，我必须负重前行，不负集团重托和公司全体员工的希望，忠诚履责、砥砺前行，全力以赴和领导班子一起带领全体职工走出困境，尽快走上良性发展的道路，力争让公司成为专业过硬、行业领先、内外认可的信息化标杆企业！

【案例点评】

如何提升危机领导力？

危机领导，难在临危不惧，贵在冷静分析，妙在转危为安。

中核华辉科技发展有限公司领导有效应对危机，智慧地化危机为转机甚至商机。

第一，临危不惧，临乱不惊。苏东坡云：“自古以来，所谓豪杰之士，必有过人之节。人情有所不能忍着，匹夫见辱，拔剑而起，挺身而斗，此不足为勇也。天下有大勇者，猝然临之而不惊，无故加之而不怒，而其挟持者甚大，其志甚远也。”在本案例中，作者担任董事长还不到 4 个月，突然接到通知，上级决定把公司降级、合并、迁址。但作者并没有惊慌失措，而是立即召开党委会，和领导班子一起深刻反思，商讨对策；开完党委会后，班子成员立即和各分管部门负责人、部门员工分别进行沟通，稳定民心；当天晚上，立即与集团领导和集团相关职能部门负责人电话沟通，坦诚汇报想法和疑虑。

第二，洞悉风险，洞若观火。“为将之道，当先治心，泰山崩于前而色不变，麋鹿兴于左而目不瞬，然后可以制利害，可以待敌。”在本案例中，作者首先进行风险评估，明确了存在的五大风险，尤其指明了核心员工离职所带来的技术泄密风险。实际上，这些风险意味着公司降级合并、迁址并非上策。

第三，转危为安，转危为机。在洞悉风险的基础上，公司领导在对上、对下、对内、对外四个方面提出了“十大对策”。对上指陈利害，建议收回成命；对下积极安抚，稳定人心；对内加大宣传力度，强调稳定；对外联系竞争公司，达成君子协议。正是因为这种全面、灵活、稳健的危机应对行为，不仅实现了公司“转危为安”，而且实现了“转危为机”。

战略领导

战略领导是通过制定、实施和评估战争及非战争军事的战略以实现战略目标，促进组织发展。战略领导以战略意图为指南，以战略使命为目标，本质上是一种动态的决策和规划过程。

战略领导，关键在战略执行。战略执行是一套系统化的流程，它包括对目标与具体步骤的严密讨论、质疑并坚持不懈地跟进，以及责任的具体落实。战略执行必须抓好三个核心流程：人员流程、战略流程和运营流程。

本专题共有七个案例，分为两组。

第一组，关于战略决策问题。重庆解放碑中心商务区（CBD）领导提高站位，谋划解放碑中心商务区发展战略；准确定位，谋划街区错位发展。张家界市委推进“三院整合”，让三院错位发展，共同形成大局。双鸭山市政府参加央视《魅力中国城》，突出战略优势，树立乌苏里江名城形象。

第二组，关于战略执行问题。共青团河北省委领导先行，调动青年力量，发挥科技力量，形成制度合力，努力打赢脱贫攻坚战。中共山东省聊城市委全面优化升级城市生态系统，积极推动文明城市创建工作。中国旅游集团公司北京工作部强化服务工作意识，强调服务细节，有效提升了服务能力。

案例一

以融助产　促进国产设备转型升级

中国机械工业集团国机财务有限责任公司　李慧玲

【案例描述】

一、相关背景

中国机械工业集团国机财务有限责任公司（以下简称“财务公司”或“国机财务”）是中国机械工业集团（以下简称“国机集团”）所属财务公司，是经银监会批准成立的非银行金融机构。

国机集团拥有我国机械工业历史悠久、实力最强的设计、研究、开发力量，覆盖机械工业的主要领域。国机集团以高端成套装备研发设计制造为提升核心竞争力的着力点，形成了有效的进口替代，汽车涂装生产线、自动化物流仓储系统、连续压机生产线等已被国内外知名厂商所采用，通过实现中国制造来践行我们的中国梦。为更好地支持国机集团主业发展，有效服务实体经济，更加充分地发挥财务公司在金融服务方面的作用，公司以集团成员单位需求为出发点，积极研究探索结合产业链金融服务方式，延展服务集团的广度和深度，拓宽企业融资渠道，以产业链金融服务助推集团主业的良性、可持续发展，并确立了“产业链金融综合服务商”作为我们的战略愿景。

国机集团下属的中国福马集团（以下简称“福马集团”）是专用设备研发、制造和销售的大型企业，以林业机械、小动力机械制造、林产品加工及相关技术服务与贸易为主要业务，总资产规模达 12.42 亿元，净资产总额达 9.46 亿元，有较强的技术能力、项目执行能力和财务担保能力。

福马集团历时3年自主研发的8尺连续压机生产线，是中国首条拥有自主知识产权的连续压机，是国家“863”计划的重要课题。连续压机示范线已稳定运行数月，并通过了国机集团的项目验收审计，所生产的产品经中国国家人造板质量监督检测中心检验，全部指标均达到国家标准要求。这标志着国外少数公司垄断中国宽幅连续压机的市场格局被打破，对于木材工业降低生产成本、提高效益具有积极作用。

2012年12月，广西得力木业开发有限公司（以下简称“得力木业”）意与福马集团签订“年产30万立方米人造板连续平压生产线（以下简称‘连续压机’）”设备购销合同，合同总价款约1.3亿元。为有力推进该条生产线的销售，福马集团向财务公司推荐得力木业使用9 100万元的买方信贷额度，占合同总价款的70%，期限为53个月（暂定）。

二、困难与挑战

财务公司业务主要是为成员企业提供融资担保等金融产品和金融服务，因借贷双方均为集团内企业，信贷出现风险的可能性较小，我们对于贷款方的业务背景比较了解，双方沟通成本低，抵押担保手续仅为辅助手段；如果采用买方信贷方式为该连续压机项目提供融资，与既往信贷业务相比，存在以下问题和挑战。一是直接贷款方为集团外企业，对对方的经济实力、行业发展、管理者风格、内部治理、抵押担保的能力和有效性等都不尽了解，需要花较长时间和较大精力做尽职调查。二是贷款期限较长，后续企业的经营管理、财务状况、市场情况都存在较大不确定性。三是该笔贷款与设备制造、安装调试、配套设施建设都密切相关，项目建设过程中不确定因素较多，涉及的相关方多，责任界定复杂。四是设备制造方也就是集团内企业要承担回购担保责任，如若执行此责任，财务公司道义上的压力比较重。

与财务公司传统贷款相比，此类贷款不仅操作烦琐，而且背景复杂，涉及的相关方也多，但是，基于财务公司的“产业链金融综合服务商”战略实施和落地，避免在市场竞争中因能力不足而被边缘化的风险，如若我们要持续健康的发展，就必须直视并弥补短板，在金融市场化和供给侧结构性改革的大背景下，必须主动强化市场化思维模式，在客户开发、盈利模式及经营理念等方面不断开拓创新，与集团企业的具体项目相融合，提高支持集团成员单位业务发展、价值创造能力和服务实体经济的能力，更好地满足成员单位实体业务需求，通过为成员企业贡献价值而得到成员企业的认可，才能更为有效地控制业务风险，实现自身稳健地发展，更好地发挥金融服务平台的功能，真正实现“产业链金融综合服务商”的发展战略定位，企业才能具有长久的生命力。

公司上下对摆在面前的得力木业买方信贷业务如何决策达成了共识，组成了以公司领导牵头，财务公司业务部、法律、风控等人员组成的团队，负责尽调、合同起草，以及市场和项目跟踪等具体工作，并制定了积极推进、谨慎操作的策略。

三、探索对策

（一）项目前期准备

第一，业主方情况。项目业主是广西得力木业有限公司，公司成立于2011年11月，注册资本1 000万元，实际出资人为韦先生，总部位于南宁市内，厂区位于广西南宁市某县华侨经济开发区，占地面积约260亩。投资人韦先生科班出身，从事木材加工行业10余年，除得力木业外，还拥有两家人造板厂，员工300多人，年产值3亿元，年利润2 000万元左右。同时对产品市场和竞争情况进行了了解。

第二，“连续压机”项目情况介绍。得力木业拟建产能30万立方米中/高密度纤维板厂，以提高产品档次，增强差异化竞争力，并将符合国家“节能减排”的发展要求，跻身同行先进行列作为项目目标，项目固定资产投资约20 626万元，预计2013年年初开始建设，2014年10月正式交付使用。其中人造板设备选用福马集团连续压机，含安装、调试和非标，共计1.3亿元。连续压机的优势较普通的多层压机能节约成本15%以上，产品售价较高，保守估计项目建成后每年可支配现金净收益可达6 000万元左右。业主方自有资金、银行融资及后续现金利润3 200万元的资金筹集总量能满足全部投资金额。同时，需要财务公司配套买方信贷资金9 100万元。

第三，买方信贷项目情况。福马集团与得力木业经过前期多轮接触和技术沟通，合同具备签订条件，合同总价款为1.3亿元，其中包括主设备和非标设备及总体安装调试。买方信贷金额为合同总价款的70%，即人民币9 100万元。在先期支付满30%预付款之后，并按项目进度分别按照合同约定发放。如若顺利，2013年9月福马集团开始发运设备，2014年10月调试完成交付使用。买方申请从2014年11月开始按季还款，宽限期为17个月，3年内还完。

经多次协商和财务公司坚持，该项目担保措施为：得力木业以与福马集团签订的商务合同的标的设备提供抵押担保，并以财务公司为受益人投保财产险；实际投资人韦先生提供个人连带责任担保及拥有的其他股权作为担保；福马集团为得力木业提供设备回购的连带责任担保。

第四，行业市场态势及项目风险分析。经过调研，了解到纤维板是中国人造板增长速度最快的板种，且落后产能正在逐步淘汰，连续压机以其有效降低原辅材料与能源消耗、稳定产品质量、幅面尺寸变化丰富等先进性能显现逐步替代间隙式多层热压技术的趋势。但是，人造板市场销售状况一定程度上受房地产市场的影响，宏观经济及房地产市场调控政策的不确定性因素仍会对得力木业乃至投资人的整个人造板产业带来不确定影响。建成后，得力木业有着较大的价格竞争优势，并拥有较为固定的经销商，销售回款稳定性可见。

该项目前期缺口资金全部依靠财务公司买方信贷和当地银行的抵押融资。虽然项目建成投产后预计每年有着较高利润，但是目前债务融资计划均在申请中，全部债务融资能否按计划落实，将直接影响整个项目的进程。

同时，设备运行有一定风险，虽然福马集团的连续压机示范线业已成功运行数月，但是本次为该国产连续压机第一次进入市场，能否按计划调试成功交付使用，在使用中能否稳定运行，均会直接关系到该项目能否产生预期的现金流，从而影响买方偿债能力。

第五，后期偿债能力和信用风险情况。本次项目建设期的债务融资约 1.2 亿元，其中买方信贷融资约 9 100 万元，建成后需要流动资金借款可能会受政策及其他客观因素影响。信用风险方面，据实地考察，买方企业经营状况和总体实力较好，与福马集团下属企业有业务合作，生产设备均是购于福马集团相关企业。但其为集团外民营企业，财务状况、运营情况也缺乏证实，有待进一步考量。

基于以上考虑，财务公司经过反复调研讨论和论证，认为得力木业的连续压机项目有一定市场前景，产品在品质和价格方面有较大竞争力，项目建成投产后的效益较好。拟同意得力木业在前期取得其他银行的融资或者信贷意向函，并在落实担保措施的前提下，原则上同意为得力木业提供买方信贷融资额度 9 100 万元，期限 53 个月，宽限期 17 个月，宽限期后按季还款。财务公司在落实全部担保手续和风险防范措施后，向得力木业发放买贷资金，并且通过在财务公司的专户直接付至福马集团账户。

（二）项目进展情况

经过多次现场调研，反复磋商，最终福马集团、得力木业及财务公司三方在北京签订了有关商务合同、买方信贷合同、抵质押合同、无限连带担保合同，并办理了现场公证、抵质押登记、设备保险等手续，而后三方分别开始了相关工作。

根据合同约定和项目进展及各相关方的同时认可，得力木业已经基本满足相关放款的先决条件，总体项目进度正常可控，当地政府支持力度较大，财务公司同意根据进度安排，分次发放第一笔、第二笔、第三笔、第四笔买方信贷资金。

项目建设过程比较顺利，随着整个建设过程的推进，根据《买方信贷借款合同》约定，得力木业应自2015年12月20日起，按季等额本金向财务公司偿还贷款，怎奈2014年至2015年赶上国内实体经济下滑，受国内房地产市场持续低迷的影响，人造板销售市场不景气，常规高密度板在市场上整体供过于求，生产厂商大量积压库存，其间还穿插着生产线调试和试产阶段，设备间断运行且成品率低；个别月份基本停产，没有按预期实现盈亏平衡。终于，得力木业难以按期还本的现实摆在了眼前，其他融资渠道也尚在寻求和洽谈之中，也非短期可解决之事。

这一切都不如意，又都在预料之中，面对对方客观上不能按期还款的现实，怎么办？一味地不顾现实情况，不考虑买方信贷的本身与企业生产经营紧密相关的特点，逼迫对方还款或按合同启动诉讼，执行抵押担保物（主要是生产设备）好像是基于维护财务公司利益为出发点，但是预想一下效果将会是三败俱伤，得力木业因设备被查封执行迅速倒塌，福马集团多年研发的国产化设备的示范线没有机会得以商业化示范，同时还要替得力木业承担担保回购责任，必定会有部分损失产生；财务公司的产融结合业务将会遭受较大挫折，出师不利，没有实现促产的目标，并给公司产业链金融业务带来较大阴影，后续再做相关决策会瞻前顾后，战略实施将难以寻求时机和实施路径。

怎么办？紧急情况下公司领导班子本着实事求是的原则，既坚持困难面前不一味妥协，又敢于担当，直面现实，慎重操作，寻求当前形势下较好的解决方案。经过现场调研和与福马集团的多次交流沟通，我们基本达成一致意见。一是对方没有主观恶意违约。经过几年观察，该企业经营者有振兴民族产业的情怀和吃苦耐劳的精神，并有让人钦佩的意志力。二是行业市场乃至宏观经济确实在下滑。三是设备制造和调试比预计工期有所拖延。四是得力木业已基本渡过生产线磨合期和新产品研发阶段。自2015年11月起经营情况好转并趋于稳定，在囤料充足的情况下将逐步扭亏为盈，尽管尚未达到盈亏平衡，但其生产销售等各方面情况已有较大改观，发展趋势向好，调整其买贷业务还款计划，适当延长还本期限和等额方式，将有利于得力木业缓解资金压力，改善经营情况，直至提高偿付能力，降低还款风险。

基于此，我们在经与福马集团商议，一致同意了得力木业申请将还款期限整体延长一年并调整各年还本计划的请求，并进一步辅之以风险控制措施：及时落实补充协议签署，要求得力木业、福马集团、得力木业法人按新还款计划追加相关的抵押和担保并办理强制公证，要求得力木业追加设备投保，后续将及时敦促得力木业按期还本付息，并密切关注人造板市场动态以及得力木业生产、销售等经营情况，确保及时发现和防范信贷风险。

同时鉴于福马集团作为得力木业买方信贷业务的担保人，也请其承诺履行延期后的担保责任并后期继续加强与得力木业的合作，通过渗透其生产经营，及时了解得力木业的经营、资金等各方面情况，促进其业务发展，加强对其资金的掌控力度，降低买贷还款风险。

在所有合同签署抵押担保手续签订后，对该买方信贷业务的回收期和每期还款额进行了调整，得力木业在当前市场环境下还款压力得以缓解，宝贵的资金用在了生产备料上，设备也经过一年的磨合调试，无论在产品质量、产品规格型号、减低成本上均开始发力，在去产能的大背景下其他同类企业有不少难以为继，但是得力木业的产品却在市场上一枝独秀，经营情况反而有所好转。一方面，是在国家提高环保要求的形势下，得力木业因为使用福马集团提供的新设备完全符合环保要求，而业内不达标的中小企业被限制生产，板材销售市场空间相对放大；另一方面，其生产线及配套的设备经过多次技改后，生产效率现已达到较为理想的水平，整体运营良好，产品的质量和生产成本控制较好，产品具备一定的市场竞争能力，特别是利润较高的产品较为畅销，销售市场除了传统的地区外，还拓展至河北、东北等国内地区以及马来西亚等国家；得力木业老板专程到京，与财务公司和福马集团沟通了生产经营情况，对国产设备表示了真心的认可。

如若当时我们没有以大局为重的胸怀，没有寻求共赢的格局，没有对合作前景的远瞻，没有敢于担当的魄力和胆识，生硬地、机械地按合同执行，虽以维护国有资产安全为目的，但未必能实现国有资产安全的目标，更不要说促进国产设备升级换代、以融促产的美好愿望的实现了。

目前对方已按修订后的还款计划开始按期归还本息。

一波未平，一波又起，得力木业因该项目前期投入和融资规模较大，还本付息压力较大，故近期来访财务公司，又一次提出申请调降买贷合同执行利率，但是明确表示此提议完全不影响后续的按期还本付息。

财务公司领导又一次商讨该项目的利率调整的利与弊，鉴于得力木业此前各期还款因客观原因多有延迟，后续各期还本金额还将增大，目前经营压力的确尚存，而我们的第一目标是对方能够在顺利归还本金的基础上偿还利息，终极目标是按原设想事项三方的初始目标，福马集团实现设备国产化智能化并得以销售，确立示范线的示范效应；得力木业实现产品升级换代环保达标降本增效；财产公司实现产融结合，力促集团制造业的发展。

为激励其按期还本付息以加强对本金回收的保障，保证实现基本目标，力争达到终极目标，财务公司讨论了如下激励与惩罚并存的利率方案，即同意得力木业在剩余还款期限内，在按期还本付息和超额还本两种情况下，可给予不同的利率优惠，具体内容如下。

第一，如得力木业在某一还款期内正常归还当期全额贷款本息，则当期的贷款年利率降低 1.25%；同时，如得力木业在某一还款期归还当期全额贷款本息的基础上，额外增加偿还贷款本金不低于 300 万元，则当期所偿还的全部贷款本金均按优惠年利率 5.85% 计付利息。

第二，如得力木业在某一还款期内未能及时足额归还当期贷款本息，则该期执行的贷款年利率维持原利率。

经与得力木业、担保人福马集团三方协商一致后相关补充协议得以签署和公证，并对买货合同与项下抵押合同的补充协议进行工商补充登记，同时对于前期遗留的财产险不足覆盖贷款期限及福马集团回购担保后的旧设备第二顺位抵押进行了登记。

四、实施效果

一个产融结合的买货款项目从初始的选项，现场调研，反复磋商，到合同签署与执行，经过近 5 年的时间。其间国产设备从方案到设计、制造、施工、调试、投产、再调试改进，直到在市场中独树一帜，业主方也从带着憧憬上马，到实施中土地、环保，乃至资金等多种不易，项目一上马就遭遇市场的逆变，财务公司作为借款人更是从项目开始的多种顾虑，到借款后的多次面临款项不能如期收回的现实。

项目运行中各种困难各种冲突矛盾不断产生乃至升级，又直至三方同心协力，共同推进国产设备的顺利运营，并通过技术优势、环保优势、成本优势使得该国产设备生产的产品在市场中质量成本优势凸显，使得业主在当前的市场环境中抓住了供给侧改革的关键时机，各方面领先一步，占领了市场，销售不仅量增价升，而且全部实现现金销售，使后期的还款有了基本保障。示范生产线经受住了市场的考验，真正起到了示范作用，到福马集团谈生产线合作的客户络绎不绝。我们在与产业结合的案例中找到了自己的位置，坚定了信心，积累了经验，在战略实施的路上迈出了可喜的一步。

当然，在项目执行中我们也有不少经验教训。如果项目启动分步进行，投资逐步到位，将会更加从容，更有能力承受市场的不确定性，而不是从开始贪大求全；三方合作中争取做到情归情，理归理，法归法，更有利于角色认知清晰到位；如果在第一次改变还款期限时没有借机增加对对方的约束，在调整利率时及时总结了经验教训，单方修改变成了双向变动约束；合作各方也因角色和出身的差异，很多问题理解上有歧义，关键事项多讨论、多澄清，前期达成共识，更有利于后期矛盾的解决。

【案例反思】

经过这个项目的推进实施，我深刻体会到，一个企业要有战略引领方向，战略确立后，战略落地和实施是实现战略的必然保证，战略的实现不是一蹴而就的，既要有方向，又要有机遇。机遇来了，尤其是领导要有判断力、决断力和担当的精神，并能敏锐地抓住机遇，我们才可能向战略实现靠近一步。

战略实施过程不是一帆风顺的，需要在过程中随机而动，择时而调整，才可能保证我们最终朝着战略方向不断推进，有时候迂回是为了更大的进步，这其中需要智慧和高超的专业技能。

战略实施中要实现自我的发展，就一定要走共赢之路，尤其我们金融企业，离开实体就是无源之水，没有了生存的根本，所以合作中要善待合作伙伴，大家是利益的双方，有利益冲突的时候，更是合作的双方，共赢才是大家牵手走到最后的动力。

战略实施一定是从大处着眼，小处着手，如果我们一味追求合作为先，简单追求以融助产的“助”，而忘记了金融信贷最起码的目标是保证本金安全，如果不是前期把各种抵押担保乃至业主方个人无限连带担保责任及成员企业福马集团的回购担保责任逐一落地，也很难有后期还款难以按预期实现时的三方的同舟共济，很容易理解各为其主。从利益共同体出发时，就要有实现利益共同体为目标的有效的方法和手段作为保证，空洞的口号在现实面前往往不仅苍白无力，更是懊恼和懊悔。

该项目在5年里，几经周折和考验：有来自市场的客观变化，有来自大家利益相冲突时的各自抉择导致的不快以至于不和，磕磕碰碰，依然不弃不离，终于走到了今天，国产连续压机设备以其自有技术和成本优势傲立于市场之中，该生产线已经变成名副其实的示范线，业内很多企业到现场调研参观并与福马集团开始了后续的业务合作交流；更多的板材销售商到得力木业现场考察产品，争取成为得力木业的经销商；得力木业以现金销售的方式扩大规模；我公司在产融结合，以融助产，力促国产设备升级换代的路上迈出了经得住考验的一步。我们依然会在实现“产业链金融综合服务商”的战略愿景的征程上砥砺前行！

【案例点评】

如何提高领导决策力？如何进行追踪决策？战略领导能力十分关键。

在这个错综复杂、扑朔迷离的国机财务、福马集团和得力木业三方合作的“连续压机”项目中，三方不仅科学决策，而且根据市场变化积极跟踪决策，最终形成了功德圆满、皆大欢喜的大结局，有很多智慧值得欣赏和学习借鉴。

第一，领导决策，根据目的选目标，根据目标选途径，根据途径先对策。在“连续压机”项目中，国机财务的战略目的是成为“产业链金融综合服务商”，福马集团是为了推出“多年研发的国产化设备的示范线”，得力木业是为了“实现产品升级换代环保达标降本增效”。三方合作目的明确，互相信任，精心设计，形成了共生、共栖、共荣的利益共同体和命运共同体。

第二，修正决策是先修正对策，再修正途径，然后修正目标，最后修改目的。由于2014年至2015年遇到国内实体经济下滑，导致得力木业资金紧张。得力木业希望能够修正决策——“申请将还款期限整体延长一年并调整各年还本计划的请求”。国机财务、福马集团在充分进行分析之后，同意得力木业的修正决策请求，并进行了修正决策，在保证目的不变、目标不变的前提下，进行了精密入微的调整，最终帮助得力木业渡过难关，实现了三方共赢的美好结局。

重庆解放碑 CBD 十年工作探索

中共重庆市渝中区委统战部　章　琳

【案例描述】

一、相关背景

重庆解放碑最初兴建于抗战期间，命名为“精神堡垒”，抗战胜利后改名为“抗战胜利纪功碑”，1950 年由刘伯承改题“重庆人民解放纪念碑”。

1997 年 12 月，解放碑区域建成全国第一条商业步行街，享有“西部第一街”的美誉。作为城市中心、发展极核、开放窗口，解放碑是重庆人心目中的“城”和外地人眼中“重庆城”的代名词，地位特殊，关注度高。

从 2007 年年初到 2016 年年底，根据组织的安排，我作为重庆市渝中区委常委、副区长，连续两届兼任解放碑中心商务区（CBD）管委会主任，如何使解放碑从最初的政治文化中心，到商业步行街，发展成为中央商务区，以及未来打造的中央活力区；如何使解放碑从传统商贸中心打造成商贸、商务双轮驱动；如何使解放碑在城市空心化的压力下焕发出生机和活力，是摆在面前、萦绕于心 10 年的课题。

二、困难与挑战

第一，从机制体制看，从管理处到指挥部，再到管委会，解放碑面临如何融合团队。1997 年，成立解放碑中心购物广场综合管理处，主要负责城市管理工作。2003 年年底，成立解放碑 CBD 建设指挥部，与解放碑中心购物广场综合管理处并存，主要负责对解放碑 CBD 的前期规划、策划和营销。2007 年年底，市编委同意成立解放碑中央商务区党工委、管委会，主要负责统筹协调解放碑中央商务区的城市规划建设、产业发展、城市管理。原有管理处多为“老人”，主要的经验是城市管理，“守摊”思想较重，而新设管委会职能的综合性较强，对干部的能力要求较高。

第二，从外部环境看，重庆属于“多中心”“组团式”发展，解放碑面临如何突破突围。2003 年和 2013 年，市政府分别出台《重庆市中央商务区总体规划》和《关于加快中央商务区建设的意见》，均确定了重庆中央商务区由解放碑、江北嘴、弹子石三部分组成，分属渝中、江北、南岸三个行政区域，其中解放碑 CBD 占地 1.61 平方千米。在此背景下，解放碑在全市发展中面临来自两方面的压力：一是随着江北嘴 CBD、弹子石 CBD 相继开发建设，解放碑 CBD 作为老城区，楼宇品质、环境、租金不占优势，金融商务逐步外迁。二是长期以来解放碑商圈逐步形成“五大核心商圈”和“五大新兴商圈”的发展格局，面临商业分流的压力。

第三，从自身发展看，面对空间、功能、管理的多重矛盾，解放碑面临如何解决发展制约。区域发展系统性、整体性规划不足，导致核心功能与配套服务不匹配，区域活力略微不足，主要体现在“内圈”与“外圈”的断层连接、“东部”与“西部”的功能衔接、“白天”与“夜间”的人气承接、“进城”与“出城”的交通承载等方面。

三、探索对策与实施效果

（一）以价值认同为统领，打造干事创业队伍

在工作接触中，我感觉到不管是“老人”还是“新人”，都有解放碑情结，都对这个新成立的机构怀揣着梦想。我作为“班长”，首先，是厘清发展思路，需要打造一个什么样的中央商务区。我充分听取干部对工作的想法，了解大家的思想状态；其次，是开阔眼界，开展交流学习，借鉴吸收先进发达地区的思想和理念；增强团结，广泛开展内部讨论，形成思想共鸣，并争取上级的支持和肯定。在此基础上，既通过党建、工会等方式增强干部队伍的凝聚力，也通过企业协会、文体活动等平台拉近大家的距离，更通过建章立制等规矩，使大家心往一处想、劲往一处使。事实证明，一流的团队铸造一流的业绩。解放碑 CBD 管委会的工作开局良好、后续发展得到多方认可，干部队伍建设得到组织关心，10 年间相继提拔重用了 4 位正处级干部、5 位副处级干部及多位科长，大家的归属感和价值感切实得以提升。

（二）以规划建设为抓手，优化区域发展环境

我们坚持规划引领，突出问题导向，用规划建设破解发展难题。针对发展空间制约问题，加快高端载体建设，新增高端载体约 150 万平方米。目前，解放碑商圈建设总规模超过 800 万平方米。针对城市景观老旧问题，委托国际知名设计机构，开展道路、灯饰、广告设计，加快步行街扩容、灯饰改造、户外广告提档。针对城市活力不足问题，一方面，优化商业、办公和住宅功能配比，通过开展老旧楼宇功能置换，规划建设一批服务式公寓；另一方面，优化商务、商贸和休闲文化业态配比，通过开展老旧地块有机更新，加快山城老街区建设，植入具有重庆特色的景观形态和文创业态，推动老城区的产城融合和活力复兴。针对配套设施滞后问题，开展解放碑综合环境品质提升研究，对市政设施、开放空间、交通动线等进行系统规划研究，有针对性地提出优化解决方案。

（三）以街区打造为支撑，推动产业集聚发展

我与管委会一班人一道，结合不同区域、板块发展特点，研究明确功能定位，思考谋划整体规划，加快打造特色街区。在五一路金融街的设计论证中，委托美国 KPF 公司对 7 个地块进行整体城市设计，对占地面积 7 万平方米、建筑规模 90 万平方米的功能准确定位，并对街区拓展、环境营造等进行多方论证和合理确定，坚持统一规划、分步实施，目前多家市级金融机构和商务企业入驻。在解放碑十字金街的设计论证中，先后推动核心区商业体完成硬件设施改造、物管水平提升、周边环境改善、业态调整升级的“四位一体”综合改造提升，初步打造形成民族路国际名品走廊。在校场口夜市的设计论证中，规划五大功能板块，着力发展夜经济，将菜市场改造为以“小街小巷、小情小调”为特色的街吧，创新打造集装箱商铺，推动老旧楼宇整体盘活。在国泰文化创意街区的设计论证中，依托丰富的文化旅游资源，着力集聚文创、旅游、休闲业态，开展开放式街区打造和灯饰提档升级。

（四）以业态调整为主线，实现商圈错位特色

我们对老旧楼宇坚持“腾笼换鸟”与“筑巢引凤”两手抓、两促进，不断加快业态转型升级。

一方面，坚持高端引领路线。按照“企业市场运作、政府业态引导、部门协作配合”的原则，综合运用法律、经济、行政等多种手段，逐步建立“规划先行引导、部门合力推进、典型示范带动、市场运作为主”的业态调整机制。近些年来，通过重点品牌“以点带面”破题，逐步实现企业自愿调整的良性发展态势。另一方面，坚持特色发展路线。充分结合商业市场“去百货、重体验”的趋势，

引导商业体创新发展、错位发展、特色发展，力争形成“一商场一品牌”。通过特色化定位，各商业体在宏观经济下行压力下，整体发展态势逐步向好。

（五）以城市营销为带动，提升商旅文融合水平

我们将城市营销作为提升城市竞争力的重要手段，充分利用街区公共空间资源，积极与部门企业联动，组织开展了以“商业＋”为主题的系列商旅文促销活动和电影《从你的全世界路过》首映式等特色营销活动。

充分利用解放碑涉外资源富集优势，积极与外国使领馆、商协会、国内知名品牌等合作，举办了系列国际文化交流活动，将解放碑最高楼观景平台打造成新的旅游亮点。

充分发挥解放碑 CBD 管委会的协调管理职能，整合户外广告资源，利用互联网技术，打造创意广告。同时，为了保持城市营销的常态化，还以《重庆 CBD》杂志、解放碑 CBD 官网、“爱尚解放碑”微信公众平台，集中定期为企业发布促销宣传，组成商圈整合营销联盟。

（六）以城市管理为保障，擦亮城市客厅“脸庞”

作为全市开放窗口，城市管理是解放碑商圈重要的基础性工作。近年来，解放碑城市管理以全域景区化管理为标准，从“管”和“理”入手，做好“加”与“减”，在广告店招、灯饰立面、市政设施、园林绿化、环境卫生等方面，坚持统筹兼顾、关口前移、绩效管理，全面提升 CBD 城市形象。

10 年间，我们处理好战略思维与战术执行的关系，目标一旦确定，就一以贯之、坚持不懈。解放碑 CBD 在规划建设管理、功能布局、产业结构和城市活力等方面取得较大进展，在区域竞争中处于领先地位。经济总量稳步增长，以全区约 1/10 的土地面积，创造全区约 2/3 的 GDP 和 4/5 的社会消费品零售总额；产业基础不断夯实，区域“税收亿元楼宇”超过 18 栋，市级金融机构 120 家，品牌商务服务机构 55 家；对外开放度逐步提高，外资企业超过 700 家，世界五百强企业 90 家，外资银行、保险占全市的 90%，驻渝总领事馆 10 家。

【案例反思】

10 年弹指一挥间。在上下各方的共同努力下，解放碑 CBD 已站上新的发展台阶。依托自身快速发展集聚的综合优势以及重庆开放发展带来的广阔机遇，未来解放碑 CBD 发展态势和前景依然向好。反思这 10 年的工作，有如下体会。

（一）政绩观念：处理好“表”与“里”的关系

在解放碑 CBD 规划建设中，我们坚持以正确的政绩观为指导，树立只有“里子”牢靠，“面子”才能长久的价值判断，做到“面子”和“里子”内外兼修、表里如一。既注重结合区情加快旧城改造、因地制宜建设高端载体、根据需要拓展商业街区、美化亮化楼宇灯饰，又强化推进立体交通、市政设施、管线下地、排水管网、城市家具等基础性工作，更切实处理好文物保护、文化厚植、文旅产业等协调发展，并统筹推进菜市场改造、便民商摊、夜市经济等民生工程，让事业经得起历史和人民的检验。

（二）区域发展：处理好“点”与“面”的关系

这个“点”与“面”的关系，也就是局部如何根据自身的资源禀赋和比较优势，合理确定各自在区域竞争中的角色定位，合理处理好竞合关系，探索改革发展的新路径，从而促进整体提升。我们突出特色、寻求错位，在三个方面着力。一是合理确定“硬核”和“核缘”的工作重心，硬核注重商务、商贸齐步发展，核缘实施提档升级、功能再造，争取由点及面、连线成轴。二是强化解放碑 CBD 增长极引领带动，最大限度发挥辐射带动作用。三是放眼全市三大 CBD 思考谋划发展，做到解放碑、江北嘴、弹子石三大板块功能各有侧重，相互协调发展，共同组成一个有机的整体。

（三）管理创新：处理好“管”与“服”的关系

如何将解放碑 CBD 管委会具有的行政职权转化为增进政商关系、服务企业发展的手段，在工作中逐渐摸索出一些门道。诸如，对个别商家提出解放碑步行街占道活动档次不高的问题，制定出台涵盖各个场地、兼顾多方利益的管理办法；对区域内一些大型市政基础设施建设影响商家经营、企业办公环境等问题，协调争取市级部门及相应建设单位的支持，严格工地管理、优化作业时间；对于各个楼宇平面、立面遍插“万国旗”的问题，既考虑到广告、店招的宣传效果和企业需求，又实施统一规划设置，做到干净、清爽、整齐、有序。通过日常工作中的一些管理，确确实实开展了对企业的服务，以至于在后续的业态调整、“两新”组织建设等方面得到大家的支持。总体感觉，在管理中做好服务，就能走近群众，形成共识；在服务中深化管理，就能说话有人听，干事有人跟。

（四）团队建设：处理好“水”与“海”的关系

“一滴水只有放进大海里才不会干涸，一个人只有把自己和集体事业融合在一起的时候才最有力量。”首先，我将正确处理好集体领导与个人分工负责的关系作为改进领导作风的基本要求，既注重党的基本组织原则和工作方法，实行集体领导，也强调个人分工负责，充分调动发挥班子成员的特点和特长。其次，注重管委会上下关系、人际关系和工作氛围，突出团结和谐、纯洁健康、弘扬正气，不搞团团伙伙、帮帮派派。同时，加强日常干部教育引导，通过组织生活、日常交流等方式，增强对解放碑 CBD 工作的荣誉感、认同感和归属感。

（五）工作方法：处理好“方”与“圆”的关系

此处的“方”是指领导工作的原则性和权威性，“圆”是指领导工作的灵活性和策略性。在工作期间，只要是市委、市政府和区委、区政府关于解放碑 CBD 的决策部署，必须坚定不移地贯彻执行；对于领导交办的事项、企业反映的情况，在不突破原则范围、不超越底线的情况下，集思广益、创造条件地完成任务。同时，“正人先正己”，要求别人做到的自己带头做到，组织赋予平台、按角色做事是应尽职责，坚持理想信念、按本色做人是基本要求。处理好了工作中的原则性和灵活性的关系，团结一帮人，为中央商务区的建设和发展贡献了绵薄之力！

【案例点评】

战略领导，要有“战局”意识。领导者要明时局，识大局，要善于布局，才能形成有利的新“格局”。

10 年来，重庆解放碑 CBD 领导从重庆市大局高度谋划 CBD 发展战略，从 CBD 全局角度谋划街区发展，积累了丰富经验。

第一，提高站位，辨明大局。“欲穷千里目，更上一层楼。”提高“站位”就是能跳出来，从全局上认识现象、把握本质、解决问题。“不谋全局者，不足以谋一域；不谋万世者，不足以谋一时。”所谓大局，就是整个工作的局面，就是整体形势的走向，就是发展变化的趋势。“办一县的事，要有一省的眼光；办一省的事，要有一国的眼光；办一国的事，要有世界的眼光。”明辨大局，就是从客观整体的利益出发，时刻关注全局、认真研究全局、准确把握全局，站在大局的角度看问题、想办法、做决策。

第二，要准确定位，妥善布局。在制定战略规划的过程中，要统筹考虑天时、地利、人和等因素，在全国大局中找准定位、明确优势、谋划发展。在本地布局中，要以生态思维来考虑城乡布局、产业布局和生态布局等。局部要根据自身的资源禀赋和比较优势，合理确定各自在区域竞争中的角色定位，突出特色，错位发展。

在推进“三院整合”改革中提升领导力

中共湖南省张家界市委统战部　田华玉

【案例描述】

一、相关背景

公立医院改革是一项长期、复杂、艰巨的系统工程，已成为我国医改中最为核心的焦点和难点。2013 年，张家界市的三家市级公立医院——市人民医院、市第二人民医院、市妇幼保健院，因受土地、人才、设备、技术等因素制约，各自面临发展瓶颈，致使张家界市中心城区医疗卫生事业发展凸显出三大问题。

第一，群众“看病难”问题。由于医疗水平、地理位置等客观因素影响，群众就医选择呈现严重的两极分化现象。一方面，供不应求。市人民医院仅有 800 张床位，而实际开放床位 878 张，高峰期加床后最高达 1 000 张以上，长期超负荷运转。另一方面，供大于求。市第二人民医院大量医疗资源长期闲置，新住院大楼建成启用后具备开放 500 张床位的能力，实际开放床位仅 130 张。市妇幼保健院靠租房开展妇女儿童保健及临床诊疗活动，租房设置床位使用率在 10% 以下。

第二，医技“提高难”问题。市人民医院作为三级医院，拥有几乎所有综合医院的全部业务科室，拥有相对高、精、尖的医疗设备。市第二人民医院、市妇幼保健院由于基础较弱，医疗设备配置较差，与医院功能和学科设置不能很好地匹配。同时，医院内部医技人员结构不合理、分布不均衡，骨干团队的支撑、引领及带动作用不明显，技术互补科研协作能力不突出，两家医院的整体医疗水平相对不高。

第三，品牌“创建难”问题。三家医院受自身条件的局限，无法取得长足发展，不能形成各自的品牌特色。其中，创建三级甲等医院，市人民医院的硬件虽然不达标，医院占地59.4亩，四周为人口密集的城镇居民区，调整布局、实施扩建严重受限；市第二人民医院的硬件虽然达标，但受学科设置、医技人才的制约，软件提质十分困难；市妇幼保健院无论是软件或是硬件都无法达标。另外，三家医院科室设置大同小异，业务重叠、资源浪费现象严重，且中心城区无市儿童医院、市传染病医院、市肿瘤医院等专科医院，不能满足群众多层次的医疗保健需求。

为顺应国家医改大势，打破市人民医院、市第二人民医院、市妇幼保健院各自面临的发展瓶颈，实现三家医院资源共享、优势互补、共同发展，更好地服务保障民本民生，2014年9月，张家界市委市政府做出了启动市人民医院、市第二人民医院、市妇幼保健院“三院整合”改革的决策部署，致力在卫生领域机制改革、体系建设上寻求新突破。当时，我担任张家界市人民政府副市长，分管科教文卫等方面工作，具体负责此次改革执行工作。

二、困难与挑战

“三院整合”改革是一次前所未有的重大挑战，是对执行者个人决策力、执行力、协调力等领导力的综合考验。在推进“三院整合”改革中，我们遇到了一些困难，主要体现在以下三个方面。

第一，科学定位难。在推进“三院整合”改革过程中，市委常委会和市政府常务会仅提出组建市医疗集团的概念性目标，并未明确医院改革具体方向，如何整合、如何布局、如何定位成为改革中的难点问题，三家医院对此存有争议。若不能科学找准整合路子，正确确立医院发展方向，将无法避免重走小而全的发展道路，不仅不能达到三家医院资源重组、优势互补、各具特色的改革目标，甚至会使医院面临更大更多的发展危机。

第二，统一思想难。组建市医疗集团涉及医院领导班子、二层骨干、工作人员的调整，少数干部职工因担心个人去留和经济利益受损，支持改革态度不明朗，甚至出现阻碍现象。同时，由于三家医院之间管理理念、文化认同等方面相互碰撞，导致部分员工情绪波动较大，在一定程度上增加了“三院整合”改革难度。

第三，操作执行难。“三院整合”过程中，改革与发展两个问题时刻并存。不仅要认真清资核产，妥善清退临聘人员，还要思考设置科室、增加学科、提升技术、拓展业务等医院发展方面的细节性问题。既要确保“三院整合”快速落地，又要实现改革期间平稳过渡，不能影响群众日常就医和市人民医院新院项目建设、三甲医院创建等工作。各种问题相互交织，各项工作相互重叠，使“三院整合”改革面临较大挑战。

三、探索对策

针对“三院整合”改革中所面临的挑战和困难，我作为执行负责人，重点从提升领导力入手，使得这次改革成功落地。

（一）精准定位，优化顶层设计

改革中，我十分注重顶层设计，先后3次向市委、市政府主要负责人汇报改革思路，5次召开会议征求三家医院的意见，集中研究“三院整合”总体方案，并适时组织市人大、市政协、市纪委、市委政法委、市卫生局等单位相关人员赴株洲、郴州、邵阳等地就医疗资源整合进行实地考察，学习外地先进经验，进一步厘清了工作思路，明确了工作目标。

经过认真考察、深入思考、慎重决策，我市确立了市人民医院“一院三区”差异化改革发展模式，即将市第二人民医院、市妇幼保健院并入市人民医院，组建新的市人民医院，将新的市人民医院分为中心区（原市人民医院）、东区（原市第二人民医院）、新区（新院建设现址）三个区域，按照“大专科、小综合”的理念，支持中心区发展成为以心血管、急救、肿瘤等专科为主的三级甲等专科医院，东区发展成为以妇科、产科、儿科等专科为主的三级甲等专科医院，新区发展成为以医疗、科研、教学、培训、健康体检及管理、康体疗养和旅游医疗为主的三级甲等医院，避免三区重走小而全的发展道路，鼓励各自形成发展特色。

同时，确立了“三区一体”的管理模式，实行三个院区人、财、物统一管理。人事上，市人民医院党政领导班子成员为市管干部，各院区负责人由市人民医院班子成员兼任，各院区中层管理干部由市人民医院按组织原则配备，报市卫生计生委备案，基本形成总院领导下的院区负责制。薪酬分配上，实行综合绩效目标管理，探索专业技术人员年薪制、医疗技术风险基金制，建立灵活有效的绩效分配机制。财务上，资金运行统一核算、集中使用，专项资金做到专账管理、专款专用，三个院区实行报账制。后勤保障上，采取药品、设备、耗材、水、电、气等集中采购、集中管理、集中供应、集中调配，统筹公共卫生服务、院前急救服务、技术培训服务、医疗信息服务，建立运转高效、互联互通的优质高效服务体系。

（二）精心谋划，强化各类保障

第一，强化组织保障。为确保整合工作顺利推进，我积极向市委市政府主要负责人谏言，成立了市中心城区市级公立医疗机构整合工作领导小组，由市政府常务副市长任组长，市委宣传部长、市委组织部长、市政府分管卫生工作的副市长任副组长，市卫生、财政、人社、物价等14个单位主要负责人为成员，领导小组下设了执行工作委员会和4个工作小组，切实加强了对“三院整合”工作的领导、组织和协调。同时，作为执行责任人，我先后10余次召开会议，听取改革进展情况汇报，协调解决存在的困难和问题，并且多次深入医院视察，精心指导、亲自督促改革。

第二，强化制度保障。在改革中，我要求相关部门制定了全覆盖的工作方案，以《市中心城区市级公立医疗机构整合工作总体方案》为基础，分级制定了实施方案、实施细则两个子方案，逐项完善了员工集体上访事件处理预案、医保结算纠纷处理预案、医疗遗留问题处置预案及行政管理、绩效管理、人事管理、业务管理、财务管理、服务管理等12个配套方案，形成了三院整合“1+2+12”工作操作手册。

第三，强化纪律保障。为推行改革，我严格实行改革目标责任制，层层分解改革任务，细化工作责任，并严明纪律要求，严禁工作人员推诿扯皮、各行其是，凡是违反纪律规定或出现重大工作失误的，一律从严追责，形成了强大的改革合力。

（三）精细操作，稳步推进实施

我始终坚持“稳中求进、分步实施”的原则推进“三院整合”，努力做到工作和改革两不误、两促进。

第一，稳定人员思想。在市委常委会决定组建市医疗集团后，我迅速组织成立了专门队伍对“三院”现状进行深入调研摸底，采取公告公示、召开座谈会、问卷调查、走访调查等形式广泛征求了医院领导、干部职工及群众的意见；协调市委政法委组织开展社会稳定风险评估，最大限度地规避改革风险；高规格组织召开了“三院整合”动员大会，及时统一干部职工思想，凝聚改革共识。

第二，稳步实施整合。在科室整合方面，我要求卫生部门对三家医院业务进行合理有效归并，避免院区科室设置大同小异、业务重叠、资源浪费现象再次发生。同时，按照“条件成熟一个、启动实施一个”的原则，有序组织市人民医院儿科、产科、妇科搬迁，挂牌成立市妇幼保健院、市儿童医院，做到了不盲目、不冒进，既踩准了改革节奏，又减小了对群众造成的不便。在人员整合方面，注意倾听职工意见，果断打破了所有在职人员隶属关系，按照“人岗相适、人尽其用”和“竞聘上岗、全员聘用”的原则，支持市人民医院对原有在职人员进行合理调配。在设备整合方面，要求市人民医院加大资源共享力度，实现院区之间医疗设备共用、检查结果互认。

第三，稳住日常工作。改革期间，我协调组织、编办、人社部门冻结了三家医院的干部人事事项，医院行管人员均按照原有职能分工履职尽责，做到了工作班子不散、工作重心不变、工作力度不减，确保了各项日常工作有序开展、不留空当。

四、实施效果

历时一年，“三院整合”改革圆满完成，“1 + 1 > 2”的改革红利相继释放。

第一，床位使用率明显提高。实施“三院整合”，有效缓解了公立医疗机构设置不合理和医疗卫生服务供需矛盾大等问题，使市级医疗卫生资源得到了均衡配置和充分使用。从床位使用情况来看，据2015年7月至12月统计数据显示，就市人民医院中心区和市人民医院东区而言，整合后的床位使用率较整合前提高了41.2%。其中，市人民医院中心区虽然减少了3个业务量大的科室（儿科、妇科、产科），但床位使用率仅下降1.95%，而整合后的市人民医院东区床位使用率较以前却提高了43.15%。

第二，学科发展不断增强。市人民医院中心区随着部分科室的搬出，给其他学科发展挪出了较大空间，其中呼吸内科、肿瘤血液科得到了补充、调整，科室业务迅速扩大。通过精细专业分科，集聚某一学科集中技术攻关，打造医疗技术品牌，有效遏制了科室“闲得慌”和“忙不赢”的两种极端倾向，实现了市级公立医院优势资源互补，广大市民在本区域内能就近享受多层次、高质量的医疗保健服务。如整合后新开展的孕妇产前筛查项目，改变了孕产妇必须到省里筛查的历史；新设置儿童康复保健科，先后有140名脑瘫患儿入院接受康复治疗，目前已成为湘西北规模最大的儿童康复中心。

第三，投资效益逐步显现。实施“三院整合”，三家医疗机构临床检验、消毒供应室建设等资源均可统筹安排，减少了重复建设造成的资源浪费，有效缓解了医疗卫生建设的投资压力，政府公益性投资效益逐步显现。自改革以来，市人民医院先后投资2 200万元对东区、老住院楼和门诊、医技楼实施装修改造，住院条件明显改善；投资4.01亿元，加快了新区项目建设，预计2018年竣工并投入使用，医院发展空间逐步拓宽。2016年，市人民医院共完成门急诊诊疗67.41万人次，比2014年增长14.5%；出院病人4.56万人次，比2014年增长26.78%。其中，中心区在搬出儿一科、儿二科、妇产科等科室后，门急诊人次仅下降9.78%，而东区的门急诊人次却提高了373.32%；中心区在减少171个开放床位的情况下，出院人次仅下降13.53%，而东区的出院人次却提高了215.43%。

第四，运行管理科学规范。在“三院整合”改革中，通过对市人民医院三区人、财、物统一管理，创新用人、分配、药品采购、后勤物资保障等体制机制，发挥了有限人力、财力、物力的最大效益，有效降低了医院管理成本，提高了医院运行效率，提升了医院经营管理水平，增强了医院发展后劲。近两年，市人民医院规范、高效运转，“按需设岗、按岗聘用”的人才工作理念、“公平公正、多劳多得、均衡发展”的绩效分配理念、“节约可持续”的后勤管理理念已贯彻医院发展全过程。据统计，2015 年至 2016 年，市人民医院共引进各类医疗人才 230 人，对所有关键岗位人员进行了交流轮岗，医务人员创新力明显增强，急危重症和疑难疾病的临床救治能力、复杂疾病的手术和操作能力得到大幅提升。2016 年，市人民医院实现总收入 5.97 亿元，比 2015 年增长 17.02%。经过“三院整合”改革的洗礼，市人民医院综合发展实力已明显提升，成功通过“三甲”医院创建复核。

第五，群众满意度显著提高。一方面，“三院整合”后，通过医疗设备共用、检查结果互认、收费项目与标准统一，医药检查费用得到了进一步降低，群众“看病难、看病贵”的问题得到了进一步缓解，人民群众满意度不断提高；另一方面，原市第二人民医院和市妇幼保健院一批有临床经验的专业技术人员补充到临床一线，缓解了市人民医院专业技术人员紧缺的问题，减轻了医护人员的工作压力。随着医院经济效益的稳步增长，干部职工的收入明显增加，市人民医院广大干部职工的改革获得感和工作积极性大幅提升，满意度显著提高。

【案例反思】

在全面深化改革的背景下，“三院整合”改革，无疑是一块“硬骨头”。但正是这段“啃硬骨头”的经历，对我自身的领导力提出了挑战，使我得到了充分的锻炼。回顾改革历程，我认为，面对复杂问题，女性领导要着力提升以下几个方面的能力。

第一，与时俱进的学习力。这是决定领导者成长快慢的能力。作为领导者，虽然不一定成为某个领域的权威专家，但在工作中，一定不能做“门外汉”。要充分利用调查研究、讨论思考等方式，从实践中学习新知识、吸收新经验，力争成为工作的“行家里手”，正确指导工作、做出决策。对我来说，当时“三院整合”改革是一个全新的课题。虽然在区县工作时，我对医疗改革有所了解，但是具体到这一项改革，仍然面对一系列新的问题和困难。实现三家医院资源的优化配置，首先必须明确它们各自的优势和劣势，不仅要对各个医院的专业学科有一定了解，而且对改革后科室设置、技术提升、业务拓展等医院发展方面的专业性问题也要深入思考。围绕这一新课题，我多次到医院一线调研，听取工作人员和服务对象的意见；召开专家咨询会，听取专家的建议；翻阅大量的原始材料，反复思考和论证。建立在对涉改医院及相关问题充分了解的基础上，我对“三院整合”改革的方向越来越清晰，对推动改革越来越有信心，最终推动改革取得了理想的效果。

第二，以人为本的发展力。科学发展观提出“以人为本”的思想，其最终目的是“人的全面发展”。作为行政领导者，肩负推动社会全面发展的重任，必须要坚持以人为本，力求人性化管理，探寻解决问题的最满意方案。“三院整合”改革中，我将稳定人员思想作为重中之重，特别是注重保障涉改人员的基本权益，不让涉改者个人为改革买单，确保医院行管人员均按照原有职能分工履职尽责，做到了工作班子不散，各项日常工作有序开展，为改革顺利推进赢得了人心、赢得了共识。

第三，互动激励的协调力。领导者的个人能力相对来说是有限的，要切实履行好自己的职责，就要充分调动多方的积极性和创造性。对女性领导人而言，这也是柔性领导力区别于刚性领导力的优势所在。“三院整合”改革涉及组织人事、编制、社会保障、卫生、财政、物价等十多个部门，改革面临的具体问题中，很多都需要几个部门协同解决，是否能够调动各个部门的积极性是决定改革成败的关键。在彼此平等、相互理解、相互尊重的基础上，我特别注重与各个部门的沟通，让各部门负责人加强对改革意图的理解，把改革要求和改革目标转化为他们内心的认同，从而增强了各部门推动改革的主动性，确保了改革有序推进。

第四，刚柔相济的决策力。领导行为的关键是决策，女性领导刚柔相济的风格首先体现在决策工作上。女性领导者在做出决策时，一方面，要广泛听取大家的意见，发挥女性善于倾听的优势；另一方面，一定要善于选主意、定主意。听意见是“策”，选主意是“决”，两者不可偏废。在决策中，该领导者担当的时候，一定要敢于担当。“三院整合”改革中，关于改革方案的具体内容，改革各方站在各自的立场，都持有不同意见。对于这些不同的意见，我选择性地进行了吸收，但始终围绕一个原则不变，那就是确保“更好地服务保障民本民生”这一改革目标的实现，使改革目标和涉改方合法权益都得到了保障，确保改革有力推进，按时按质完成任务，取得了较好成效。

【案例点评】

如何加强战略领导力？

张家界市在推进“三院整合”改革中提升领导力，做出了有益探索，积累了有益经验。

第一，加强战略决策，错位发展，三足鼎立。张家界市确立了市人民医院“一院三区”差异化改革发展模式，将新的市人民医院分为中心区（原市人民医院）、东区（原市第二人民医院）、新区（新院建设现址）三个区域，确定中心区以心血管等专科为主，东区为以妇科等专科为主，新区以健康体检及管理为主，各有明确定位，错位发展，互为补充。

第二，优化战略执行，加强领导，稳步推进。张家界市成立了市中心城区市级公立医疗机构整合工作领导小组，由市政府常务副市长任组长，市委宣传部部长、市委组织部部长、市政府分管卫生工作的副市长任副组长，赢得了市委市政府领导的指导与支持。同时，按照“条件成熟一个、启动实施一个”的原则，有序推进，把握节奏，不盲目，不冒进，做到了工作班子不散、工作重心不变、工作力度不减。

第三，进行战略评估，优化系统，转型升级。经过“三院整合”改革的洗礼，市人民医院综合发展实力已明显提升，成功通过“三甲”医院创建复核。

“小城市”走上“大舞台”

黑龙江省双鸭山市人民政府　郑野岩

【案例描述】

一、相关背景

为促进中国城市的跨屏融媒体创新互动，呈现中国城市的旅游资源和文化特色，助力城市发展，助推社会经济转型，中央电视台主办了大型城市文化旅游品牌竞演节目——《魅力中国城》。

2017 年 4 月 16 日，《魅力中国城》节目正式发布，节目遴选出亟待被全球深度认识的 32 个中国城市代表，通过初赛、复赛、半决赛、决赛四个环节，评选出十佳和三甲城市，为城市带来智库、宣传、人才、资本等深层次支持，推动中国城市发展、城市形象推广和旅游产业升级。

双鸭山市凭借优美的自然风光、优越的生态环境和深厚的文化底蕴，入选为 32 个魅力城市之一。我们十分珍惜这次展示和推介双鸭山的难得机遇，我们要竭尽所能，借助央视这个大舞台，将双鸭山的旅游资源和文化特色推向全国乃至世界，推进双鸭山文化旅游产业和城市转型发展，使双鸭山经济走向更加广阔的发展道路。

二、困难与挑战

“酒香也怕巷子深”。作为一座边疆“小城”，虽然我们有自己的优势和特点，但在众多特色各异的魅力城市中如何脱颖而出，如何得到全国人民的认可，我们感到压力很大。

第一，展示什么。我们是第一次走上央视大舞台，全景展示我们的旅游资源和文化特色，我们没有经验可循。总体上看，我们双鸭山的生态、历史、文化、旅游资源十分丰富，有着黑土湿地之都、绿色生态之城、乌苏里江畔璀璨明珠的美誉，是黑龙江省唯一兼有大煤田、大粮仓、大森林、大湿地、大农场的城市，满源文化、玉器文化、抗联文化、垦荒文化、知青文化和以赫哲族为代表的民俗文化在这里交相辉映。但是，央视给我们的节目时间只有30分钟，市长推介时间只有6分钟。在如此短暂的时间内，我们不可能展示所有的旅游资源和文化特色，如何在众多的旅游资源和文化特色中突出主线、权衡取舍、精练浓缩，把我们最具特色、最具优势、最具竞争力的旅游资源和文化特色展示出来，成为摆在我们面前的首要难题。

第二，如何展示。《魅力中国城》节目为竞演城市设置了“城市初见”“城市味道”“城市名片”三个环节，展示各自的美景、美食和美秀。评委由文化名人、知名企业家和著名演员等构成，现场观众评委主要由年轻人构成。如何将我们的旅游资源和文化特色完美流畅地融入这三个环节，如何在城市初见环节让人眼前一亮，如何在城市味道环节让人回味悠长，如何在城市名片环节让人记忆深刻，如何让我们最具优势和竞争力的旅游资源和文化特色打动各界评委和观众，需要我们精心设计、周密安排，成为摆在我们面前的第二道难题。

第三，竞演对手的优势是什么。竞演就是竞争，同台就是对手。在首轮《魅力中国城》节目中，我们与陕西韩城同台竞演。能够入选魅力城市，韩城必然有着自己的优势和特色。据我们了解，韩城的历史文化底蕴相当厚重，是史圣司马迁的故乡，西周初周武王封子于此，历史人文景观众多、文化氛围浓郁。面对这次竞演节目，韩城也必将做了充分的准备。我们认为，和韩城比较，我们在历史文化上各具特色、各有千秋，在自然生态上我们应该占据优势。韩城会从什么样的角度出手，助演嘉宾的影响力如何，有无决胜一击的“杀手锏”等因素，我们无从掌握。如何在实力相近的情况下，突出优势、扬长避短，在竞演中占据先机，成为摆在我们面前的第三道难题。

三、探索对策

第一，明确竞演目的。我们首先对《魅力中国城》节目对双鸭山的意义进行了思考。我们认为，节目是平台，竞演是手段，展示才是目的，这也符合节目的初衷。我们参加这次节目的目的就是让更多的人认识双鸭山，了解双鸭山。只要达到这个目的，排名还在其次。围绕这一目的，我们坚持“重过程、轻结果”，确定了“把我们最具优势的旅游资源和文化特色挖掘出来，用完美的艺术形式展现给全国观众”的工作重心，引导全市广大干部群众明确方向、稳定心态，心无旁骛地开展好各项筹备工作。

第二，加强竞演领导。建立市级领导统一指挥、各部门分工协作、全市群众广泛参与的推进机制。为了把握好这次机遇，我们举全市之力参与了这次竞演节目的各项工作。我们成立了市委市政府主要领导为组长，多位市委常委及市政府班子全体成员组成的领导小组，统筹指挥各项工作。成立了由市级领导为组长的综合协调、城市推介、城市美食、城市文化秀、拍摄、宣传、外援保障 7 个工作小组，负责各项具体工作的协调推进。各县区和 20 多个市直单位和部门协调配合，负责各项具体工作落实。共召开工作推进会议 7 次、央视导演组来双鸭山座谈会 2 次、专题研究会议 10 余次，从竞演活动的每一个环节到每一个具体细节都进行了研究和布置，经过数轮修改，最终确定竞演脚本和竞演活动的各项具体安排。为了展示我们的形象，我们精挑细选了形象良好、朝气蓬勃、素质过硬的 100 名年轻人组成魅力百人团，经过系统培训，全程参与节目宣传、形象展示和现场助威等多项工作，成为本次活动的一道靓丽风景。我们还通过广播、电视、报纸、政府网站、微信等媒体平台，通过节目演出、发放传单等形式，在全市开展了广泛深入的宣传活动，通过激发全市人民热爱家乡的自豪感和归宿感，投入节目的外围投票活动当中，使我们的投票数量一直处于绝对领先的优势地位。

第三，赢得外脑指导。聘请业内专家和各界知名人士，提升我们的竞演水平和层次。我们认识到，演出和美食展示是竞演活动的重要环节。央视作为面向全国乃至世界的大舞台，我们的节目和美食必须拿出国家级的一流水准，才能有优势可言，依靠我们自身的力量是远远不够的。为提升我们节目的专业性和艺术美感，我们聘请了我省顶尖团队的知名导演全程参与了我们的节目设计、排练和演出活动，经过他们的不懈努力，演出的节目得到了总导演的高度评价。在城市味道环节，我们十分注重菜品质量，聘请了我市国家特级厨师制作了赫哲族鱼宴美食，得到了评委们的一致认可。在节目现场，我们注重发挥名人效应，邀请了与双鸭山有渊源的资深媒体人、著名艺术家、知名演奏家为我们出谋划策、助阵演出，为我们的竞演活动增光添彩、赢得支持。

第四，优化竞演项目。精心策划竞演主线、内容和细节，最大限度放大我们的优势。展示什么、如何展示是竞演成败的关键。通过对双鸭山历史、文化、生态、旅游资源的全面系统梳理，我们经过仔细筛选、权衡割舍，精选出最具代表性的文化元素，融入整个展演过程，并确立了生态、特产、文化、民俗的竞演主线。在城市初见环节，我们立足大森林、大湿地、大粮仓等大美风光，注重融入《乌苏里船歌》这一享誉全国的文化符号，以“金牌推销员”为切入点，用嘉宾问答的方式全面展示我们的城市形象。在城市味道环节，我们以赫哲族传统开江节为切入点，精选食材、器皿和道具，精心设计出场方式，在赫哲族全鱼宴中巧妙融入赫哲族的渔猎文化、非物质文化遗产、俄罗斯异域风情等多种文化元素，并顺势推介了我们的传统美食和绿色食品。在城市名片环节，我们突出浓郁的民俗特色和文化元素，用独有的伊玛堪说唱、神秘的萨满舞蹈、精彩的中阮演奏等艺术表现形式，将我们双鸭山的独特魅力直观呈现在全国观众面前，用短暂的时间展示了尽可能多的旅游资源和文化特色。

第五，强化执行。市级领导亲力亲为，示范带动各项工作的高效落实。我们认为，市级领导的重视程度和推进力度一定程度上决定了整个竞演活动的质量和成败。在整个竞演活动的筹备和实施过程中，我们的市级领导始终冲在一线，既当指挥员，又当战斗员；既谋划部署，又亲自上阵推进落实，确保了整个活动的顺利进行。特别是在 8 月 6 日 ~10 日的彩排、竞演期间，我们的市长、市委宣传部长、两位副市长奔赴北京，研究各项工作、调整各项部署，每日基本工作到凌晨 3 点以后，与全体工作人员和魅力百人团一起同吃同住、同甘共苦，不但推进了工作落实，还增强了整个团队的凝聚力。通过市级领导的示范带动，整个竞演团队目标一致、士气高涨，全体成员都将全部感情和精力投入竞演活动当中。8 月 10 日，节目正式录制，在京市级领导把自己作为竞演团队的普通一员投入最后的冲刺工作当中，为演员梳妆打扮，为各项工作查缺补漏，为竞演活动做好了充分的准备。最后由市长满怀激情地向全国人民推介了我们的家乡，整个竞演活动圆满完成。

四、实施效果

通过参与《魅力中国城》节目，我们向全国观众完美展示了中俄大界江——乌苏里江和双鸭山的大森林、大粮仓、大美风光；完美展示了双鸭山人热情好客、豪情奔放的饮食文化内涵；完美展示了赫哲族古老的历史文化底蕴和铸就美好未来的信心。我们总结主要有以下三点收获。

第一，展现了完美的城市形象。通过央视大平台，让全国广大电视观众认识了双鸭山，了解了双鸭山这座魅力城市，提升了双鸭山的影响力和知名度，丰富了双鸭山市的旅游资源和文化特色，为双鸭山的文化旅游产业发展和城市发展转型起到了积极的推动作用。

第二，收获了宝贵的精神财富。这次活动对我们来说，不仅是一次展示自己的难得机遇，更是对全市广大干部群众凝聚力、向心力的一次检验。在整个活动过程中，全市广大干部群众目标步调一致、热情高涨、全身投入，为竞演活动的顺利进行贡献着自己的一份力量，涌现出了一个个热爱家乡、无私奉献的感人故事。在市委常委扩大会议上，大家的努力和付出赢得了全体与会同志的热烈掌声。这笔宝贵的精神财富对我们来说，更加难能可贵。

第三，积累了宝贵的发展经验。通过这次《魅力中国城》节目，我们积累了城市推介方方面面的经验，学习了竞演对手的好做法，开拓了我们推进文化旅游产业发展的视野，对我们开展好下步工作具有十分重要和积极的借鉴意义。

【案例点评】

如何提升战略领导力？

黑龙江省双鸭山市人民政府积极探索，让“小城市”走上“大舞台”，展现了领导智慧。

第一，明确战略目的，优化战略决策。领导战略是一个体系，它由多种要素构成，主要包括战略目标、战略方针、战略重点、战略步骤四个方面。领导战略的灵魂是战略目的。战略目的决定战略目标，决定战略路径和战略对策。双鸭山市决定参加中央电视台大型城市文化旅游品牌竞演节目——《魅力中国城》，目的就是“让更多的人认识双鸭山、了解双鸭山”。明确了目的，就知道展示什么，如何展示。

第二，突出战略优势，优化战略执行。整合资源，就是以战略目的为主导，优化环境，积极动员和运用自然资源、人力资源、信息资源、技术资源等要素，形成战略优势。双鸭山市全面系统地梳理历史、文化、生态、旅游资源，立足大森林、大湿地、大粮仓等大美风光，聚集赫哲族的渔猎文化、非物质文化遗产、俄罗斯异域风情等多种文化元素，邀请著名导演和著名主持人，鲜明地树立了乌苏里江名城形象。

案例五

在打赢脱贫攻坚战中迸发青春力量

共青团河北省委　宋华英

【案例描述】

一、相关背景

消除贫困，改善民生，逐步实现共同富裕，不仅是社会主义的本质要求，也是我们党的重要使命。党的十八大以来，党中央把脱贫攻坚摆到治国理政的重要位置，习近平总书记亲自挂帅、亲自出征、亲自督战，对脱贫攻坚做出一系列重要指示和部署，指出打好脱贫攻坚战，是全面建成小康社会的底线任务。

河北省是全国扶贫任务相对较重的省份，到2016年年底共有62个贫困县、7 366个贫困村、183.4万贫困人口，贫困发生率3.89%，精准扶贫、精准脱贫的任务十分艰巨。省委省政府把脱贫攻坚作为最大的政治责任、首要的政治任务，坚决落实习近平总书记对河北工作的重要指示，确定了“到2020年现行扶贫标准下的贫困人口全部脱贫、贫困村全部出列、贫困县全部摘帽”的目标，要求举全省之力扎实打赢脱贫攻坚战。

青少年是祖国的未来和希望。截至2016年年底，在全省183.4万贫困人口中，16岁以下占比8.15%，16岁至35岁占比15.32%，是脱贫攻坚中的重点对象之一。特别是在广大贫困地区的贫困家庭中的青少年存在因贫辍学、失学风险，有的贫困留守儿童亲情缺失影响健康成长，有的青年创业缺少项目和资金帮扶，等等，生活和心理压力大，成为脱贫攻坚中需要重点帮扶的弱势群体。

党有号召、团有行动。作为团省委书记、党组书记，我认为，共青团作为党的助手和后备军，必须深刻认识到助力脱贫攻坚是围绕中心、服务大局的体现，是服务贫困地区青少年成长发展的重要要求，是加强对青少年思想政治引领、弘扬社会主义核心价值观的有效渠道。我们必须在打赢脱贫攻坚战中积极作为，教育引导广大团员青年深刻领会精准扶贫、精准脱贫的思想内涵，发挥好共青团组织化动员和社会化动员优势，坚持瞄准贫困地区青少年健康成长、体现共青团工作特色、纳入地方党政扶贫开发工作盘子的原则，创新工作载体，完善帮扶机制，自觉投身脱贫攻坚实践，团结带领广大团员青年在全面建成小康社会的火热实践中发挥好生力军和突击队作用。

二、困难与挑战

在共青团助力脱贫攻坚工作中，部分团干部思想认识还不到位，有的认为脱贫攻坚不是共青团的主职主业，而是党委政府的事，只要完成党委政府分配的任务就可以了，不能站到共青团服务大局的高度去思考、谋划和助力脱贫攻坚工作。有的团干部对于助力脱贫攻坚工作存在畏难情绪，认为脱贫攻坚需要投入巨大的人力、物力和财力，而共青团缺人手、缺资金、缺资源，无法在脱贫攻坚中有大的作为，不能正确认识和发挥共青团组织广泛整合资源的职能优势，导致面对精准扶贫、精准脱贫高标准的任务要求，缺少务实的举措和做法。

因此，如何教育引导各级团干部树立正确思想认识，如何加强顶层设计凝聚各级团组织和团员青年的工作合力，如何发挥共青团组织优势对贫困青少年群众开展精准扶贫，如何让帮扶对象克服自卑心理树立脱贫致富信心，如何帮助贫困青少年顺利完成学业、实现创业就业、解决生活困难，如何帮助贫困地区培养引进青年人才，等等，都是我需要认真思考和实践的问题。只有把这些问题研究透，找到突破口和路径，共青团才能在助力脱贫攻坚中真正发挥作用。

三、探索对策

面对困难挑战，我深刻学习领会研究中央、省委、团中央的一系列脱贫攻坚重要部署，带头深入贫困地区开展调查研究，走遍了张家口、承德、保定三个市集中连片的 10 个深度贫困县。摸清贫困青少年现状和需求，自下而上摸清底数，建立台账，实施全省共青团助力脱贫攻坚的顶层设计，确定了重点聚焦连片特困地区和国家扶贫开发工作重点县，以智力扶贫为重点，帮助一批贫困青年创业就业，帮助一批贫困学生顺利完成学业，帮助一批青少年解决生产生活困难，培训一批农村青年电商，夯实共青团参与脱贫攻坚的组织基础，为实现 2020 年所有贫困地区和贫困人口一道迈入全面小康社会做贡献。

（一）注重顶层设计，全团上下“一盘棋”

工作中，我亲自参与助力脱贫攻坚的顶层设计，强调要集全团力量，统一目标、统一步调、统一品牌进行合力攻坚，解决基层团组织思想不明、信心不足、方法不多、效果不实的一系列问题。2014 年至 2015 年，开展了河北共青团助力扶贫帮困“春雨行动”，实施了“春雨情·青春行”团干部助力、“春雨行动·我们一起向上”宣传战线助力、“青春助力·帮扶圆梦”农村战线助力、“青春有爱·共谱和谐”青年联合会助力、“志愿情·暖燕赵”青年志愿者助力等 11 项专项行动，下含子项目 30 余项。2016 年，为贯彻落实国务院、省政府关爱农村留守儿童体系建设的工作要求，开展了河北共青团关爱农村留守“青春守护点对点”行动，重点对全省贫困县、贫困村的建档立卡贫困留守儿童开展贫困助学、医疗救助、心理辅导等 7 项菜单式、点对点的精准帮扶。2017 年，开展“脱贫攻坚，团青建功”行动，包括夯实团建助力脱贫行动、我为家乡农产品代言行动、青年电商创业行动等 8 个子行动。

在工作实施中，一是建强体系。成立由团省委书记任组长的领导小组，统筹谋划、协调指挥全省共青团开展工作。下设办公室，负责方案制定、宣传发动、组织推进、督导落实等工作。二是统筹实施。团省委紧跟中央、省委工作部署，制发实施意见、实施方案，细化项目和任务，全省共青团各层级、各战线均有部署、有行动，形成“千钧重担大家挑，人人身上有指标”的工作氛围。三是浓厚氛围。借助青联、青商会换届、少代会换届等时机，对不同范围、不同群体进行大力宣传发动。同时，定期组织召开专题会议推进，各团省委、团市委机关、各部室逐一“过堂”亮招，形成了比学赶超的浓厚氛围。通过一系列的举措，全省各级团组织统一了思想，明确了目标，助力脱贫攻坚的贡献率不断提升。

（二）发挥职能优势，开展立体帮扶

在工作实施中，我结合共青团职能特点，提出采取“结对帮扶 + 项目帮扶 + 志愿帮扶”的形式，开展立体化扶贫，力求精准、广泛。在结对帮扶方面，一方面，以专职团干部为骨干，将全省共青团副科级以上专职团干部结对贫困家庭纳入进来，“一人一档”建立台账，长期帮扶；另一方面，持续动员青联、青企协等各类青年组织成员及青年志愿者等与困难青年“结对”，逐级建立工作汇总台账、个人帮扶台账、项目台账，就帮扶对象、联系时间、帮扶内容、帮扶步骤、帮扶效果等登记造册，及时掌握动态和效果。在项目帮扶方面，一方面，我们整合“希望工程”、青年就业创业等传统项目资源。比如，省青少年发展基金会与10个深度贫困县的团县委签订希望工程圆梦助学行动协议，通过社会化筹资，从深度贫困县建档立卡贫困户中遴选大、中、小学生进行学业资助。另一方面，推动了一批新项目在脱贫攻坚中落实落地。实施的“扶贫帮困千人圆梦计划——农村青年汽修技能培训项目”“365 合伙人计划”建设、“好乡亲 365 服务站”等项目帮助农村贫困青年解决就业难；在省、市团委的联合发动下实施的“奉献爱心·汇聚春雨”晨阳水漆公益项目中，晨阳集团与保定阜平、涞水等贫困县的50户农村贫困家庭结对，筹资100万元分批实施精准帮扶，推出了资助学费、修缮房屋、代购医疗保险、援助创业启动资金、提供就业岗位、不定期回访等8种帮扶方式，让精准帮扶落了地；与北大合作的“京冀青年协同创新云平台”项目让农村贫困青年在家门口就能享受到高端创业就业培训；实施的关爱农村留守儿童“亲情小屋”建设项目，在农村贫困留守儿童集中学校建设集视频通话、心理辅导等于一体的新阵地，实现了对全省10个深度贫困县的全覆盖。此外，注重运用“互联网思维”扶贫，通过开展“网上共青团·青年之声”健康扶贫行活动、“授渔计划·青年之声”助学行动等，开通网上众筹功能，广泛开展社会化动员。在志愿帮扶方面，结合“关爱农民工子女行动”“太行山—燕山”连片贫困地区专项扶贫帮困青年志愿服务行动，“青年企业家·春雨志愿行”“青年文明号·春雨志愿行”等各类青年志愿服务活动，从各层级、各战线、各领域深入推进。青年文明号爱心大白菜捐赠公益、扶老助残“7+1”志愿服务、“健康快车贫困乡村义诊”活动、下岗特困及外来务工子女免费培训、向贫困群众赠送交通意外险等青年志愿服务活动如火如荼，受到社会各界的关注和认可。

（三）注重动态管理，探索共青团扶贫长效机制

一是建立动态台账制度。明确帮扶对象、帮扶主体，定期统计，随时掌握变动情况。在关爱农村留守儿童工作中，我还指导开通了覆盖全省省、市、县三级的农村留守儿童电子信息系统，为全省10 197名农村留守儿童建立了电子档案，实现线上动态更新，为精准帮扶提供基础保障。二是建立信息反馈制度。在河北共青团网、《河北团讯》开辟专页、专刊，及时宣传省委政策要求和导向，开设“工作比比看”专栏定期通报各层级、各战线工作动态；建立了助力脱贫攻坚微信工作群，现场播报工作动态。三是建立激励评价制度。制定了考核方案，将各级团组织助力脱贫攻坚工作列入年度考核序列，细化任务，明确责任，限定时限，并与团组织、团干部和青年评先评优挂钩。四是建立典型培树制度。深入挖掘了一批工作和项目典型，定期征集新闻素材和典型案例，并向省委和团中央推报经验。

四、实施效果

3 年来，全省各级团组织在助力脱贫攻坚工作中筹集帮扶资金 2 919.03 万元，投入帮扶物资价值 1 404.37 万元，实施帮扶项目 538 个，动员青年志愿服务队 1 690 支，办实事 5 005 件，受益贫困群众达 10 万余人次。2017 年以来，在张家口、承德、保定 3 市的 10 个深度贫困县举办农村青年电商培训班 132 期；动员省青联委员与 11 个贫困村、331 户贫困户长期结对帮扶；捐建关爱贫困农村留守儿童"亲情小屋"30 个；通过"京冀青年协同创新云平台"开展创业培训 230 次，覆盖青年 7 500 余人次。

【案例反思】

（一）下基层才能明实情

为精准谋划做好脱贫攻坚工作，共青团河北省委坚持"谋思路调研先行，搞调研领导先行"。团省委领导班子成员分别带队，先后 4 次深入张家口、承德、保定的深度贫困地区，直接到村与干部、贫困家庭、青少年、企业进行座谈，摸透贫困根源，掌握脱贫数量，探讨工作思路。在此基础上，着眼共青团能为可为领域，与社会力量和资源进行对接，在生产扶贫、教育扶贫、医疗扶贫、志愿扶贫等方面都形成切入准确、精细到人、迅速落地的具体工作项目，用绣花功夫，实现精准目标。

（二）底数清才能方向明

只有对扶贫对象情况做到一清二楚，才能有针对性地开展精准扶贫。团河北省委在工作中引入大数据动态分析管理，开发了全省共青团关爱农村留守儿童电子信息系统，制作和完善《贫困户认定标准一览表》和《农村留守儿童个人信息摸底表》等台账，清楚地记录了扶贫对象的具体情况，在此基础上，动员各级团组织因人施策，整合社会各类资源开展点对点精准帮扶，效果更好，针对性更强。

（三）抓考核才能有力度

考核评价是推动工作的利器，特别是省级团委做好考核评价尤为重要。对于助力脱贫攻坚这项工作，省级团委在做好顶层设计的同时，更重要的就是考核评价，对确定的工作任务挂图作战，列出清单，亮出账本，对各级团组织助力情况进行全面评估，对行动快、底数清、措施实、效果好的团组织进行表彰，对行动缓慢、底数不清、落实不力的给予批评，以此增强工作开展的力度和效果。

（四）讲方法才能见实效

在助力脱贫攻坚中，如何将各方面力量的积极性调动起来、激发出来，如何整合各方面资源，至关重要。共青团河北省委科学地把握各方面参与主体的社会利益机制和市场利益机制，把贫困地区的好山好水、好市场、好产品、好人力资源推介给他们，把参与脱贫的政策效应、社会效应、经济效应分析给他们，有效激发起更多社会力量参与到共青团脱贫攻坚工作中，凝聚了工作合力，提高了脱贫攻坚工作的社会响应度。

【案例点评】

如何提升战略执行力？

第一，战略执行需要领导先行。战略执行是领导者的责任。领导者要以身作则、身先士卒，要引领方面、明确思路。团河北省委在加快精准脱贫的过程中，成立由团省委书记任组长的领导小组，统筹谋划、协调指挥全省共青团开展工作。团省委书记加强调研，坚持“谋思路调研先行，搞调研领导先行”。

第二，战略执行需要凝聚合力。战略执行是协同多种力量实现共同目的，需要凝聚合力。在团河北省委推动扶贫攻坚过程中，动员与集成了专职团干部、青联、青企协、省青少年发展基金会以及其他各类力量，通过各种项目和活动推动扶贫攻坚。

第三，战略执行需要科技创新。伴随着科学技术的迅猛发展，尤其是信息网络技术的指数级增长，运用科技创新已经成为提升执行力的重要手段。注重运用“互联网思维”扶贫，通过开展“网上共青团·青年之声”健康扶贫行活动、“授渔计划·青年之声”助学行动等，开通网上众筹功能，广泛开展社会化动员。与北大合作的“京冀青年协同创新云平台”项目让农村贫困青年在家门口就能享受到高端创业就业培训。

创建文明城市

中共山东省聊城市委宣传部　刘升勤

【案例描述】

一、相关背景

全国文明城市是反映城市综合实力和整体文明水平的最高荣誉称号，是最具价值的城市品牌。当前，以城市文明为主要标志的新一轮竞争已经成为区域经济发展的主旋律。城市之间的竞争已不仅是经济实力、区位优势的竞争，同时也是文明环境、市民素质的竞争，还包括生态环境、人居环境和创业环境等方方面面的竞争。创建全国文明城市是一个系统工程，最终的结果就是让人民群众满意，提高幸福感和获得感，提升城市竞争力、软实力。

近年来，聊城已相继获得了中国优秀旅游城市、国家环保模范城市、国家卫生城市、国家园林城市和全国双拥模范城市等荣誉称号。2008 年，聊城市荣获省级创建文明城市工作先进城市，2011 年和 2014 年，聊城市连续两届荣获省级文明城市。2017 年 5 月，我市召开动员大会，提出创建全国文明城市提名城市。努力提升城市文明水平、在文明城市测评中取得了好成绩，这是任聊城市委常委、宣传部长不到半年的我面临的重要课题。

二、困难与挑战

创建文明城市提名城市，存在着一系列困难和挑战。

（一）难在形势紧迫

全省 17 个市中，7 个市已经是全国文明城市，6 个市已是全国文明城市提名城市。聊城在创建工作中处于后列，只有在这一轮测评中成功进入创建文明城市提名城市的行列，才能在下一轮测评中争创全国文明城市。各兄弟市都纷纷采取有力措施争创全国文明城市，铆足劲要取得好成绩。在这种形势下，必须加倍努力，迎难而上，才能在激烈竞争中脱颖而出。

（二）难在涵盖面广

创建全国文明城市是一项全局性的社会系统工程。文明城市测评标准，涵盖政治、经济、文化、社会、生态文明建设和党的建设的各个方面，这次还新增了 93 项测评项目，涉及多个部门单位，需要全市上下、各部门单位形成攻坚克难的合力。

（三）难在素质养成

文明城市既需要“硬件”，也需要“软件”。然而，市民文明素质的养成非一日之功，需要针对闯红灯、翻护栏、车窗抛物、不自觉排队、随地吐痰等不文明现象制定切实可行的措施，通过扎实有效的文明创建活动，使群众在参与中受到教育、提升素质。

（四）难在长期坚持

创建文明城市不是为创城而创城，不是为了应付一时的检查测评，不仅仅是为了争取这一块牌子，根本目的是提升城市管理水平，改善城市软硬件环境，提升市民生活质量。因此，必须打持久战，在建立长效机制上下功夫。

三、探索对策

既要解决硬件不到位的“硬伤”，也面临时间紧迫的节点倒逼。面对问题挑战，我立足聊城实际，从动员、机制、督导等方面入手，强力推进文明城市创建。

（一）全民动员，让创城“热”起来

以市委市政府名义召开高规格、大规模动员大会，并紧接着先后召开了创城工作现场推进会议、“文明出行”专项行动工作会议、教育系统创建全国文明城市工作推进会议等专题会议。各县、市、区也都召开了高规格动员大会，成立了专门机构，制定了实施意见。

市委发文调整创建全国文明城市工作指导委员会，由市委书记和市长任主任，市委副书记负责调度推进重点工作、重大事项，11 名市级领导根据分工包靠各区和重点责任部门。各级各部门都把文明城市创建列为“一把手”工程，完善组织机构，配备精干人员抓好工作落实。市委出台《关于深化全国文明城市创建工作的实施意见》《聊城市创建全国文明城市工作问责办法》，市“两办”发文下发《关于成立聊城市创建全国文明城市工作办公室的通知》，下发《责任分工》。市创城办明确了组成人员和责任分工，形成了13个专业组，建立了工作制度、工作流程和实施方案。人员以宣传部为班底，从各直接责任部门抽调了50名综合能力强、文字水平高的专职人员。在最短的时间内，做好了创城动员、准备工作。

（二）宣传引导，让氛围“浓”起来

建立了高密度、高频率、大篇幅的宣传引导机制。市主要新闻媒体推出创建文明城市专栏专题，新媒体充分运用视频、图片新闻、H5等形式，各媒体同频共振，持续开展高频次、大篇幅、高质量的创城新闻宣传、公益广告宣传。加大舆论监督，分别在聊城文明网、各媒体、创城办设立热线电话，听取广大市民的意见建议，对不文明行为和部门失责现象进行曝光。每天组织编发创城工作简报，第一时间将创城工作情况报至市五大班子成员、各县、市、区党政负责人、市直各部门主要负责人。在城市关键位置、沿街商铺电子屏幕、户外广告大屏、出租车和公交车车载移动电子屏幕等设置、播放创文明城市、社会主义核心价值观公益广告，做到举目可见、驻足即观。

（三）严格督导，让问题“显”出来

市委常委、副市长、人大、政协班子成员带头到各地各单位督导工作，及时督导重大创建项目及创建进展情况，有力地推动了创城开展；市文明办委托国家调查队作为第三方，每月对照测评指标任务进行一次测评，结果通报排名；市大督查委员会办公室每月进行一次创城专项督查；市民巡访团通过对不文明行为“随手拍”的方式，对城市文明情况进行日常性的明察暗访；新闻媒体设置各类“曝光台”，以新闻曝光、跟踪报道等方式倒逼问题整改；创城办13个工作组明察与暗访相结合，不间断督导检查；创城办编发《要情专报》对发现的问题进行通报，督促整改。全市上下形成了党委统一领导、部门协调联动、市民踊跃参与、媒体跟踪报道的“大督查”工作机制。通过强有力的督导，推动创城各项工作落实、落细、落小。

（四）压实责任，让整改“实”起来

把创城的目标任务分解细化成具体项目，把责任明确到专门工作队伍，建立工作台账。对需要重点推进、重点协调、重点攻坚的事项，确定专门人员负责。督促

各单位“一把手”一竿子插到底，抓督导、抓推进，一项一项地抓落实，一项一项地促达标，将工作压力传递到位。抓住东昌府区和三个市属开发区，开展好重点区域、重点部位的攻坚行动。督促市直各有关部门对全市层面上普遍存在的共性问题、突出问题和难点问题实施专项整治。

立足问题抓整改，对照测评体系发现的问题，下发督办通知单，实施挂牌督办。各区及市直相关部门主动认领问题，深入开展整治，既各司其职，各负其责，又协同作战，合力攻坚。对一些困难特别大、任务特别重的薄弱环节，倒排时间进度，实施专项跟踪督查，限时整改到位，确保每一个环节、每一个领域都经得起检验。

（五）建立机制，让效果“长”起来

各相关部门围绕市容市貌、交通秩序、公共设施、农贸市场、学校周边环境等重点工作开展整治的同时，不断建立完善各项管理制度，把各项创建测评指标转化为常态工作目标，把测评方法转变为常态管理办法，把建立长效机制作为完善城市基础设施、提高城市管理水平、改变城市环境面貌、提升市民文化素质、提高群众幸福指数的重要抓手，不断巩固提升文明城市创建成果。

四、实施效果

创建全国文明城市提名城市以来，取得了明显成效。

（一）文明创建氛围浓厚

各区各部门单位把文明城市创建工作作为“一把手”工程，领导带头研究方案、调度落实，逐个站点、逐个问题抓推进。各部门结合职责分别组织开展了“十佳文明驾驶员（站务员）”评选、十佳医德标兵评选等系列文明创建活动；精心打造了10所社会主义核心价值观教育星级示范校，在全市中小学开展了“小手拉大手、共创文明城”、社会主义核心价值观组歌传唱、书画展、演讲比赛、手抄报比赛等丰富多彩的活动。

（二）城市管理水平提升

实施网格化管理、常态化督导、精细化考核，切实解决了一批城市管理重难点问题。常态化查处店外经营行为、流动摊点；拆除违章建筑1 198平方米；选树“五小”示范街13条、示范单位45个。

（三）交通秩序明显改善

对机动车不礼让斑马线，对非机动车、行人闯红灯等开展常态化管理。整治城区重要路口、火车站、汽车站周边交通环境，拖离扣押路边“僵尸车”、乱停乱放车辆 270 辆，查处违章停车逾 2.7 万起；在人员流动密集的路口喷画了盲道禁停区域，安装了路口引流护栏。

（四）居住小区环境明显改观

把城区四个区所有镇（街道）、村、社区、小区全部纳入管理网格，落实销号验收制度，达标小区达到 337 个，老旧小区得到了很大改观。

（五）年度测评取得较好成绩

省文明办组织力量对全省 17 个地级以上城市进行了测评，采取材料审核、实地考察、电话调查、部门评价等方式进行。测评通报显示，我市测评成绩总得分为 90.007 2，在全省 17 地市中位居第 14 位，在全省 4 个非全国文明城市（含提名城市）中位居第 1 位。

【案例反思】

年度测评虽已结束，但是创城工作仍在持续推进，文明之花必将愈开愈盛。从市委、市政府召开动员会到文明城市测评，虽然只有三个多月的时间，但是通过广泛动员、强力督导，实现了创城整体工作的迅速提升和持续推进，充分体现了整个创城队伍的执行力。这也是我作为创城综合协调办公室主任，领导力提升的一个过程。再好的战略，一定要有执行力，战略才能实施，实现战略目的。总结一下，主要有以下几点。

（一）执行力在于明确的目标

明确目标，让负责这项工作的同志明确为什么要这么做，重要性在哪里，是执行力的首要环节。创建文明城市之初，我就要求通过召开会议、专家培训、到先进市学习等多种形式，让创城办、相关部门的同志把测评体系学习研究透彻，让每个责任人明确自己肩负的职责，明确自己需要做什么、应该达到什么样的目标、为实现这个目标应该开展哪些工作。目标明确了，责任明晰了，执行才有了基础保障。

（二）执行力在于强有力的组织领导体系

创建文明城市是一个系统工程，涉及社会的方方面面，需要一个强有力的组织领导机构来统筹协调、督导落实。从我市创建文明城市工作来看，就在于建立了党委政府统一领导、人大和政协视察指导、各区及部门各负其责、群团组织密切配合、新闻媒体引导推进、广大群众积极参与的工作推进机制。

（三）执行力在于精细化的管理

管理方式决定管理效果。在创城过程中，我们把创建目标要求细化分解成具体的小项目，再把每一个小项目明确责任单位、责任人，建立管理台账，实现创建主体明晰化、目标责任具体化、监督检查日常化，把各项任务目标落细、落小、落实。

（四）执行力在于严格的督导考核

一分部署，九分落实，严格的督导考核是执行力的制度保障。对市级领导分包督导、大督查办公室督查、创城工作组督导、第三方测评、新闻媒体曝光、市民巡访团随手拍等多种形式反映出来的问题，分别由相关部门单位认领，明确完成时限，建立媒体对不文明行为和部门失责现象曝光制度，建立区及市直部门单位主要负责同志电视表态发言制度，确保发现的问题事事有落实、件件有回音。

（五）执行力在于坚持以人为本

从群众的所思、所想、所盼出发，把惠及全民作为工作的出发点和落脚点，是执行力的群众基础所在。在创文明城市过程中，我们紧紧围绕群众的需求，把创城与解决实际问题结合起来，解决了一批关系群众切身利益的“身边”问题，方便了出行，改善了环境，提升了生活质量和幸福指数，从而得到了广大群众的积极拥护和配合。

【案例点评】

如何提升领导的战略执行力？

山东聊城创建文明城市，系统优化了城市执行力生态体系，聚集了以下四个方面的力量。

第一，领导给力，全力以赴。成立由市委书记和市长任主任，市委副书记负责调度推进重点工作、重大事项，11 名市级领导根据分工各负其责。各级各部门都把文明城市创建列为“一把手”工程，完善组织机构，配备精干人员抓好工作落实。

第二，制度合力，全面覆盖。按照《关于深化全国文明城市创建工作的实施意见》《聊城市创建全国文明城市工作问责办法》，市创城办明确了组成人员和责任分工，形成了 13 个专业组，建立了工作制度、工作流程和实施方案。与此同时，市委常委、副市长、人大、政协班子成员带头到各地各单位督导工作，国家调查队作为第三方每月对照测评指标任务进行一次测评，结果通报排名。通过党委、政府、人大和政协四大系统的制度合力，可以充分发挥社会主义制度集中力量办大事的优势。

第三，群众伟力，全面参与。“群众力量是无穷大的”，创建文明城市、推动城市发展，必须紧紧团结依靠群众，始终与群众同甘共苦，从而凝聚起干事创业的磅礴力量。实际上，通过互联网的力量发挥群众的力量，无微不至，无所不能。

第四，科技聚力，全面升级。全国各个城市无不积极发挥现代信息技术的巨大力量，积极建设智慧城市。智慧城市就是运用信息和通信技术手段感测、分析、整合城市运行核心系统的各项关键信息，从而对包括民生、环保、公共安全、城市服务、工商业活动在内的各种需求做出智能响应，为城市中的人创造更美好的生活，促进城市的文明、和谐与可持续成长。信息科学技术正在加速度增长，正在爆发巨大的力量。

既要传导压力　更要传导能力

中国旅游集团公司北京工作部　姜　欣

【案例描述】

一、相关背景

服务的广义性渗透于社会生活的方方面面，商品制售服务于市场需求，企业行为服务于客户导向，国家行政服务于社会福祉，服务优劣决定着组织价值的核心竞争力，更是社会人获取物质利益、精神回馈的重要条件。

创办于1927年的中国旅行社，以国内首家由中国人创办的旅行社被载入中国近代史册，更以辅助工商、服务社会的经营理念迅速成为当时的行业翘楚。历经90年风雨，一路走来的中国旅游集团公司传承着全心全意服务社会的精神和由此产生的优秀服务不断发展壮大，如今已成为中国历史最悠久、旅游产业链条完整、旅游要素齐全、经营规模大、品牌价值高的大型旅游企业。

中国旅游集团北京工作部，从工作性质上说，是服务型企业中的服务性窗口，通过这个窗口要展现的是企业整体素质和精神面貌，通过这个窗口要做好内服外联，既保持与集团部门、业务单位的业务协同，更要增进与上级部门的沟通，得到上级部门的支持。套用当年中侨委接收重组中旅社香港分社时，廖承志先生对时任合社负责人蔡福就的趣谈“就是水浒传里的朱贵，在梁山泊山寨前面设个水亭，接触、结识和接送天下各路英雄豪杰”。因此，集团领导对我们做好接送服务保障工作，履行好职能延伸工作中的服务标准和服务效果要求极高。

经验告诉我们，服务水平的高低根本取决于服务细节是否过硬。如何通过强化全体人员在服务细节上的关注度，引导大家对服务过程精益求精，不断提高部门整体的服务质量和服务水平，既是历任北京工作部负责人的重要职责，也是我在这个总经理岗位时首先思考的工作重点。

二、困难与挑战

（一）外部环境发生的变化

集团经营发展进入瓶颈期，作为办事机构，我们不能为集团创造直接经济效益，但在持续缩减业务支出、降本增效的前提下，如何助力集团改革发展和经营决策，协助一线企业解决重点、难点问题，全力保障集团职能部门和板块公司在京活动面临考验。

（二）内部需要解决的突出问题

工作部的部门负责人大部分为刚调整到位的新人，对本部门所承担的业务工作缺乏全面性、系统性的把控，管理经验欠缺，主管一级的服务意识和服务标准本身就有待提高，特别是主要对外服务部门负责人是位男同志，平时生活中就粗枝大叶，工作中多有“活不细”的情况。

工作部员工职业背景复杂，大家身上既有不同企业、单位好的工作经验和办事思路，也多少保留着一些机关“坐办公室”的不良习气。比如，维护企业利益的自觉意识存在差异；缺少主动服务、密切跟进的工作态度；个别人员有等、靠、要的惰性思想；个别员工对工作职责、规章制度时有懈怠现象。

以往服务工作中存在的问题没有得到有效根治，在重要服务保障工作中一再出错。比如，在服务细节上总存有瑕疵；服务全过程虎头蛇尾，不能做到善始善终；个别工作在推进中存在延迟现象；个别员工在办事效率、工作执行力上还有欠缺。

三、探索对策

经过反复思考，我认为要解决积存的问题和毛病，顺应形势迎接挑战，关键是要切实提高我们在服务上的档次和水平，核心就是抓服务细节。

经过多年的整章建制，工作部已形成较为完整的工作流程和服务标准，但服务机制更多强调的是服务者需要遵守常态化的硬性指标，缺乏灵活有效的细节指导，而服务对象能够感受到的往往是大量体现在员工服务过程中表现出的细节应对。这种应对因人而异，因事而变，需要服务者自身经验和技巧的积累。

我的对策是抓住部门负责人和关键岗位人员，重点督导他们摆正位置，完善自我，改掉陋习，有所作为，指导他们运用专业、科学的思维和分析处理服务工作中的细节问题，继而带动全员服务意识和水平的提高。

（一）坚持规范化教育，统一思想认识

共谋事业方能共求发展，上下同心是一个团队战斗力的核心，要达成组织团体目标的实现，首先要确保思想认识的高度统一。

我通过坚持执行每月一次的三级会议制度（领导班子会议、部门负责人会议、全员会议），保证及时全面传达集团层面的要求和部署，深入分析面临的形势和任务，摆明存在的问题和不足，明确解决的思路和方法，让大家共同分担压力，保证各项工作要求口径一致、步调统一。

我要求各部门每月至少开一次工作例会，通过小范围的部门会议，结合实际重申接待服务标准，强化岗位职责规范，引导员工在做任何事前都要先学会懂规矩守纪律，明白哪些事该做，哪些事不该做。

（二）抓好单兵教练，解决突出问题

我们有的部门负责人“脸皮薄”，当着别人讲他的问题，指正毛病时他会有抵触情绪和逆反心理，不易接受批评，需要单兵教练；有的关键岗位人员存在的突出问题属于个别问题，不具有广泛性，也需要单独引导。

在一对一做工作时，我会不留情面直戳痛点，哪是认识不到的问题，哪是格局不够的问题，哪是明知故犯的问题，都要拿出来晒晒清楚，问题找准了再找原因，找到原因了再找方法。对于服务中出现的缺位问题，更要责成本人对照工作流程和服务标准，换位思考如何才能确保服务环节上的有效衔接，如何才能保证工作全程的完整性。

长期的人力资源工作经验告诉我，思想意识的变化会直接影响言行的变化，继而会影响他在工作中的现时表现。平时我很注意观察同事在工作中的行为举止，大家在微信朋友圈里发表的言论更是重点，一旦感觉出异常，就会仔细分析发掘原因，有时还要拿到班子会上大家一起分析，这种分析的结果在一对一单兵教练时会大有帮助。

（三）结合实际工作，现场沟通指导

我们每天的迎来送往，看似经常性、流程化的工作，但因服务对象个性、需求的差异，加上客观条件的不同，真正做到让每一位服务对象都满意并不容易。

都说细节是反映服务质量和服务水平的关键，就要明白什么是细节。服务环节

衔接顺畅、任务善始善终是细节；正确的迎送位置、得体的言谈举止是细节；一句问候、一个提示、一杯热水也是细节。

熟悉细节虽然可以见微知著，但还要跳出细节，不沉湎于细节，才能有闲暇抬头看路。服务者只有非常专业地投入了他的心血和思维，才能见人所没见，想人所没想，及人所不及。这些经验和方法不是靠简单说教就能掌握，也不可能一下子就能运用得当，而是需要扎扎实实落实和点点滴滴积累。

（四）组织案例分析，交流经验体会

在重要服务工作结束后，我注意组织参与人员开展案例分析会和心得交流会。通过交流服务工作的心得体会，以大家的经验教育大家，最后形成共识，达到共同提高的目的。

事实证明集思广益能够激发工作的灵感，对强化服务细节是实用有效的。如大家总结提出：要避免用一个服务标准应对多位服务对象的做法，要因人而异，增强个性化对接意识；要从细微之处着眼适应别人的需求，学会时刻用眼睛观察，用头脑去思考，树立主动服务意识；要力求把工作想在前、做在先，让每位服务对象都能够收获意外惊喜。

在对服务工作中的实际案例进行分析时，我着力引导大家从深度和广度上进一步理解“服务”的含义。提示礼貌待客不仅体现在语言上，更要体现在行动上，要能够根据服务对象的性格、习惯和爱好，提供更加精准、周到的服务。

四、实施效果

通过抓部门负责人和关键岗位人员的服务意识教育和服务技能训练，使他们在短时间内调整好状态，对服务工作规律性的认识、对服务工作全过程的把控也日渐成熟，基本能够达到服务规范要求。通过以点带面，特别是通过层层传导压力、层层落实责任，大家对服务过程中细节点的关注度显著增强，全体员工精神面貌焕然一新，各项工作呈现出新起色。

在全体员工共同努力下，工作中虎头蛇尾的现象明显减少，工作部的办事效率和服务水平进一步提高，在全年履行集团授权的人力资源、财务、外事、文电机要、商标、物业管理等各项工作中，完成率100%，差错率为0，满意度100%。

在全力保障集团领导、各板块、专业公司负责人及外部董事、上级单位领导等迎来送往接待工作中，标准要求高，全体参与人员要做到协作到位、合作融洽、不辞辛苦、听从指挥、程序顺畅。

【案例反思】

强化服务工作细节，说到底就是强化服务意识，提高服务水平。作为服务组织的管理者，在贯彻落实这一工作目标时，不光要把经营的目标、服务的理念告知同业，不光要把经营的压力、面对的挑战传导给下属，更要将自己总结提炼后的理解和经验传导给员工，把细节工作如何做讲清楚讲明白，把工作方法、工作技巧传到位、传入位。在这一点上，中国旅行社创始人陈光甫先生是我们的榜样，他曾讲道："吾同人有必须注意者，吾人经营斯业，宗旨在辅助工商，服务社会。平时待人接物宜谦恭有礼，持躬律己宜自强不息，务求顾客之欢心，博社会之好感，庶几无负创业初衷。"他还一再要求中国旅行社员工"对顾客要做到笑脸迎人，面手清洁，衣服整齐"，而对招待所则更有三项具体要求：一要让旅客能有很好的睡眠，要保持环境幽静，严禁喧哗，所有卧具被褥要随时换洗，保持整洁；二要让旅客能有舒适的沐浴，以舒身心的困顿；三要供应旅客以洁净简便的膳食。此外，关于收费合理、侍应周到，就更被视作应有的义务。

陈公对服务内涵领悟之深刻，对服务内容关注之具体，对服务标准要求之务实值得我们后来人传承光大。

【案例点评】

如何提升领导执行力?

1966年3月8日凌晨5时29分14秒，河北省邢台市隆尧县发生6.8级大地震。10日下午，周恩来总理亲自前往受灾最严重的白家寨村。他一边走一边不时停下来跟群众握手，说着安慰乡亲们的话。村民自发围成了一个扇面，周恩来总理叮嘱不要挤着孩子。他踮着脚尖，可还是看不到最外围的一些人，便让身边的人找来一个木箱，站在上面讲话。当天刮着很大的西北风，可周恩来总理发现群众都是面对西北风而坐，原来县委专门搭了一个坐北朝南的背风讲台让总理避风。周恩来总理不同意，坚持改变布置，让群众背风坐，他自己迎着风讲话。

周恩来总理满怀深情地安慰村民们，面对灾难，不能低头，要团结起来，重建家园，这样才对得起遇难的那些人。在场所有人都被他恳切且充满信心的语言鼓舞，自发的掌声多次打断他的讲话。

最后，周恩来总理请大家一起呼喊口号："自力更生、奋发图强、重建家园、发展生产！”这发自肺腑的呐喊一扫突发灾难带来的阴霾，灾区人民的信心为之坚定，精神为之振奋。

执行力是什么？

执行力就是要注意细节，体贴人心，像周恩来总理那样，体会到白家寨村民“受苦了、受惊了、遭灾了”。

执行力就是要注意环节，温暖人心，像周恩来总理那样，自己迎着风讲话而让群众背风坐。

执行力就是要注意大节，激励人心，像周恩来总理那样，鼓励村民“自力更生、奋发图强、重建家园、发展生产”。

像周恩来总理那样，中国旅行社创始人陈光甫先生也是很好地把握了服务的本质。

创新领导

创新是民族进步的灵魂，是一个国家兴旺发达的不竭动力。近年来，从产品创新、项目创新、服务创新、制度创新、平台创新到生态体系创新，创新方式不断发展，内容越来越丰富。从理论创新、制度创新、科技创新到文化创新，创新领导加速推动经济社会转型升级。

创新领导就是通过创新来实现领导愿景。创新领导是涉及上层建筑与经济基础，生产关系与生产力的全要素、全系统、全方位变革，是实现中国梦的重要方略。

本专题共有五个案例，分为两组。

第一组，探讨制度创新方式。中国建筑项目法律顾问制度是在10多年中逐步成熟的，能够因势“利”导，让项目组获得法律红利。四川省政府创新了“政务搭台、司法唱戏、律师服务、人民维权”制度体系。

第二组，探讨生态创新方式。北京市石景山区破解养老困局，上海市静安区创新为老服务体系，中国宝武钢铁集团创新审计体系，都是遵循事物发展逻辑，构建富有活力的组织和区域生态体系。

案例一

中国建筑项目法律顾问制度的创新之路

中国建筑股份有限公司　秦玉秀

【案例描述】

项目法律顾问制度，是中国建筑股份有限公司（以下简称“中建”）根据自身所处行业的特点，在实践中摸索出来的。制度推行十几年来，取得了显著的效果，法治基本理念和项目法务工作已经融入中建及下属各级企业遍布全国乃至全球几千个项目的日常管理之中。经过十几年努力，这种将风险防控重心前移的法务管理制度，已成为中建各项目履约过程中自然而然的“防火墙”。

一、相关背景

10 多年前，中国的市场环境还并不完善，国资委还未在国企中推动总法律顾问制度，而企业负责人也往往未在依法治企、市场意识上倾注太多精力。当时中建的性质是半行政、半企业，整个公司的内外法律意识都比较淡薄，纠纷案件也特别多。案件多并不可怕，只要有理有据、能最终胜诉就行。但实际情况却是法务人员无法参与前期工作，到后期出庭时才发现，项目提供给自己的资料要么不全，要么就是证据有缺陷，因此很难胜诉。而这又会被认为是法律人员的能力差，无法体现自身价值。

为了解决这个问题，我开始有意识地引导中建的法务管理团队在一批批败诉的案件中，梳理和总结出自己的不足。这些从业务开展前期如合同签订时就埋下的隐患，在经历长达数年的履约期之后，中间往往又会伴随着工程设计调整、资料往来、补充合同及分包分供合同的签订和付款方式的约定等，其间会有很多失误的地方，到最后纠纷发生时，被动成为必然。这其实暴露出我们管理中的很多问题。我就考虑，不能总在后面去收拾烂摊子，否则，总是被动“挨打”。因此，2003 年，针对合同管理制度不够规范的漏洞，我组织制定了施工合同管理制度，专门用来规范施工合同管理。

但只规范施工合同还是不够。审查完对方资信、合同条款，在合同签订后，法律风险还远远没有结束。中建所处的建筑行业，其业务特点就是项目多而且分散，相对独立性比较强，最重要的是，工程项目的履约周期很长，项目每天都在进展和发生变化。在这个过程中，一旦出现问题，业务部门就会丢给法务部门去处理，法务部门就会发现，履约过程中存在很多不规范之处。在这个过程中，我发现与规范合同相比，履约过程的风险防范更重要，履约控制不住，就会留下很多漏洞。于是我又组织团队制定颁布了法律文书管理办法，规范经营过程中产生的各种文件资料。同时，为了加强履约过程中的风险管理，我就萌生了派法律人员去参与项目的想法。

二、探索对策

中建的第一个项目法律顾问，诞生在央视新大楼的建设项目中。我任项目总法律顾问，总部法律部每年派一名专职法律人员常驻项目，4 年轮换了 4 位。专职法律人员被安排在合约部工作，负责整个项目履约所有的合同文件及相关法律事务，包括审核规范对外函件及合同 1 000 余份，对合同进行风险交底，梳理风险点及化解措施，其中仅针对合同履约所出具的合同策划书就达 200 多页，同时协助项目组与对方进行沟通谈判和普法宣传等，积累了宝贵的实践经验。

在央视项目结束后，我心中已然有了项目法律顾问制度的雏形。随后，在公司领导的大力支持下，我们开始推行项目法律顾问试点。最初的试点项目有 110 个，遍布中建各级子公司位于全国各地的项目。110 个项目的法务管理工作在摸索中展开，其间不断有我们与项目法律顾问及各项目法律顾问之间的交流与沟通，最终形成了大量的制度性文件，涉及信函怎么发、合同怎么签、法务工作如何切入等内容。

2008 年左右，项目法律顾问制度开始在中建全系统推进。至 2010 年，中建系统已有 3 000 多个在施项目设置了法律顾问。至今，中建已有 5 000 多个在施项目配备了法律顾问，普及率达 98% 以上，基本实现了初步建立项目法律管理工作体系的目标。

在项目法律管理岗位设置到位、工作体系初步建立的情况下，项目法律顾问制度建设的重点转向深入落实岗位职责，切实发挥管理作用的阶段。为此，2010 年我们制定颁布了《工程项目法律事务工作细则及考核管理办法》；2011 年全面启动项目法律顾问制度考核管理工作。如今，项目法律顾问制度已被各项目部普遍接受，实现对国内在施项目基本覆盖。与此同时，为配合企业“走出去”的发展战略和“一带一路”的现阶段发展重心，我们以国内的工作经验为借鉴，逐步探索海外项目的法律顾问制度体系建设，也已经取得了一定的成绩。

具体而言，主要有以下几个方面的举措。

第一，建立项目法律顾问制度两级组织体系架构。对于全系统法务人员，制定相应的选任标准，建立法律顾问、法务经理和法务联络员两级组织体系，互为专业上的补充，从上而下将法律管理工作纵深到底。法律顾问层面，对于合同额较高或者法律风险比较大的项目设法律顾问，法律顾问由满足条件的专业人员担任。法务经理和法务联络员层面，依托中建工程项目普遍设置的商务经理，经一定的法律培训，由其兼任法务经理；项目较小、未设商务经理的，由项目合同管理岗位人员兼任法务联络员。

第二，明确项目法务人员权责与工作方式。项目法律顾问对公司负责，从法律风险防范的角度对工程项目管理进行指导、提出意见和提供服务。具体职责包括合同及重要文件评审、法律风险评估、参与处理项目重大风险事件，以及有关经济纠纷事宜、协助项目进行索赔及反索赔管理等。项目法务经理、法务联络员主要进行法律文书管理工作和法律风险事件及时报告的工作。在工作方式要求上，项目法律顾问一般应定期赴项目现场工作，有条件的应参加项目工作例会。项目与公司机关不在同一地区的，项目法律顾问可以通过电话、电子邮件、传真等方式机动开展项目法律工作。公司也可以根据需要派出法律顾问驻项目开展工作。项目法律顾问与项目法务经理、法务联络员之间定位为工作协调配合关系，但项目法律顾问在业务方面对项目法务经理及法务联络员进行指导。

第三，建立多层级长效培训机制。我把项目法务人员培训作为推动开展工程项目法律管理的有效抓手，建立了多层级、多种形式的常规培训与个别辅导相结合的长效培训机制。具体而言：总部负责建立公司系统项目法律管理常规培训机制；二级企业负责建立本单位常规培训机制，并保证培训强度，年度培训方案需报总部备案；三级及以下企业直接管理项目，以个别辅导培训方式为主。针对培训对象不同，培训内容相应有所侧重：对法律人员侧重进行项目管理理论知识及商务操作实务培训；对项目商务人员侧重法律理论知识及操作实务的培训。

第四，建立项目法务人员考核激励机制。我们建立了项目法务人员考核机制，切实落实每个项目法务人员职责，并按照工作内容及质量进行评价考核，根据评价结果进行奖惩。

三、实施效果

第一，建立企业合规文化。通过项目法律顾问制度工作的开展，项目一线人员的法律意识得到整体提升。以往工程合同签订后不受重视，甚至“束之高阁”的问题得到杜绝，增强了项目管理人员的法律意识和法治思维，促进了项目规范运作，构建丰富的企业风险管理及合规管理文化。

第二，促进法律管理工作体系完善。在法律队伍建设方面，考虑到公司项目众多、法律人员数量有限的情况，中国建筑对项目合约商务人员进行法律培训，依托其开展项目法律管理工作，实现法律工作对一线项目的全覆盖，项目法律顾问、法务经理、法务联络员队伍成为法律人才队伍建设的基本依托和主要载体。

第三，源头管控法律风险。建筑工程项目一般均组建项目管理机构（项目部），具有相对独立的管理权责和利益，项目法律顾问制度有效加强了企业对项目风险特别是法律风险的管控。企业在项目层面派出法律人员，直接对项目开展法律管理工作，弥补了传统建筑项目管理组织架构上法律管理的缺失，法律人员直接参与项目生产和经营活动，深入一线，在源头上防控了法律风险。

第四，保证项目合法合规履约。项目法务人员深入研究相关法律及合同，结合实际情况，从法律、合同角度建言献策，防止发生违法、违约行为和事件，保证项目运作始终合法合规，合同得到恰当履行。通过项目法务人员的努力工作，不仅使承包人的合同法律风险得到有效管控，而且通过保障履约为业主做好服务，实现和谐共赢。

第五，以项目为载体，提高全员法律意识。法律管理走进项目，走进基层，直接服务于生产一线的同时，项目法务人员也通过网络、报刊、培训等方式深入开展法制宣传教育，将建筑法、合同法、安全生产法等与工程建设息息相关的法律知识普及到每一位员工，并辅以生动典型的案例，教育员工遵纪守法、恪尽职守，使全体员工法律意识和法律素质有了整体提高，为企业依法经营管理提供了有效保障。

【案例反思】

第一，勇于发现问题、解决问题。作为领导干部，要有强烈的问题意识，善于从不同角度看问题、发现问题。在发现我们后期案件处理过程中反映出的管理问题后，不能简单要求项目人员做好证据收集等配合工作，而要充分运用分析—综合—判断—选择的逻辑思维，去思考问题产生的原因并不是项目人员工作不负责，而是没有用法律意识和法治思维去指导项目履约。问题发现之后，还要去探索如何解决，是被动等待，还是主动出击。利用自己的专业优势提前介入，一方面，促使项目人员提高法律素养；另一方面，可以提前防控风险，提高合法合规管理水平，也为后期案件等解决打好前期基础。

第二，敢于引领变革、实现变革。任何事物，在从无到有的建立过程中，总会面临方方面面的压力和阻力，更何况是对已有局面和管理体系的变革。在这个过程中，就特别考验我们的领导能力。要有审时度势的先见力，根据发现的问题，结合企业的工作实际，及时有效制定应对措施；要有快速把握机遇、规避风险的先决力，在扎实工作的基础上，提前布局，进行谋划，把握住变革机遇，及时做出决策；要有推动合作的整合力，利用领导优势，整合上下资源，发挥各层级的作用和能动性，共同促进目标的实现。

第三，善于创造价值、提升价值。在企业中做法律管理工作，并不是要给企业的生产经营制造障碍，而是要通过发挥法律管理的专业性和对企业的了解，规避经营中的法律风险，对企业遇到的经营问题，运用合法合规的手段予以解决，促进经营目的的实现，为企业创造价值、提升价值，也才能更好地体现专业管理的价值。

第四，乐于依靠团队、同舟共济。中建是多层级的集团，要推动这项工作，必须发挥各层级法律队伍的作用。根据各层级机构管理和业务的侧重不同，制定不同的职责，组成上至集团总部，下至施工一线的项目法律管理系统，有业务、有实务、有管理、有创新、有引领，共同推进法治中建的建设。

第五，强于沟通协调、刚柔相济。在这项工作的推进过程中，难免会遇到困难和阻力，这时一是坚持，二是灵活调整，三是加强沟通。发挥女性温和、细腻、耐心等柔性特征，协调好各方关系，最终实现原来预定的目标。

【案例点评】

如何进行制度创新？

10 多年来，中国建筑项目法律顾问制度的创新之路，是非常具有智慧的制度创新典范。

第一，好制度是“自发成长的”。好制度更多是内生的。一般来说，这个自然生长的过程，时间比较长，但效果往往比较好。2003 年，针对合同管理制度不够规范的漏洞，中建开始实施法律事务项目，组织制定了施工合同管理制度，颁布了法律文书管理办法，在此基础上“萌生”了项目法律顾问的想法。随后，形成了项目法律顾问制度的雏形，进行了项目法律顾问试点，进而在中建全系统推进，最终普及率达98%以上。

第二，好制度是“自动执行的”。好制度，应该像大禹治水那样，因势“利”导，让人们获得红利。而让人们获得红利的制度，一定是简单易行的，制度成本低而实施效果好。从这种意义上来说，法治应该是“水治”，应该是“水利”。中国建筑项目法律顾问制度，包括法律顾问、法务经理和法务联络员两级组织体系，从上而下，像“法治水利”一样“自动流行”的。法律顾问由专业人员担任，法务经理和法务联络员由经受过培训的商务经理和项目合同管理岗位人员兼任，既保证高水平的专业标准，又保证低成本的普遍持久运行。

构建基层便民法律服务体系

四川省政府政务服务和公共资源交易服务中心　杨　娟

【案例描述】

一、相关背景

全面落实中央依法治国战略方针，创新社会治理，推进良法善治，实现国家治理体系和治理能力现代化，重心在基层，难点也在基层。中共四川省委先后出台《四川省依法治省纲要》《全面深入推进依法治省的决定》。

近期以来，四川省政府政务服务和公共资源交易服务中心（以下简称“省中心”）以问题为导向，积极与相关部门合作，通过将法律咨询、法律援助等服务引入省、市县、乡村五级政务服务平台，搭建集公益性、专业性、便民性于一体的综合法律服务体系，从而逐步将基层社会治理和社会维稳引入法治化的轨道，有效树立基层群众法治信心，增强法治经验，为中央依法治国方略全面实施奠定坚实而广泛的社会基础。四川全省60%以上的政务服务平台均已建立法律服务专区，年均提供各类法律服务50万件左右。2016年12月，该做法被纳入四川省法治宣传教育5年规划。

作为一名长期工作在基层一线的干部，如何推进基层社会依法治理，有效化解社会矛盾，一直是我重点关注的问题。2016年我因工作调整开始负责政务服务工作，我便思考如何发挥四川省完备的五级政务服务平台作用，进一步丰富基层社会治理法治化治理的手段和路径，并在相关部门大力支持下很快付诸实施。

二、困难与挑战

第一，基层社会矛盾纠纷复杂多变。由于城乡之间、地区之间发展不平衡，收入分配不公平和贫富差距扩大，社会结构和利益格局深刻调整，以及基层治理组织体系不适应性日益突出，法治型、服务型政府建设相对滞后，群众参与基层治理的积极性不高等原因，导致基层化解矛盾和维护社会稳定的任务非常繁重。

第二，部分基层群众法治意识薄弱。基层群众大多数文化水平较低，民主意识欠缺，法治观念淡薄，而且群众维权意识、法律意识不强，学法、守法、用法氛围不浓，“信访不信法”“越法违法维权”较为普遍，有的人在自身合法权利被侵害时，不能正确反映诉求，不懂得运用法律武器维权。面对侵权要么浑然不觉，以“法盲”的形态出现；要么畏于权势，忍气吞声；要么置法律而不顾，“以暴制暴”，甚至会导致违法犯罪。

第三，个别基层干部依法行政意识不强。基层干部中不学法、不懂法、不用法，甚至徇私枉法现象还在一定范围内存在，有法不依、执法不严的情况还较为普遍。部分基层干部人治思维和官本位思想仍很严重，习惯于“做工作”“讲人情”的工作方式，凭经验和个人想法做决策、下命令，甚至有法不依、执法不严。

三、探索对策

根据基层法律需求和五级政务服务平台体系特点，确定两个方面改革目标。一方面，省市县乡四级政务服务平台主要以建设法律服务专区；另一方面，在村（社区）一级推行“一村一律师”制度，即在每个村（社区）配备一名律师，随时为群众提供免费法律咨询。

（一）高标准打造省市县乡四级法治政务服务专区

在省市县三级政务服务中心、乡镇便民服务中心全面开展法律服务专区建设，设立法律咨询、法律援助、司法公证、人民调解窗口，免费为群众提供各类法律服务，尤其是强化对弱势群体和困难群众的法律援助。经过一段时间的探索和发展，四川省已在1个省级、16个市级、108个县级政务服务平台设立法律服务专区，并总结出一系列好的经验和做法。如绵阳市结合“互联网+”思维，建成“法治绵阳”网络平台，利用法治绵阳微信公众号、法治绵阳手机APP、法治绵阳网站，为社会公众提供高质量的、便捷的法律咨询服务；成都市武侯区针对审批权、审批事项等高度集中的情况，在政务服务中心实行“法律服务”“审批涉法服务”两区联动的方式，分流办事群众，既提高办事效率又推动依法行政。

（二）积极推广“一村一律师”法律功能建设

发挥便民服务体系在基层社会管理中的支撑作用，依托村社便民服务站，为每个村（社区）配备1～2名驻村律师，随时免费为群众提供法律咨询和法律服务。村社便民服务站负责律师日常工作的组织、协调、保障及考核，并协助律师做好日常法律宣传和法治教育。目前“一村一律师”已在全省各市（州）推行，配备律师19 055名。如德阳市已经在全市1 768个村（社区）实现律师全覆盖；成都市依托社区便民服务平台良好的软硬件条件，探索建设“社区法律之家”，整合法律讲坛、法律援助、社区矫正等功能，实现前台法律服务与后台法治教育、法治宣传的有机结合。

（三）科学合理规划相关配套设施建设

第一，严格落实场地和经费保障。各级政务服务平台为入驻法律工作人员提供良好的工作保障，包括办公场地、办公设备、就餐、停车位等。根据各地实际情况，以政府购买服务的方式，每年给予法律工作人员一定的交通、通信补贴。

第二，严格落实法律服务人员遴选制度。进驻的人员必须是由当地司法部门从本地知名律师事务所中挑选，并经过严格的考核面试筛选程序，确保选派人员政治过硬、业务精通。

第三，严格日常考核管理。对进驻人员施行与窗口工作人员同等的考核和管理，并根据考核结果进行奖励或惩罚。对拒不服从管理或出现严重工作失误的人员，不但取消其本人进驻资格，而且还按照相关行业规定对其所在律师事务所一并处罚。

第四，兼顾进驻法律工作人员现实利益诉求。充分利用政务服务平台广泛的社会影响力，让其通过免费法律服务形式获取增值业务。这样既能锻炼业务能力，拓展人脉资源，提升社会影响力，又能开辟新的案源，扩大业务渠道，实现经济和社会效益双丰收。

四、实施效果

第一，维护基层群众合法权益。通过完备的五级政务服务平台，随时随地为群众提供耐心细致的法律咨询、指导服务，从邻里纠纷、婚姻、抚养费到征地拆迁、工伤维权等方方面面，确保群众尤其是弱势群体在权利受到侵害时能够获得及时有效的法律援助。

第二，提前化解基层社会矛盾。进驻各级平台的法律服务人员，通过提前介入土地征用、劳资纠纷、社会保障、环境污染、集体资产处置等影响社会稳定的突出问题，逐步引导群众以合法方式和法律途径表达利益诉求，从而促进基层社会的和谐稳定。

第三，提高基层干部依法行政意识。通过乡村两级进驻法律服务人员参与换届选举、村民代表大会等重要活动，协助修订完善村规民约等规章制度，以及在基层干部与群众发生矛盾冲突时提出专业法律建议的方式，逐步厘清基层组织权力的法律边界，改变基层事务决策方式，不断增强基层干部法治意识。

第四，提升人民群众的法律意识。通过法治宣讲、发放法制宣传资料、现场调解等方式，引导群众相信法律、敬畏法律、遵守法律、依靠法律，使基层群众遇事找法律、解决问题靠律师逐渐形成一种习惯。

第五，推进服务型政府建设。通过将法律服务引入各级政务服务平台，进一步拓展和完善平台的服务功能，并通过政府购买服务的方式，为社会提供更加优质高效的政务服务，满足人民群众日益增长的公共服务需要。

【案例反思】

通过一年的工作实践，我体会最深的是，作为基层干部，高度的责任心是推动工作起步的关键，良好的战略思维是推动工作科学发展的必要条件，强有力的资源整合能力是确保工作完成的重要保障。

（一）完善机制体制，立足源头才能治根本

基层是社会矛盾的主要源头和关键环节，四川高度重视基层社会的治理工作，力求在源头上化解社会矛盾，力求以较小代价获取社会治理的最大效益，始终坚持将法治精神、法治思维和法治手段贯穿基层社会治理机制体制设计的全过程，立足源头，立足根本，不断探索社会治理新手段、新方法，形成法治基层新常态，全面夯实社会治理基础。

（二）树立科学政绩观，立足长远才能成正果

基层社会维稳最根本点在于实现公平正义，而法治是最有效的，但也是最不易短期见效的手段。我们积极转变观念，充分发挥政务服务中心在基层中的广泛影响力，变被动维稳为主动化解矛盾，变堵为疏，有所作为，不求短期效益，不求立竿见影，不求轰轰烈烈，而是立足长远，春风化雨，默默耕耘，经过耐心细致的工作，迈出了基层社会治理法治化、现代化的坚实一步。

（三）设计良性制度，立足法治才能保长效

在基层便民法律服务体系的制度设计中，律师是制度落实的关键，如果不能兼顾律师的现实利益，不能摆脱过去人治思想，仅靠行政命令和微薄的经济补贴，此项制度定是不能长远。因此，在制度设计时，充分利用政务服务平台广泛的社会影响力，让律师通过免费法律服务形式获取增值业务，既能锻炼业务能力，拓展人脉资源，提升社会影响力，又能开辟新的案源，扩大业务渠道，实现经济和社会效益双丰收。

（四）整合优势资源，立足合作才能多赢

各级政务服务中心和司法部门相互协同，相互启发，相互促进，共同提高。政务服务中心利用现有平台优势，司法部门则掌握大量优秀律师资源，两家合作便形成“政务搭台，司法唱戏”的良好工作格局。

【案例点评】

如何加强制度创新？

四川省政府政务服务和公共资源交易服务中心通过将法律咨询、法律援助等服务引入省市县乡村五级政务服务平台，形成“政务搭台、司法唱戏、律师服务、人民维权、社会和谐”的多赢局面，显示了高明的领导智慧。

第一，政府搭建平台，“免费”提供法律公共服务。近年来，我国“互联网+政务服务”发展迅速，很多地方建设了省市县乡的线上线下服务平台体系。在平台上，提供各种公共服务的成本迅速降低，甚至趋近“零成本”。因此，可以“免费”为群众提供各类法律服务，尤其是可以加强对弱势群体和困难群众的法律援助。四川省在省市县三级政务服务中心、乡镇便民服务中心全面开展法律服务专区建设，设立法律咨询、法律援助、司法公证、人民调解窗口，通过政府购买服务的方式，满足人民群众日益增长的公共服务需要。

第二，司法部门参与，“公益”律师提供专业服务。在新的制度体系中，政府与司法部门合作，优选律师加入平台，形成“政务搭台、司法唱戏、律师服务”的良好工作格局。对于律师来说，能够得到政府和司法部门的认同，进入政务服务平台，既能锻炼业务能力，提升社会影响力，又能开辟新的案源，扩大业务渠道，实现经济和社会效益双丰收。

破解工业转型城区的养老困局

北京市石景山区人民政府　陈婷婷

【案例描述】

一、相关背景

随着我国经济社会的快速发展，人民群众的医疗保健水平和生活水平逐步提高，人口平均寿命不断增长，加之实施多年的计划生育政策影响叠加，我国人口老龄化问题逐步凸显，高龄老人、空巢老人、失能及半失能老人数量日益增多，养老正在成为全社会关心关注的热点问题。2013 年，国务院印发《关于加快发展养老服务业的若干意见》，指出要构建“以家庭养老为基础、以社区服务为依托、以机构养老为补充”的社会养老服务体系。2009 年，北京市出台了居家养老的“九养政策”，提出要建立“9064”的养老模式，即 90% 的老年人在社会化服务的协助下居家养老，6% 的老年人通过政府购买社区服务照顾养老，4% 的老年人入住养老服务机构集中养老。2015 年北京市又在全国率先制定了《居家养老服务条例》，进一步提出建立养老服务的“北京模式”。

自 2015 年 10 月担任主管民政工作的副区长以来，面对全社会关心的养老课题，我深感肩上的责任重大。几年来，我坚持以问题为导向，以需求为牵引，以创新为动力，通过认真分析我区从传统工业化城区向绿色发展示范区转型过程中人口老龄化加速带来的新情况、新问题，努力把握全市全区人口老龄化和老龄事业发展的规律，以改革的精神积极解决突出矛盾，综合施策，不断探索既适应当前形势，又符合长远发展；既具有区域特色，又可推广复制的养老服务模式，逐步构建起能较好满足老年人多层次、个性化服务需求的养老服务体系，让辖区群众从区域转型发展中得到实惠。

二、困难与挑战

第一，石景山区老龄化程度严重。据统计，2015 年全国 60 岁及以上人口达到 2.22 亿，占总人口的 16.15%。2025 年，60 岁以上人口将达到 3 亿，成为超老年型国家。北京市老龄化形势也十分严峻，人口老龄化占到 23%，在全国排第二，预计 2030 年将超过 30%，达到重度甚至超老龄化社会。就我区而言，截至 2016 年年底，全区 60 周岁以上老年人口为 10.9 万，占全区户籍人口总数的 28.4%，老龄比例高于全市平均水平近 5 个百分点，在北京市排第三，呈现基数大、增长快、老龄化程度深等特点。同时作为正在转型发展的传统重工业区，我区老年人口大多数为国有企业退休人员，经济收入普遍不高，社会保障水平偏低，随着首钢涉钢产业搬迁调整，留守空巢老人家庭逐渐增多，养老形势不容乐观。

第二，社区养老服务设施历史欠账较大。石景山区居民小区大多为 80 年代左右建设的老旧职工家属区，建设初期没有养老服务设施的配建规划和标准，存在设施存量严重不足，设施增量一地难求的困局。

第三，养老服务社会化水平较低。高效、有效、专业的养老产业是解决老龄化社会带来沉重养老负担的唯一途径。但在石景山区养老服务主体偏少、偏小，真正形成品牌，能够实现连锁化和规模化经营的企业和机构更少，社会资本进入养老服务领域的积极性还没有被完全调动起来，养老服务的市场化、社会化和专业化程度还很低。

第四，养老护理员队伍现状堪忧。养老护理员是养老服务链条中的关键环节，但由于受思想观念、社会地位、收入水平、职业发展空间等实际问题困扰，本市人员不愿干，外来人员文化水平较低、年龄偏大、流动性大，全区养老从业队伍整体数量不足，质量不高。

三、探索对策

（一）坚持凝聚共识，确立发展战略

民生是人民幸福之基，社会和谐之本。在深入学习习近平总书记关于积极应对人口老龄化的指示精神和客观分析我区养老工作的严峻形势后，区委区政府和作为主管领导的我都对抓好养老工作的意义有了更加深刻的理解。大家共同认识到养老是近忧，更是远虑，事关发展全局、百姓福祉；养老是责任，更是考验，事关党的

宗旨、政府公信；养老是民生，更是民心，事关改革成败、社会和谐；养老是事业，更是产业，事关深度转型、绿色发展。

老年人是社会的宝贵财富，是最需要关心的人群之一，抓好养老工作是各级党委和政府义不容辞的政治良知、政治责任和政治担当，是发展社会事业和建设民生家园的机遇和动力。

为此区委进一步明确要使养老工作做到“四个纳入”：一是纳入区四套领导班子重要议事日程，凝聚广泛共识，合力推进；二是纳入全区“全面深度转型、高端绿色发展”总体战略布局，进行顶层设计，高位统筹；三是纳入政府便民实事折子工程，实施督查考核，落实责任；四是纳入区委重点改革攻坚任务，组织强力推动，实现目标。

在此基础上，区委把居家养老服务体制改革作为民生类改革一号工程，列为30项全面深化改革的重点任务之一，研究制定了《石景山区居家养老服务体制改革实施意见》，明确了要以居家和社区养老服务为主，推动居家、社区、机构一体化融合式发展的基本思路，提出了要努力打造老有所养、老有所医、老有所为、老有所学、老有所乐服务体系的发展战略。

（二）坚持改革驱动，创新体制机制

第一，在领导体系上，突出党建统领。成立石景山区居家养老服务体制改革领导小组，由区委书记和区长共同担任组长，领导小组成员单位由区民政局、发改委等14个部门组成，突出党建统领，既确保了领导小组的规格和权威，又提高了统筹协调的效率和成效。

第二，在工作机制上，突出协调协作。实行由区委副书记和政府主管副区长任主任的老龄委双主任制。根据需要，扩充老龄委成员单位的数量，充实完善各部门的职责。研究制订责任清单，做到职责任务清，具体要求明，初步形成了协调联动、齐抓共管的良好态势。

第三，在机构设置上，突出优化调整。争取市编办支持，将设置在区民政局内部的科级老龄办机构调整为副处级，并增加部分编制，同时加挂养老服务促进指导中心牌子，对分散在各部门的涉老职能、机构和编制进行统一整合，充分发挥组织协调、推动落实的作用。

第四，在职能职责上，突出属地统筹。明确街道党工委全面负责辖区养老服务的组织领导，调整街道老龄工作科室及工作人员，设置专职养老事业编制人员，为切实把养老服务做到位、做到家提供了组织保证和人员力量。

（三）坚持问题导向，着力破解难题

第一，从重点问题抓起，完善设施场所建设。为解决全区养老服务设施场所不足的问题，着力推进实施了“9110”工程，在全区9个街道分别建立养老照料中心，建设一批社区养老驿站，提供零距离、零遗漏的辐射服务，形成一刻钟社区居家融合式养老服务圈，全方位满足区域内老年人日间照料、文化娱乐、精神慰藉等多方面居家养老的服务需求。

第二，从现实问题抓起，加强助餐体系建设。针对主要困扰高龄、失能、独居老年人的吃饭问题，我们积极与首钢等大型国有企业的餐饮公司开展合作，将其作为全区性的中央厨房，为各街道养老照料中心和社区养老服务驿站进行统一配餐送餐。同时，鼓励老年餐桌定点服务商、社会机构自办老年中央厨房，建立健全老年用餐分层补贴机制和送餐志愿服务补贴机制，通过打造“中央厨房＋社区养老服务驿站＋社区配餐、送餐、助餐”的模式，满足社区老人多元的就餐需求。

第三，从关键问题抓起，加强医养结合建设。督促民政、卫计委等部门加强协作，采取配套设置、独立设置、协议合作三种形式，推进养老机构开展“医养结合”。同时，促进专业医疗卫生资源与社区深度合作，由各社区卫生服务站组建家庭医生式服务团队，为社区老年人提供健康指导、健康体检、家庭医生式上门服务。此外还与华润医药等药品配送企业合作，对辖区内有需求的、行动不便的老年人开展药品配送到家服务。

第四，从瓶颈问题抓起，加强护理队伍建设。针对护理人才短缺的问题，积极推动将养老护理职业队伍建设纳入石景山区高端人才体系建设中，实施养老护理职业队伍培养的“十百千万”工程。在全区建立了10个养老护理职业培训基地，计划5年内对500名左右具有初级以上职业资格水平的养老护理专业人员进行业务提升培训，对1 000名左右的养老服务志愿者开展为老服务常识培训，对10 000户左右的家庭成员开展失能失智老人居家护理基本技能培训。此外，在护理员资格认定和社会保障方面不断探索，提升护理员职业发展空间。

第五，从前瞻问题抓起，积极开展长期护理保险制度研究。用社会保险的方式从制度上解决失能老人的长期照护问题是发达国家的宝贵经验，也是社会发展的必然趋势。经过调查，我区有4 000余名长期失能老人，很多由于经济条件和家庭条件所限无法得到较好的照料。为了让这些失能老人尽早受惠，我们主动请缨，积极争取在本区率先开展北京市政策性长期失能护理保险试点工作，努力探索通过政府补贴、单位补助、个人缴费、企业运营等多方合作形式，逐步建立适合我区实际与特点的商业保险、社会保险与互助保险结合互补的长期护理保险模式。

第六，从身边问题抓起，加强安全环境建设。为解决好高龄、失能、重残、独居等老年人日常起居出行不便，生活缺乏安全感等问题，我们为老旧小区配送了自动爬楼机，为老旧楼房安装电梯，为80周岁以上高龄、空巢、孤寡老人全部免费配备呼叫器和烟感报警器。

（四）坚持精准定位，打造区域特色

第一，打造居家养老“老街坊”品牌。根据石景山区以老国企退休老年群体为主的特征，在了解到他们更希望在熟悉的家门口与老工友、老邻居、老朋友相伴养老的意愿后，将我区的养老品牌设定为“老街坊”，深入挖掘其蕴含的伦理需求、情感需求和服务需求等丰富内涵，统一名称、统一标识、统一服务内容，既弘扬孝老敬亲、邻里守望的中华传统美德，又满足老人“看得到亲人，见得到老友，记得住乡愁”的情感归属感，以此为契机建设“离百姓最近的养老家园”，为老年人提供“生活不离本社区，情感不离本街坊，养老不离身边人”的便利服务。

第二，打造中医特色的医养康融合品牌。大力弘扬中医药优秀传统文化，深入挖掘宣传传统中医药在保健养生方面的特殊作用，推广中医药养老理念，确定把中医保健康复作为我区医养康融合发展特色模式，在全区各社区开展中医健康管理试点，并在9个卫生服务中心实施中医健康养老示范工程，促进中医治疗和中医养生知识进入养老机构、社区和居民家庭，在石景山区养老事业中发挥独特的作用。

第三，打造“没有围墙的社区智能健康养老院”品牌。根据互联网发展新趋势和资源整合、信息共享的实际需求，我们积极应用物联网、云计算、大数据等信息技术，推广普及“互联网+健康养老+居家养老”的智慧模式，建立“24小时智慧养老健康中心”，开展智能穿戴设备和智慧健康管理试点，发挥智能系统和服务设备在呼叫服务、助餐服务、健康指导、安全救助等方面的服务功能，在区域内逐步形成了“一呼百应”的居家养老信息服务网络，让更多的老人享受到线上、线下的“双网”联动服务。

（五）坚持保障扶持，引导多元参与

第一，加强政策制度保障。以区委区政府名义联合出台《石景山区居家养老服务体制改革实施意见》，并研究制定了《养老服务设施建设五年规划》《人才培养建设规范》《加强医养结合的办法》等系列配套文件，形成了“1+3+N”的养老服务保障政策支撑体系。

第二，加强财政资金保障。设立区级养老服务支持补贴政策，将养老服务设施建设经费、政府购买养老服务经费、养老产业引导资金等纳入年度财政预算管理专款专用，并保证年均不低于12%的长效增长机制；明确每个街道办事处1 000万元民生家园建设资金和每个社区50万元服务群众经费可用于养老设施建设和服务活动。

第三，大力扶持专业运营。完善扶持政策，通过降低门槛、服务补贴、房租优惠、公办民营、民办公助等方式，吸引社会资本参与石景山区老龄事业，形成多元化、多层级的公共服务供给格局；建立培育孵化平台，发掘和扶持以居家养老为主要服务方向的社会组织，以社会化、标准化、专业化方向引导养老服务机构和社会组织形成品牌化，连锁化经营；建立准入退出机制，召开养老服务洽商会，遴选建立专业养老服务商和优质运营商两个目录库；加大政府购买力度，通过政府购买服务、购买专业岗位、评估认证等方式鼓励专业社会机构开展老人医疗健康、家庭应急救援、失独老人精神慰藉等服务项目。

第四，积极鼓励社会多元参与。培育邻里互助、老人自助、社区共助的共享共治机制，成立由社区老年人、青年志愿者、专业机构、爱心企业和社会单位组成的区街两级“老街坊”养老事业促进会；弘扬守望相助的养老文化，组织开展亮灯行动、敲门计划、青春陪伴、临终关爱等志愿服务，营造爱老敬老助老，关心关注支持养老事业的良好社会氛围。

四、实施效果

第一，石景山特色的社区居家养老服务体系基本形成。经过两年的努力探索，石景山区养老体制改革的四梁八柱已基本构建完成，“以政府为主导、以居家为基础、以社区为依托、以机构为补充、以社会保障为支撑、医康养相结合”的保基本、广覆盖、多层次、可持续的社会化养老服务体系初步成型并发挥积极作用。

第二，居家养老设施和服务全覆盖目标基本实现。目前全区养老床位达4 014张，每百名老人床位达3.96张，接近北京市“十三五”规划目标；全区从事养老服务的专业机构22家、社会组织30余家，签约服务商达324家；全区养老护理员队伍达500余人；全区组建家庭医生式服务团队105个，累计签约10.6万户；全区预计于2017年年底将建成57个养老服务设施，其中包括9个街道级养老照料中心、40个社区养老驿站、8个养老机构，去除山区面积全区每平方公里至少拥有一个养老服务设施，基本满足全区10万老年人口社区和居家养老服务需求。

第三，“老街坊”养老服务品牌赢得百姓的良好口碑。经过不断充实完善，“老街坊”养老服务内容已经形成日间照料，长期短照料，呼叫服务，助餐、助洁、助浴、助医服务，老年康复，文化娱乐，教育培训，精神慰藉等多个成熟板块，正在成为石景山区老年人最为信赖的养老服务品牌，同时成为北京养老的亮丽名片和先进典型，其服务模式和工作成效多次在中央电视台和各种媒体上宣传报道。

第四，全区养老工作得到了社会和上级部门的多方认可。多次代表市政府迎接国家民政部的工作督查和市人大常委会及人大代表执法检查，2016 年被北京市推介成为全国 26 个中央财政支持的社区居家养老试点城市之一。

【案例反思】

几年的工作中，我始终把养老事业的发展作为头等大事来抓，坚持边闯边试，不断优化完善，终于在石景山区这样一个首都特大城市的工业转型老城区中闯出了一条居家和社区养老的新路子，工作取得了一定成效，做出了一些特色，在此过程中收获的不仅是群众的获得感、满意度，更是经验的增长和领导力的提升，回顾反思起来主要有以下几点。

（一）以目标引领提升凝聚力

在学习习近平总书记“人民对美好生活的向往，就是我们的奋斗目标”这一执政理念和推进养老工作的过程中，我进一步认识到老年人身边、周边、床边的平凡事，房前屋后的生活事就应该是领导干部心中的天大事，不断深化和践行“让老百姓过上好日子是我们一切工作的出发点和落脚点”的工作理念，牢固树立养老问题是最迫切的任务，是最重要、最基本的民生问题的责任意识，积极引导同事们用安置亲生父母的孝心和情怀真心服务老年人，用安排自己晚年生活的用心和执着来推进养老服务事业发展，使投身养老事业、热爱养老工作、服务老年群体成为大家的广泛共识和行动自觉，从而凝聚了思想，形成了合力，干出了成效。

（二）以党建统领提升统筹力

党建统领是整合资源统筹推进工作的最大优势和宝贵经验。在居家养老服务体制改革和体系建设过程中，我深刻认识到做好养老工作就是落实党的为民服务宗旨，就是践行党的群众路线，就是为党凝聚人心。因此，必须主动争取区委支持，把党建统领作为推进养老工作的最大战略、最大战术和最大法宝，努力使党委统筹覆盖养老全领域和全过程。工作中我积极推动区委书记亲自部署，亲手抓养老工作，推动区委常委会多次专题研究养老工作，政府工作报告中专门报告养老工作，人大代表建议、政协委员提案集中关注养老工作。尤其是推动区委副书记和主管副区长同时担任区老龄委主任的双主任制在全国是首创，不仅得到了民政部、北京市人大、市民政局等部门的高度认可，在实际工作中也充分发挥了党政综合统筹、强力推进、调动全局、协调各方的巨大作用，从而奠定了我区养老事业成功发展的基础。

（三）以改革创新提升内动力

我深刻认识到推进养老服务的社会化、专业化、标准化、信息化是养老服务持续健康发展的正确方向和必由之路，实践中必须以问题为导向，把改革创新作为最大引擎来推动工作。为此我带领民政老龄部门创新思维思路、创新体制机制、创新制度政策，加强顶层设计，健全服务体系，打造特色品牌，逐步建立满足不同层次老年人需求的分类保障和服务制度，使高端普惠的养老服务体系有了坚实的根基和发展的持续动力。

（四）以务实担当提升执行力

做好养老工作不仅要画好规划蓝图，更要绘制路线图，设计施工图；不仅要喊破嗓子，还要撸起袖子，迈开步子，也就是要抓落实。工作中我们不仅要注重养老制度的顶层设计，出台改革的实施意见，更要抓住重点工作，制定实施细则和配套政策。不仅要抓体制机制创新，更要落实责任细化任务，把解决好老年人最关心最现实最紧迫的吃饭、健康、出行、安全等问题变成具体可行的措施。同时，加强监督检查，抓好跟踪督办，严格责任追究，以严和实的要求，把文件中的文字条目变成真正让老年人“看得见、摸得着、享受得到”的饮食起居、医疗康复和精神慰藉等服务。

（五）以社会动员提升感召力

养老是民生问题也是社会问题，是专业工程也是系统工程，做好养老工作单纯靠政府包不起，靠个人担不起，靠市场赔不起，因此必须社会参与、协同作战。在工作中我注重发挥政府在规划引领、政策引导、资金支持、行业监管等方面的主导作用，努力营造良好环境，引导养老服务有序发展；注重发挥家庭主体作用，加强宣传引导子女及家庭成员孝老敬亲，恪尽赡养义务；充分动员社会广泛参与，引导专业社工、志愿队伍、社会组织广泛开展为老服务；充分激发市场活力，鼓励和引导社会资本采取多种方式进入养老领域参与养老服务，推进养老服务连锁化经营、规模化运作、产业化发展，有力促进形成家庭善尽孝道、社会积极扶助、市场发挥作用、政府兜底保障的养老服务社会多元参与格局。

【案例点评】

如何破解城市养老困局?

北京市石景山区人民进行了积极探索，其成功秘诀在于坚持党的领导，在于坚持群众路线，在于加强协同创新。

协同创新是围绕创新目标，通过突破创新主体间的壁垒，充分释放彼此间“人才、资本、信息、技术”等创新要素活力，实现深度合作，共同构建养老生态体系。具体而言，石景山区政府破解养老困局，主要积累了以下三个方面经验。

第一，以重大问题为导向，突出凝聚共识。石景山区政府发现，“老龄化程度严重，社区养老服务设施历史欠账较大，养老服务社会化水平较低，养老护理员队伍现状堪忧”，因此，必须做到“四个纳入”，研究制定了《石景山区居家养老服务体制改革实施意见》。

第二，以主体集聚为导向，突出多元协同。党政力量、市场力量和社会力量，依靠现代信息技术构建的平台而“集聚”起来，进行协同创新。例如，社会组织、家庭医生式服务团队都为了共同目标而“集聚”起来，形成更加复杂、更有能力的新主体，创造性解决问题。

第三，以要素集聚为导向，突出模式创新。石景山区政府积极打造“中央厨房+社区养老服务驿站+社区配餐、送餐、助餐”模式，形成了“互联网+健康养老+居家养老”的智慧模式，形成了“以政府为主导、以居家为基础、以社区为依托、以机构为补充、以社会保障为支撑、医康养相结合”的社会化养老服务体系。

健全为老服务体系

上海市静安区人民政府　刘　燮

【案例描述】

一、相关背景

据有关统计：截至2016年年底，我国60岁及以上老年人口数接近2.4亿。老龄化加速、老龄结构失衡、地区老龄化不平衡给我国经济发展与社会保障带来了巨大挑战。截至2016年年底，上海静安区户籍人口老龄化比例高达34.60%，区老年人口的基数和占比呈持续加速增长态势。60岁及以上户籍老年人口将增长至2020年的41万左右，占户籍总人口的比例从32.72%升至40%，预计在2025年至2030年，老年人口基数和占比将达到顶峰。

二、困难与挑战

未来，随着独生子女的父母成为老年人群的主体，空巢现象会越加明显。持续深度老龄化、家庭结构小型化、家庭养老功能弱化将带来老年人照护需求的急剧上升。

经济水平的提升和养老制度的保障，也使越来越多的老年人的养老服务需求由托底保障基本生活型的生活照料向以身心健康为核心的全生命周期照护转变。传统的以政府为主体、以生活照料为主的服务供给模式将难以满足个性化和专业化的护理服务需求。为老服务供给从政府包揽向政府与社会相结合必然是今后改革创新的重点。

从调研情况来看，现有养老机构低、中、高的梯度结构与辖区老年人的需求并不完全匹配。在供给侧，医养结合、为老护理人员队伍培养、信息化建设方面的改革进展依然较为缓慢。

三、探索对策与实施效果

近年来，静安区高度重视养老问题，把积极应对人口老龄化，完善养老服务体系建设作为事关经济社会发展全局的重要战略任务持续推进。目前已初步形成了广覆盖、多层次的养老服务格局和养老服务保障制度，较好地满足了老年人的基本养老需求，老年人的幸福感和满意度不断提升。

（一）为老服务工作体制机制逐步健全

区政府坚持从体制机制上着手，稳步推进为老服务工作，成立了统筹老龄工作的领导机构，制定了推进养老服务体系建设联席会议制度。按照有关法律的规定，将老龄事业发展五年规划纳入国民经济和社会发展专项规划序列，整体谋划和推进老龄事业和养老服务工作。先后制定并出台了《加快发展养老服务业推进社会养老服务体系建设的实施意见》《进一步加大本区养老机构建设扶持力度的实施办法》《养老设施布局专项规划》等一系列规范性文件和配套政策，不断推进完善养老服务体系建设，支持和促进养老服务业发展。区政府每年把养老床位建设、老年人助餐点等设施建设、居家养老服务等作为政府实施项目予以重点推进落实。各街镇也相继建立了老龄工作领导体制和工作机制，有计划地推进辖区为老服务各项工作，有 11 个街道被列入了上海市老年宜居社区创建试点单位。

（二）“9073”养老服务格局初步形成

近年来，在区域经济社会发展过程中，区政府突出保障为老服务工作，不断加大财政投入，加快养老设施供给和能力建设，完善“9073”养老服务格局。建成养老机构 42 家、养老床位总数达到 6 099 张，建有老年日间照料中心 18 家、老年助餐点 63 个、老年活动室 287 个。

开展各类为老服务项目，实施低龄老年志愿者为高龄独居老人服务的“老伙伴计划”，设置家庭病床，推行家庭医生制度，为符合条件的困难老人家庭实施适老性改造等。各街镇建立综合为老服务中心为社区老年人提供“一站式”服务；长者照护之家为社区老年人提供短期住养、日间照料和专业居家照护服务。

（三）为老服务多元供给初显成效

推进为老服务供给逐步由政府直接提供向“政府主导、社会参与”的多元模式转变。由公办养老机构和区属国有企业举办的养老机构承担“保基本、兜底线”职能，优先保障特殊困难老人的基本养老服务需求。通过政策引导，对接收失能老人的民办养老机构予以财政补贴。通过政府购买服务的方式，引进社会组织或专业企业机构统筹协调社区资源，向社区老年人提供生活照料、医疗康复、文化娱乐、安全保障、精神慰藉、法律援助等服务。积极推动志愿者队伍发展，区、街镇各类志愿者团队在为社区老年人提供心理慰藉服务和促进邻里互助方面发挥了积极作用。

【案例反思】

（一）要用战略思维推动老龄事业健康有序发展

老龄化社会的到来是人类经济社会发展到一定阶段的必然结果，应对措施也需要一定时间的准备和积累，必须从长计议。

（二）要用全局思维推进建立老龄事业健康发展的体系

老龄化社会是一个综合性问题，需要统筹谋划，系统推进。要推进供给侧的结构改革，提高居家、社区和养老机构的运营质量，提供满足老年人需求的产品；要建立统一的需求评估体系，确保公共养老服务的公平和精准；要完善相关的政策和制度体系；要加快培育专业化的管理和护理人才队伍。

（三）要坚持不懈地弘扬尊老互助的社会文化传统

中华民族尊老孝亲的文化传统在经济快速发展过程中受到一些冲击，家庭小型化、独子化也弱化了尊老孝亲传统文化传承的土壤。随着老龄社会的到来，要从社会倡导、家庭培养、政策鼓励等多种渠道重塑尊老互助的社会风气，为已经到来的老龄化社会奠定牢固的社会基础。

【案例点评】

如何加强创新领导力？

上海市静安区政府健全养老产业生态体系，积极推动老龄化事业健康发展，值得参考借鉴。

第一，创造战略机遇。领导者要有战略思维，主动发现和创造战略机遇。尤其是遇到危险和困难时，具有战略思维的领导者总能发现机遇，转“不利”为“有利”。例如，有些领导干部认为老龄化社会会增加社会负担，降低国家竞争力。但具有战略思维的领导者创造了新的养老产业，以新产业解决新问题，促进社会发展。再如，通过“老伙伴计划”，组织低龄老年志愿者为高龄独居老人提供服务，也是富有领导智慧的。

第二，创新养老生态体系。在“热带雨林”之中，阳光、雨露和土壤为动物、植物和微生物提供环境，共生共栖，繁衍生息。在当代中国，各行各业都需要构建“党委领导、政府主导、社会参与、全民行动”的行业生态体系。党政力量、市场力量和社会力量，依靠现代信息技术构建资源平台，进行多方位交流、多样化协作。通过协同多元力量，促进养老工作由托底保障基本生活型的生活照料向以身心健康为核心的全生命周期照护转变。

第三，弘扬“以孝治社会”理念。中国人自古重视孝道，尊老孝亲是乡土社会的基本规范。近代以来，中国从农业社会向工业社会和信息社会转型升级，从熟人社会、陌生人社会向虚拟人社会转型升级。因此，新时代需要创新“以孝治社会”，通过基于物联网的社区建设和社会信用体系建设，建立敬老爱幼的社区生命共同体。

提升中央企业审计体系能力

中国宝武钢铁集团有限公司审计部　路巧玲

【案例描述】

一、相关背景

中国宝武钢铁集团有限公司（以下简称“中国宝武”）的审计体系管理方式延续原宝钢集团2009年开始实施的“两级设置、统一管理”模式。其中，两级设置的内涵是中国宝武和下属一级子公司设独立的内审机构，二级（含）以下子公司原则上不设内部审计机构。中国宝武审计部向董事会负责，日常工作由公司总经理直接管理。统一管理的内涵是中国宝武审计部对子公司的内部审计计划、审计人员调配、审计人员任职标准、子公司审计部门负责人任免、外聘审计机构等事项进行统一管理。

2015年8月，中共中央国务院发布《关于深化国有企业改革的指导意见》，明确要求国有企业坚持增强活力与强化监管相结合，切实做到两者的有机统一，要建立审计部门向董事会负责的工作机制，强化对权力集中、资金密集、资源富集、资产聚集的部门和岗位监督。这些规定对中央企业审计体系的综合能力提出了更高的要求。

二、困难与挑战

内部审计是企业的“免疫系统”，是公司治理的重要环节和风险管控的最后一道防线，是贯彻落实深化国企改革要求的一项重要手段。但对照国家的要求，我们当时的审计体系主要存在以下三个方面的不足。

第一，审计人员缺乏战略思维。审计项目主要关注投资和经营活动是否符合国家法律法规和公司规章制度的要求，也就是所谓的“合规性”。审计人员缺少从战略视角、全局视角出发，对投资、经营活动合理性的审视。

第二，审计项目局限于传统内部审计方法，“以事后证据形成事后结论”，虽然审计结论正确，但被审计单位认为风险已经发生，审计人员是“事后诸葛亮”，审计整改只能是“亡羊补牢”。

第三，审计人员过于强调自身的“独立性”，往往难以与其他职能部门之间形成协同，在当前市场竞争日趋激烈、经营环境错综复杂的形势下，不利于审计人员发现深层次的管理问题。

三、探索对策

针对这些不足，我作为中国宝武的审计部长，从宣贯变革理念、创新思维模式、提升沟通能力和实施知识管理四个层面入手，推进整个审计体系的能力提升。

（一）宣贯变革理念，从要我变革走向我要变革

为提高审计人员参与变革的积极性，我从三个方面进行宣贯和引导：一是解读关于深化国有企业改革的相关文件精神，说明国家对国有企业变革的要求；二是分析宏观经济形势和企业面临的竞争环境，说明我们必须转变以往经济上升期养成的管理习惯，对自身的管理体系、方法进行系统反思；三是对标外部最佳实践，以金融危机以来其他跨国公司的内部审计管理案例说明我们的差距。以此让每位审计人员意识到变革的紧迫感和重要性，主动参与变革。

（二）创新思维模式，从合规为主走向咨询并重

自 2008 年金融危机以来，企业面临的经营环境越来越复杂，对审计人员的思维方式提出了新的要求。根据著名管理咨询公司科尔尼的调查数据显示，以往跨国公司的内部审计项目大多偏向于“合规导向”，也就是关注规章制度是否得到严格执行。

但是，近几年越来越多的企业开始从“合规导向”向“咨询导向”转型。所谓“咨询导向”就是从公司的“全局视角和战略视角”来审视投资、经营活动的风险控制有效性。目前，只有 6% 的跨国公司依然是完全的“合规导向”，已经有 39% 的跨国公司“合规导向”和“咨询导向”比重相当，有 33% 的跨国公司偏重于“咨询导向”。为顺应市场竞争的需要，我推动审计项目从“合规导向”向“咨

询导向”的转型。

第一，引导审计人员拓展思维方式，不仅要关注法律法规和管理制度的执行情况，更要关注宏观经济形势、市场竞争环境等外部风险的识别与防范。例如，在对某子公司进行审计时，发现该公司2011年决策投资3 122万元建设二期项目，2013年投产后持续亏损，最终于2016年关停歇业。从传统审计视角来看，自2009年起，该子公司主要产品的市场价格从2 500元/吨一路上涨至2011年年底的4 000元/吨，决策二期项目后产品价格突然反转并持续下跌至2015年年底的1 000元/吨，似乎难以认定其调研中的市场分析方面存在薄弱环节，毕竟市场是不可预测的，决策二期项目时难以预见后续的产品价格走势。但我引导审计人员对国家宏观经济形势进行深入分析后发现，该公司在开展二期项目可行性研究过程中忽视了一个典型的风险信号，即该公司下游行业是大型制造业，根据国家统计局发布的数据显示，2010年年初至2011年第三季度，国内制造业采购经理指数（PMI）一直处于明显的下降趋势，从57一路下滑至50左右，已经接近荣枯分界线，说明国内制造业总体不景气。这说明该子公司在开展可行性研究的过程中，只看到市场机遇，对于制造PMI指数这一明显的风险信号没有进行有效的识别和预判，也没有建立相应的风险防范措施。因此，审计结论认为该项目决策论证不充分，投资时机不合理，并在2016年度内部控制评价报告中向董事会进行了汇报。

第二，引导审计人员选择固定资产投资领域作为突破口，开展过程审计，通过“前置防范”的审计项目来解决结果滞后性的问题。以湛江钢铁基地建设项目为例，我们定期对其实施过程审计，每一期选择不同的审计重点。2015年的过程审计围绕项目建设投资、质量、进度、安全四个目标的过程管控情况展开，重点关注投资执行、质量控制等，并针对其他基本建设费的执行、管理进行专项检查。2016年，由于湛江钢铁已经投产，因此，过程审计主要针对湛江钢铁项目交工验收和设备功能考核的计划及执行情况、设备采购招标管理情况等进行检查。通过对固定资产投资项目建设关键控制点实施过程审计，及时调整、改进项目建设过程中可能存在的缺陷，降低项目建设风险，促进建设管理水平的提升，实现了审计关口前移。

（三）提升沟通能力，从单打独斗走向横向协同

为解决审计人员协同性不足的问题，我推进“横向联动”，强化与其他职能部门之间的协同运作，从传统审计模式下孤立地“找毛病”变为和各部门共同“寻病根、开药方”，具体体现在以下两个维度。

第一，审计部门作为风险管理的第三道防线，强化与第一、第二道防线之间的协同，实现戴明环（PDCA）的管理闭环。例如，在体系建设环节，由公司治理部

牵头组织评估风险，指导建立内控体系；在风险控制环节，各职能、业务部门按照制度流程的要求开展业务，落实风险控制措施，在线控制风险；在短板识别环节，审计部门对制度执行的有效性、制度设计的合理性、风险控制措施的实施效果进行审计，发现风险隐患和管理薄弱环节；在体系完善环节，审计部发现的问题成为公司治理部优化体系、职能部门完善制度、业务部门改进管理的参考依据，促进内控体系不断提升完善。

第二，在审计项目具体实施过程中强化与其他部门的“横向联动”，实现“事前、事中、事后”的全方位协同。例如，在年度审计计划编制阶段，审计部与业务部门、风险管理部门联动，共同策划审计项目；在审计项目实施阶段，审计部与专业职能部门研讨审计方案、沟通审计发现；在审计成果运用阶段，典型问题以《审计提示》形式向全集团内发布，防微杜渐，促进内控体系持续提升。例如，为强化审计与纪检监察的“横向协同”，2017 年 5 月，针对近期审计发现的网上竞价销售、业务外包管理、工程签证管理等典型问题，在中国宝武全集团范围内发布通报，对存在问题的公司进行点名批评，要求各公司认真组织学习通报内容，引以为戒，遵章守纪，规范经营。另外，强调若再次发生同类问题，将从重从严给予责任追究，直至解除劳动合同。

（四）实施知识管理，从隐性经验走向显性方法

以往集团内部的优秀审计实践和审计方法往往仅为少数资深审计人员所掌握，难以迅速传递给其他审计人员。为此，我从审计流程、审计方法、审计模板三个层面推进审计业务规范和标准建设，将隐性经验固化为显性知识，提高整个集团的审计项目质量和效果。

在审计流程层面，我组织审计人员制定了以《内部审计制度》为总纲的一系列管理文件，将审计体系的策略、架构、运作模式等管理思路固化为文件规范。例如，在《固定资产投资项目审计评价管理办法》中，明确规定了从“投资目标成功度、工程建设目标成功度、管理成功度”三个维度对投资项目进行评价，针对每个维度明确了二级评价点，针对每个二级评价点又细化规定了具体的评价指标、指标计算公式和评价标准，从而固化了固定资产投资项目的评价规则。

在审计方法层面，我组织审计人员以历年审计发现的风险案例为主要依据，结合各子公司的管理经验、外部管理案例，对审计实施方法进行了总结提炼。例如，2016 年整理完成了《客户信用管理审计指南》的总结，印刷成手册并发放给全集团各子公司和相关部门。手册围绕“规划预算”“信用政策”“授信额度”“交易过程”“应收账款”五大业务环节的 34 个风险点，明确了每个风险点的具体风险

表现、控制措施、审计策略，并配套了与该风险点对应的历年审计实例。

在审计模板层面，我们对审计报告、审计整改、审计提示等环节的工作模板进行了总结归纳。例如，在审计报告环节，针对经营审计、投资审计、管理审计等不同类型审计项目的差异，提炼并固化形成了《经济责任审计项目报告模板》《管理审计项目报告模板》《内部控制评价报告模板》等一系列模板工具，明确审计工作规范，传递工作要求，尽可能减少不同审计人员之间的审计项目质量波动。

四、实施效果

通过上述措施，在全体审计人员的不懈努力下，中国宝武的审计体系形成了“监督咨询双促进，过程结果双控制，成果价值双体现”的管理平台，使审计工作的定位更加准确、目标更加清晰、效果更加彰显，审计成果得到了公司董事会和经理层的高度评价。

【案例反思】

审计体系能力提升的本质是管理变革，因此，推进效果不仅要关注审计技术和方法的科学性，更要关注变革过程的管理有效性，关注人的因素。

第一，推进变革需要营造紧迫感。变革管理最重要的是观念转变，“业务流程再造（BPR）”理论的创始人迈克尔·哈默博士曾经就管理变革提出忠告：“在实施新管理技术时，最麻烦的问题其实和技术本身无关，也许你正确处理好了所有的技术问题，但是你依然可能失败。”因此，推进管理变革的首要任务是营造和传递变革的紧迫感，使每位员工具有变革的意愿，成为变革的主力军。

第二，推进变革需要确保员工掌握所需技能。管理变革后，新体系、新流程、新方法的实施对员工的能力素质提出了更高的要求。因此，在推进管理变革的过程中需要高度关注员工能力的提升，并可以采取三个方面的措施进行优化：一是结合公司战略实施的需要和当前工作重心，有针对性地安排相应的专业培训，邀请公司内部、外部专家进行授课，拓宽视野；二是推进知识管理，将资深人员的隐性经验固化为显性方法，通过“方法论”的大规模复制实现最佳实践的共享；三是动态优化审计人员结构，选拔有能力、有才华的专业人员加入体系，带动整个团队的能力提升。

【案例点评】

如何提升创新领导力?

我们需要超越机械思维,建立生物思维,分析宝武钢集团公司审计部的经验。

从大处看,宝武钢集团是复杂的生命体,审计部是其“免疫系统”。在这个生命体中,审计部门是所有免疫系统的有机组成部分,与其他免疫系统进行有机配合。“作为风险管理的第三道防线,强化与第一、第二道防线之间的协同,实现戴明环(PDCA)的管理闭环”。而且,审计部与其他部门不是互相隔离、漠不相关的机械机器,而是互相依存、息息相关的生命共同体。审计部要从传统审计模式下孤立地“找毛病”变为和各部门共同“寻病根、开药方”,共栖共生。

从小处看,审计部是“知识共同体”,共同推进审计知识的迭代升级。新时代审计工作已经不只是“合规性”审查了,而是从“合规导向”转向“咨询导向”。新的审计工作,要求老审计人员像老中医一样,把隐性经验转化成显性方法,共享知识与智慧,提升知识共同体的智慧水平。

后　　记

截至 2017 年 10 月，中共中央组织部、全国妇联与国家行政学院已经成功举办了 7 期“女性领导力”培训班。在培训班举办期间，每位学员结合自身成长发展和领导工作实践，撰写了丰富精彩的领导力案例。我们从中挑选部分案例，进行整理编辑，已经先后于 2016 年和 2017 年出版了《女性领导力案例集》（第一辑）和《女性领导力案例集》（第二辑）。

现在呈现在大家面前的是《女性领导力案例集》（第三辑），其案例由参加第 7 期“女性领导力”专题培训班的学员撰写，每个案例具体作者所署的单位为学员在院学习时所就职的单位。篇幅所限，我们挑选了其中部分案例，按照柔性领导、简约领导、胜任领导、制度领导、文化领导、网络领导、危机领导、战略领导、创新领导九个板块进行了编排，以便大家分享交流。在每个案例的后面，我们进行了简练的案例点评，有的紧扣女性领导的特性，有的则聚焦于领导工作的共性，供读者参考。

国内最早关注和研究女性领导力的学者，中国领导科学研究中心主任刘峰教授专门为本案例集作序。雷强副教授为案例编排做了大量工作，并精心为每个案例撰写了案例点评。案例集最终由孙晓莉教授统稿。编辑沈桂晴老师认真细致的工作为案例集增色不少。在此一并表示衷心感谢！

编者

2018 年 7 月